# Curso de Linguística Geral

A primeira edição deste livro foi coeditada
com a Editora da Universidade de São Paulo.

# FERDINAND DE SAUSSURE

# Curso de Linguística Geral

organizado por
Charles Bally e Albert Sechehaye

com a colaboração de
Albert Riedlinger

prefácio à edição brasileira:
Isaac Nicolau Salum
(Universidade de S. Paulo)

Editora Cultrix

Título original: *Cours de linguistique générale.*

Copyright da edição brasileira ©1970 Editora Pensamento-Cultrix Ltda.

Publicado mediante acordo com Payot, Paris.

28ª edição 2012.

9ª reimpressão 2025.

Todos os direitos reservados. Nenhuma parte desta obra pode ser reproduzida ou usada de qualquer forma ou por qualquer meio, eletrônico ou mecânico, inclusive fotocópias, gravações ou sistema de armazenamento em banco de dados, sem permissão por escrito, exceto nos casos de trechos curtos citados em resenhas críticas ou artigos de revistas.

A Editora Cultrix não se responsabiliza por eventuais mudanças ocorridas nos endereços convencionais ou eletrônicos citados neste livro.

Tradução: Antônio Chelini, José Paulo Paes e Izidoro Blikstein

Coordenação editorial: Poliana Magalhães Oliveira

Diagramação: Gustavo Siquieroli Vilas Boas

Revisão: Ana Lúcia Mendes Antonio

CIP-BRASIL. CATALOGAÇÃO NA PUBLICAÇÃO
SINDICATO NACIONAL DOS EDITORES DE LIVROS, RJ

S275c 28. ed.

Saussure, Ferdinand de, 1857-1913
Curso de linguística geral / Ferdinand de Saussure ; organização Charles Bally e Albert Sechehaye; com a colaboração de Albert Riedlinger ; prefácio à edição brasileira de: Isaac Nicolau Salum ; [tradução Antônio Chelini, José Paulo Paes, Izidoro Blikstein]. - 28. ed. - São Paulo : Cultrix, 2012.

Tradução de: Cours de linguistique générale
Inclui índice analítico
ISBN 978-85-316-0102-6

1. Linguística 2. Linguagem e línguas. I. Bally, Charles. II. Sechehaye, Albert. III. Riedlinger, Albert. IV. Salum, Isaac Nicolau. I. Título.

CDD: 410
CDU: 81'1

13-02207

Direitos de tradução para o Brasil adquiridos com exclusividade pela EDITORA PENSAMENTO-CULTRIX LTDA., que se reserva a propriedade literária desta tradução.
Rua Dr. Mário Vicente, 368 – 04270-000 – São Paulo, SP
Fone: (11) 2066-9000
E-mail: atendimento@editoracultrix.com.br
http://www.editoracultrix.com.br
Foi feito o depósito legal.

# SUMÁRIO

Prefácio à edição brasileira..................................................11
Prefácio à primeira edição....................................................23
Prefácio à segunda edição....................................................27
Prefácio à terceira edição....................................................28

## INTRODUÇÃO

Capítulo I – *Visão geral da história da Linguística*..................................31

Capítulo II – *Matéria e tarefa da Linguística;*
 *suas relações com as ciências conexas*..................................37

Capítulo III – *Objeto da Linguística*..................................39
 § 1. A língua: sua definição..................................39
 § 2. Lugar da língua nos fatos da linguagem..................................43
 § 3. Lugar da língua nos fatos humanos. A Semiologia..................................47

Capítulo IV – *Linguística da língua e Linguística da fala*..................................50

Capítulo V – *Elementos internos e elementos externos da língua*..................................53

Capítulo VI – *Representação da língua pela escrita*..................................57
 § 1. Necessidade de estudar este assunto..................................57
 § 2. Prestígio da escrita:
  causas de seu predomínio sobre a forma falada..................................58
 § 3. Os sistemas de escrita..................................60
 § 4. Causas do desacordo entre a grafia e a pronúncia..................................61
 § 5. Efeitos desse desacordo..................................62

Capítulo VII – *A Fonologia*................................................................66
  § 1. Definição..................................................................................66
  § 2. A escrita fonológica................................................................67
  § 3. Crítica ao testemunho da escrita.........................................68

### APÊNDICE
## PRINCÍPIOS DE FONOLOGIA

Capítulo I – *As espécies fonológicas*.....................................................75
  § 1. Definição do fonema..............................................................75
  § 2. O aparelho vocal e seu funcionamento...............................78
  § 3. Classificação dos sons conforme sua articulação bucal.........81

Capítulo II – *O fonema na cadeia falada*.............................................87
  § 1. Necessidade de estudar os sons na cadeia falada................87
  § 2. A implosão e a explosão.........................................................89
  § 3. Combinações diversas de explosões e implosões na cadeia......92
  § 4. Limite de sílaba e ponto vocálico.........................................95
  § 5. Crítica às teorias de silabação...............................................96
  § 6. Duração da implosão e da explosão......................................98
  § 7. Os fonemas de quarta abertura.
     O ditongo. Questões de grafia.............................................99

### PRIMEIRA PARTE
## PRINCÍPIOS GERAIS

Capítulo I – *Natureza do signo linguístico*........................................105
  § 1. Signo, significado, significante...........................................105
  § 2. Primeiro princípio: a arbitrariedade do signo...................108
  § 3. Segundo princípio: caráter linear do significante.............110

Capítulo II – *Imutabilidade e mutabilidade do signo*.......................111
  § 1. Imutabilidade.......................................................................111
  § 2. Mutabilidade........................................................................114

Capítulo III – *A Linguística estática e a Linguística evolutiva*............................120
§ 1. Dualidade interna de todas as ciências
que operam com valores............................120
§ 2. A dualidade interna e a história da Linguística............................123
§ 3. A dualidade interna ilustrada com exemplos............................124
§ 4. A diferença entre as duas ordens ilustrada por comparações..129
§ 5. As duas Linguísticas opostas
em seus métodos e em seus princípios............................132
§ 6. Lei sincrônica e lei diacrônica............................133
§ 7. Existe um ponto de vista pancrônico?............................137
§ 8. Consequências da confusão entre sincrônico e diacrônico....138
§ 9. Conclusões............................141

### SEGUNDA PARTE
# LINGUÍSTICA SINCRÔNICA

Capítulo I – *Generalidades*............................145

Capítulo II – *As entidades concretas da língua*............................147
§ 1. Entidades e unidades. Definições............................147
§ 2. Método de delimitação............................149
§ 3. Dificuldades práticas da delimitação............................150
§ 4. Conclusão............................151

Capítulo III – *Identidades, realidades, valores*............................153

Capítulo IV – *O valor linguístico*............................158
§ 1. A língua como pensamento organizado na matéria fônica....158
§ 2. O valor linguístico considerado em seu aspecto conceitual..160
§ 3. O valor linguístico considerado em seu aspecto material......165
§ 4. O signo considerado na sua totalidade............................167

Capítulo V – *Relações sintagmáticas e relações associativas*............................171
§ 1. Definições............................171
§ 2. As relações sintagmáticas............................172
§ 3. As relações associativas............................174

Capítulo VI – *Mecanismo da língua*..........176
  § 1. As solidariedades sintagmáticas..........176
  § 2. Funcionamento simultâneo
     de duas formas de agrupamento..........177
  § 3. O arbitrário absoluto e o arbitrário relativo..........180

Capítulo VII – *A Gramática e suas subdivisões*..........183
  § 1. Definições: divisões tradicionais..........183
  § 2. Divisões racionais..........185

Capítulo VIII – *Papel das entidades abstratas em Gramática*..........187

**TERCEIRA PARTE**
# LINGUÍSTICA DIACRÔNICA

Capítulo I – *Generalidades*..........193

Capítulo II – *As mudanças fonéticas*..........197
  § 1. Sua regularidade absoluta..........197
  § 2. Condições das mudanças fonéticas..........198
  § 3. Questões de método..........199
  § 4. Causas das mudanças fonéticas..........201
  § 5. A ação das mudanças fonéticas é ilimitada..........206

Capítulo III – *Consequências gramaticais da evolução fonética*..........208
  § 1. Ruptura do vínculo gramatical..........208
  § 2. Obliteração da composição das palavras..........209
  § 3. Não existem parelhas fonéticas..........211
  § 4. A alternância..........212
  § 5. As leis de alternância..........213
  § 6. A alternância e o vínculo gramatical..........215

Capítulo IV – *A analogia*..........217
  § 1. Definição e exemplos..........217
  § 2. Os fenômenos analógicos não são mudanças..........219
  § 3. A analogia, princípio das criações da língua..........221

Capítulo V – *Analogia e evolução*...........226
§ 1. Como uma inovação analógica entra na língua...........226
§ 2. As inovações analógicas,
sintomas de mudanças de interpretação...........227
§ 3. A analogia, princípio de renovação e de conservação...........229

Capítulo VI – *A etimologia popular*...........232

Capítulo VII – *A aglutinação*...........235
§ 1. Definição...........235
§ 2. Aglutinação e analogia...........236

Capítulo VIII – *Unidades, identidades e realidades diacrônicas*...........239
Apêndices das segunda e terceira partes...........243
A. Análise subjetiva e análise objetiva...........243
B. A análise subjetiva e a determinação das subunidades...........245
C. A etimologia...........249

## QUARTA PARTE
# LINGUÍSTICA GEOGRÁFICA

Capítulo I – *Da diversidade das línguas*...........253

Capítulo II – *Complicações da diversidade geográfica*...........256
§ 1. Coexistência de várias línguas num mesmo ponto...........256
§ 2. Língua literária e idioma local...........258

Capítulo III – *Causas da diversidade geográfica*...........260
§ 1. O tempo, causa essencial...........260
§ 2. Ação do tempo num território contínuo...........262
§ 3. Os dialetos não têm limites naturais...........265
§ 4. As línguas não têm limites naturais...........268

Capítulo IV – *Propagação das ondas linguísticas*...........270
§ 1. A força do intercurso e o espírito de campanário...........270
§ 2. As duas forças reduzidas a um princípio único...........273
§ 3. A diferenciação linguística em territórios separados...........274

QUINTA PARTE
# QUESTÕES DE LINGUÍSTICA RETROSPECTIVA
## CONCLUSÃO

Capítulo I – *As duas perspectivas da Linguística diacrônica*........................281

Capítulo II – *A língua mais antiga e o protótipo*........................285

Capítulo III – *As reconstruções*........................289
   § 1. Sua natureza e sua finalidade........................289
   § 2. Grau de certeza das reconstruções........................291

Capítulo IV – *O testemunho da língua*
   *em Antropologia e em Pré-História*........................294
   § 1. Língua e raça........................294
   § 2. Etnismo........................295
   § 3. Paleontologia linguística........................296
   § 4. Tipo linguístico e mentalidade do grupo social........................300

Capítulo V – *Famílias de línguas e tipos linguísticos*........................302

ÍNDICE ANALÍTICO........................306

# PREFÁCIO À EDIÇÃO BRASILEIRA

Estas palavras introdutórias à edição brasileira do *Cours de linguistique générale* não pretendem expor ou discutir as doutrinas linguísticas de Ferdinand de Saussure, nem tampouco apresentar a versão portuguesa no que ela significa como transposição do texto francês. Visam a uma tarefa bem mais modesta, mas, talvez, mais útil ao leitor brasileiro, estudante de Letras ou simples leigo, interessado em Linguística: fornecer informações sobre o famoso linguista suíço e sobre a sua obra e indicar algumas fontes para estudo das grandes antinomias saussurianas, ainda na ordem do dia, meio século depois da 1ª edição do *Cours*, embora provocando ainda hoje diálogos mais ou menos calorosos.

A 1ª edição do *Cours* é de 1916, e é, como se sabe, "obra póstuma", pois Saussure faleceu a 22 de fevereiro de 1913. A versão portuguesa sai com apenas 54 anos de atraso. Mas nesse ponto não somos só nós que estamos atrasados. O *Cours de linguistique générale* não foi um *best-seller*, mas foi em francês mesmo que ele se tornou conhecido na Europa e na América. A 1ª edição francesa, de 1916, tinha 337 páginas; as seguintes, de 1922, 1931, 1949, 1955, 1962... e 1969, têm 331 páginas. Note-se, porém, como crescem os intervalos entre as edições até a 4ª, de 1949, e depois se

CURSO DE LINGUÍSTICA GERAL

reduzem à constante de 7 anos, o que mostra que até a edição francesa teve a sua popularidade aumentada nestas duas últimas décadas.

Uma vista de olhos sobre as traduções é bastante elucidativa. A primeira foi a versão japonesa de H. Kobayashi, de 1928, reeditada em 1940, 1941 e 1950.Vem depois a alemã de H. Lommel, em 1931, depois a russa, de H. M. Suhotin, em 1933. Uma divulgou-o no Oriente, e a outra no mundo germânico (e nórdico) e a terceira no mundo eslavo. A versão espanhola, de Amado Alonso, enriquecida com um excelente prefácio de 23 páginas, saiu em 1945, sucedendo-se as edições de 1955, 1959, 1961, 1965 e 1967, numa cerrada competição com as edições francesas. São as edições francesa e espanhola os veículos de maior divulgação do *Cours* no mundo românico. A versão inglesa de Wade Baskin, saída em Nova Iorque, Toronto e Londres, é de 1959. A polonesa é de 1961, e a húngara, de 1967.

Em 1967 saiu a notável versão italiana de Tullio De Mauro, tradução segura e fiel, mas especialmente notável pelas 23 páginas introdutórias e por mais 202 páginas que se seguem ao texto, de maior rendimento, em virtude do corpo do tipo usado, ostentando extraordinária riqueza de informações sobre Saussure e sobre a sorte do *Cours*, com 305 notas ao texto e uma bibliografia de 15 páginas (cerca de 400 títulos)[1]. Tullio De Mauro por essa edição se torna credor da gratidão de todos os que se interessam pela Linguística moderna[2].

Mas a frequência das reedições e traduções do *Cours* nesta década de 60 que acaba de expirar mostra que já era tempo de fazer sair uma versão portuguesa desta obra cujo interesse cresce com o extraordinário impulso que vêm tomando os estudos linguísticos entre nós e em todo o mundo. Já se tem dito, e com razão, que a Linguística é hoje a "vedete" das ciências humanas. Acresce que o desenvolvimento dos currículos do nosso estudo médio nestes últimos anos impede que uma boa percenta-

---

[1] Ferdinand de Saussure, *Corso di linguística generale* – Introduzione, traduzione e commento di Tullio De Mauro. Editori Laterza, Bari, 1967, pp. XXIII + 488 pp.

[2] As pp. V–XXIII dão uma boa introdução, e as pp. 3–282 trazem o texto, numa versão muito fiel. Da p. 285 à p. 335 vêm informações abundantes sobre Saussure e sobre o *Cours*; da p. 356 à p. 360 se examinam as relações entre Noreen e Saussure. Seguem-se, pp. 363-452, 305 notas, algumas longas. As pp. 455-470 trazem cerca de 400 títulos bibliográficos, alguns gerais, outros especialmente ligados a Saussure e ao *Cours*. As demais são de índices.

PREFÁCIO À EDIÇÃO BRASILEIRA

gem de colegiais e estudantes do curso superior possam ler Saussure em francês. Verdade é que restaria ainda a versão espanhola, que é excelente, pelo prólogo luminoso de Amado Alonso. Mas, agora, o interesse público em Saussure cresce, e uma edição portuguesa se faz necessária para atender à demanda das universidades brasileiras.

Se é verdade que a Linguística moderna vive um momento de franca ebulição, quando corifeus de teorias linguísticas numa evolução rápida de pensamento e investigações se vão superando a si mesmos, quando não são "superados" pelos seus discípulos, o *Cours de linguistique générale* é um livro clássico. Não é uma "bíblia" da Linguística moderna, que dê a última palavra sobre os fatos, mas é ainda o ponto de partida de uma problemática que continua na ordem do dia.

Nunca Saussure esteve mais presente do que nesta década, em que ele é às vezes declarado "superado". Só há, porém, um meio honesto de superá-lo: é lê-lo, repensar com outros os problemas que ele propôs, nas suas célebres dicotomias: língua e fala, diacronia e sincronia, significante e significado, relação associativa (= paradigmática) e sintagmática, identidade e oposição etc.

É bem certo que a Linguística americana moderna surgiu sem especial contribuição de Saussure; não deixa, porém, de causar espécie a onda de silêncio da quase totalidade dos linguistas americanos com relação ao *Cours*. Bloomfield, fazendo em 1922 a recensão da Language de Sapir, chama o *Cours* "um fundamento teórico da mais recente tendência dos estudos linguísticos", repete esse juízo ao fazer a recensão do próprio *Cours*, em 1924, fala em 1926, do seu "débito ideal" a Sapir e a Saussure, mas não inclui o *Cours* na bibliografia de sua *Language*, em 1933[3].

Como a Linguística norte-americana teve desenvolvimento próprio, isso se entende. Mas é conveniente que numa edição brasileira do *Cours*

---

[3] Cf. De Mauro, *Corso*, p. 339. De Mauro lembra algumas exceções: (1) "um dos melhores ensaios de conjunto sobre Saussure é de R. S. Wells, "De Saussure's System of Linguistics", in *Word*, III, 1947, pp. 1-31: (2) J. T. Waterman, "Ferdinand de Saussure. Forerunner of Modern Structuralism", in *Modern Language Journal*, 40 (1956), pp. 307-309; (3) Chomsky, "Current Issues in Linguistic Theory", in J. A. Fodor, J. J. Katz, *The Structure of Language. Readings in Philosophy of Language*, Englewood Cliffs, N. J., 1964, pp. 52, 53, 59 e ss. e 86. (Ver *Corso*, pp. 339-340, e Bibl., pp. 470 e 457).

## CURSO DE LINGUÍSTICA GERAL

se note o fato, para que nossos estudantes não sejam tentados a "superá-lo" sem tê-lo lido diretamente. É verdade que entre nós o que parece ter acontecido é uma supervalorização do *Cours*, transformado em fonte de "pesquisa". Às vezes à pergunta feita a estudantes que já conseguiram aprovação em Linguística se já leram Saussure, obtemos a resposta sincera de que apenas "fizeram pesquisa" nele. E à pergunta sobre o que querem dizer com a expressão "pesquisa em Saussure", respondem que assim dizem porque apenas leram o que ele traz sobre língua e fala!

Entretanto, hoje não se pode deixar de reconhecer que o *Cours* levanta uma série intérmina de problemas. Porque, no que toca a eles, Saussure – como Sócrates e Jesus – é recebido "de segunda mão". Conhecemos Sócrates pelo que Xenofonte e Platão escreveram como sendo dele. O primeiro era muito pouco filósofo para entendê-lo, e o segundo, filósofo demais para não ir além dele, ambos distorcendo-o. Jesus nada escreveu senão na areia: seus ensinos são os que nos transmitiram os seus discípulos, alguns dos quais não foram testemunhas oculares.

Dá-se o mesmo com o *Cours* de Saussure. Para começar, foram três os Cursos de Linguística Geral que ele ministrou na Universidade de Genebra:

1º curso – De 16 de janeiro a 3 de julho de 1907, com 6 alunos matriculados, entre os quais A. Riedlinger e Louis Caille. A matéria fundamental deste curso foi: "Fonologia, isto é, Fonética fisiológica (Lautphysiologie), Linguística evolutiva, alterações fonéticas e analógicas, relação entre as unidades percebidas pelo falante na sincronia (análise subjetiva) e as raízes, sufixos e outras unidades isoladas da Gramática histórica (análise objetiva), etimologia popular, problemas de reconstrução", que os editores puseram em apêndices e nos capítulos finais.

2º curso – Da 1ª semana de novembro de 1908 a 24 de julho de 1909, com onze alunos matriculados, entre os quais A. Riedlinger, Léopold Gautier, F. Bouchardy, E. Constantin. A matéria deste foi a "relação entre teoria do signo e a teoria da língua, definições de sistema, unidade, identidade e de valor linguístico. Daí se deduz a existência de duas perspectivas metodológicas diversas dentro das quais colocou o

PREFÁCIO À EDIÇÃO BRASILEIRA

estudo dos fatos linguísticos; a descrição sincrônica e a diacrônica". Saussure várias vezes se mostra insatisfeito com os pontos de vista a que tinha chegado.

3º curso – De 28 de outubro de 1910 a 4 de julho de 1911, com doze alunos matriculados, entre os quais G. Dégallier, F. Joseph, Mme. Sechehaye, E. Constantin e Paul-F. Regard. Como matéria, "integra na ordem dedutiva do segundo curso a riqueza analítica do primeiro". No início se desenvolve o tema "das línguas", isto é, a Linguística externa: parte-se das línguas para chegar à "língua", na sua universalidade e, daí, ao "exercício e faculdade da linguagem nos indivíduos"[4].

Os editores do *Cours* – Charles Bally e Albert Sechehaye, com a colaboração de A. Riedlinger – só tiveram em mãos as anotações de L. Caille, L. Gautier, Paul Regard, Mme. A. Sechehaye, George Dégallier, Francis Joseph, e as notas de A. Riedlinger[5]. E, tal qual ele foi editado, com a sistematização e organização dos três ilustres discípulos de Saussure, apresenta vários problemas críticos.

1º – Saussure não estava contente com o desenvolvimento da matéria. Não só tinha que incluir matéria ligada às línguas indo-europeias por necessidade de obedecer ao programa[6], mas também ele próprio se sentia limitado pela compreensão dos estudantes e por não sentir como definitivas as suas ideias. Eis o que ele diz a L. Gautier:

Vejo-me diante de um dilema: ou expor o assunto em toda a sua complexidade e confessar todas as minhas dúvidas, o que não pode convir para um curso que deve ser matéria de exame, ou fazer algo simplificado, mais bem adaptado a um auditório de estudantes que não são linguistas. Mas a cada passo me vejo retido por escrúpulos[7].

---

[4] Não tendo tido acesso direto à obra de R. Godel, *Les sources manuscrites du Cours de linguistique générale de Ferdinand de Saussure*; Genebra – Paris, Droz, 1957, resumo o apanhado que daí faz De Mauro no *Corso*, pp. 320-321, e o que diz o próprio R. Godel em *Cahiers Ferdinand de Saussure*, nº 16 (1958-1959), pp. 22-23.

[5] Cf. "Préface de la première edition", p. 8 (3ª ed.), 3º parágrafo.

[6] Cf. "Préface", p. 7, 1º parágrafo (fim).

[7] *Les sources manuscrites*, p. 30, apud De Mauro, *Corso*, p. 321.

CURSO DE LINGUÍSTICA GERAL

2º – Os apontamentos dificilmente corresponderiam *ipsis verbis* às palavras do mestre. Como nota R. Godel, "são notas de estudantes, e essas notas são apenas um reflexo mais ou menos claro da exposição oral"[8].

3º – Sobre essas duas deformações do pensamento de Saussure – a que ele fazia para ser simples para os estudantes e a que eles faziam no anotar aproximadamente – soma-se a da organização da matéria por dois discípulos, ilustres, mas que declaram não terem estado presentes aos cursos[9]. Ajunte-se como traço anedótico que a frase final do *Cours* tão citada – "a Linguística tem por único e verdadeiro objeto a língua encarada em si mesma e por si mesma" – não é de Saussure, mas dos editores[10].

Aí está um problema crítico com tríplice complicação. Problema crítico grave como o da exegese platônica ou o problema sinótico dos Evangelhos. Naturalmente, as notas dos discípulos de Saussure foram apanhadas ao vivo na hora, como cada um podia anotar.

Os editores esperavam muito dos apontamentos de Saussure. Mme Saussure não lhes negou acesso a estes. Mas "grande foi a sua decepção: nada, ou quase nada, encontraram que correspondesse às anotações dos seus discípulos, pois Saussure destruía os seus rascunhos apressados em que ia traçando dia a dia o esboço da sua exposição"[11].

Além disso, embora tivessem reunido apontamentos de sete ou oito discípulos, escaparam-lhes outros que foram depois editados por Robert Godel em números sucessivos dos *Cahiers Ferdinand de Saussure* e, depois, na publicação já citada – *Les sources manuscrites du Cours de linguistique générale* de Ferdinand de Saussure – a que Benveniste, em conferência pronunciada em Genebra a 22 de fevereiro de 1963, em comemoração ao cinquentenário da morte de Saussure, chamou "obra bela e importante"[12].

---

[8] *Cahiers Ferdinand de Saussure*, nº 15 (1957), p. 3.

[9] Cf. "Préface", p. 8, 2º parágrafo.

[10] *Cours*, p. 317. R. Godel, *Les sources manuscrites*, pp. 119 e 181, *apud* De Mauro, *Corso*, p. 451 (nota 305 *in initio*).

[11] *Cours*, "Préface", pp. 7-8.

[12] Cf. E. Benveniste, "Saussure après um demi-siècle", cap. III de *Problèmes de linguistique générale*, Gallimard, 1966, p. 32. Infelizmente, não pudemos ainda ter em mãos *Les sources manuscrites*.

PREFÁCIO À EDIÇÃO BRASILEIRA

Os *Cahiers Ferdinand de Saussure* começaram a ser publicados em 1941. Mas a publicação de inéditos de Saussure e de outras fontes do *Cours* só começaram a aparecer, ali, em 1954, a partir do n° 12, publicadas por Robert Godel:

1) "Notes inédites de Ferdinand de Saussure". São 23 notas curtas anteriores ao ano de 1900 (*Cahiers* n° 12, 1954, pp. 49-71). São as que se mencionam no "Préface" do *Cours*, nas pp. 7-8.
2) "Cours de linguistique générale (1908-1909): Introduction" (*Cahiers* n° 15, 1957, pp. 3-103).

Usaram-se três manuscritos: o de A. Riedleger (119 pp.), o de F. Bouchardy e o de Léopold Gautier (estes dois últimos mais breves). Nesse ano, antes do n° 15, já tinham saído como livro, publicado por Robert Godel: Les sources manuscrites du *Cours* de linguistique générale, Genebra, Droz, e Paris, Minard. 1957, com 283 pp.

3) "Nouveaux documents saussuriens: les cahiers E. Constantin" (*Cahiers* n° 16, 1958-1959, pp. 23-32).
4) "Inventaire des manuscrits de F. de Saussure remis à la Bibliothèque publique et universitaire de Genève" (*Cahiers* n° 17, 1960, pp. 5-11).

São manuscritos numerados de 3951 a 3969, de assuntos vários, linguísticos e filológicos. Publica-se apenas a relação dos assuntos e outras informações. O ms. 3951 traz notas sobre a Linguística Geral; o ms. 3952, sobre as línguas indo-europeias; o 3953, sobre acentuação lituana; o 3954, notas diversas; o 3955 traz notas e rascunhos de artigos publicados; o 3956, nomes de lugares e patuás romanos. O ms. 3957 traz documentos vários, entre os quais um Caderno de Recordações – o único cujo texto é publicado logo a seguir (pp. 12-25) – e rascunhos de cartas e cartas recebidas. Os ms. 3958-3959 constam de 18 cadernos de estudos dos Niebelungen, os ms. 3690-3692 tratam de métrica védica e do verso saturnino (46 cadernos). Os ms. 3963-3969 trazem os estudos sobre os

CURSO DE LINGUÍSTICA GERAL

anagramas ou hipogramas (99 cadernos), sobre os quais Jean Starobinski publicou dois estudos em 1964 e 1967[13].

Os *Souvenirs de F. de Saussure concernant sa jeunesse et ses études* já mencionados (ms. fr. 3957) são ricos de informações acerca das suas relações com os linguistas alemães e sobre a famosa *Mémoire sur le système primitif des voyelles dans les langues indo-européenes*, Leipzig, Teubner, 1879, 302 pp., escrita aos 21 anos.

5) A essas quatro publicações de R. Godel juntem-se as *"Lettres de Ferdinand de Saussure à Antoine Meillet"*, publicadas por Émile Benveniste (*Cahiers* n° 21, 1964, pp. 89-135).

Se a isso se acrescentar o conjunto de obras editadas em 1922 por Charles Bally e Léopold Gautier sob o título de *Recueil des publications scientifiques de Ferdinand de Saussure*, num grosso volume de VIII + 641 pp.[14], teremos tudo o que Saussure publicou ou esboçou ou escreveu. Apesar do valor excepcional da *Mémoire*, o que consagrou realmente o seu nome é o *Cours de linguistique générale*, que – a julgar pelas palavras suas já citadas dirigidas a L. Gautier – ele, se vivesse, não permitiria que fosse editado.

Mas foi a publicação de todos esses documentos – especialmente a de *Les sources manuscrites* – que acentuou o sentimento da necessidade duma edição crítica do *Cours*. Aliás, o Préface de Ch. Bally e A. Sechehaye denuncia uma espécie de insatisfação com a edição, tal qual a fizeram, mas que era o modo mais sensato de editar anotações de aula.

---

[13] J. Starobinski, "Les anagrammes de Ferdinand de Saussure, textes inédits", *Mercure de France*, fevr. 1964, pp. 243-262; idem, "Les mots sous les mots: textes inédits des cahiers d'anagrammes de Ferdinand de Saussure", in *To Honor Roman Jakobson: Essays on the Occasion of his Seventieth Birthday*, 11-10-1966, vol. III, Mouton, Haia, Paris, 1967, pp. 1906-1917. R. Godel não se mostra muito entusiasta com essas pesquisas. Eis o que ele diz: "Na época em que Saussure se ocupava de mitologia germânica, apaixonou-se também por pesquisas singulares. (...) Os cadernos e os quadros em que ele consignou os resultados dessa longa e estéril investigação formam a parte mais considerável dos manuscritos que ele deixou" (*Cahiers*, n° 17, 1960, p. 6).

[14] Éditions Sonor de Genebra e Karl Winter de Heidelberg. É curioso notar que Tullio De Mauro, tão rico de informações e que cita e usa tanto o *Recueil* como *Les sources manuscrites*, não os tenha incluído no seu inventário bibliográfico final, de cerca de 400 títulos.

PREFÁCIO À EDIÇÃO BRASILEIRA

E nós ainda hoje devemos ser-lhes gratos. Apesar de tudo, porém, era desejável uma edição crítica.

O estudo sincrônico dum estado atual de língua, especialmente na sua manifestação oral, atenua, quase dispensando, o trabalho filológico. Mas, paradoxalmente, a obra do linguista que insistiu na sincronia constitui-se agora um notável problema filológico: o do estabelecimento do seu texto.

A edição crítica saiu em 1968[15], num primeiro volume de grande formato, 31 x 22 cm, e de 515 + 515 páginas. É uma edição sinótica, que dá as fontes lado a lado em 6 colunas. A primeira coluna reproduz o texto do *Cours*, da 1ª edição de 1916, com as variantes introduzidas na 2ª e na 3ª edições (de 1922 e 1931). As colunas 2, 3 e 4 trazem as fontes usadas por Charles Bally e Albert Sechehaye. As colunas 5 e 6 trazem as fontes descobertas e publicadas por Robert Godel em disposição sinótica.

É evidente que não é uma edição de fácil manejo. Ainda aqui, o *Cours* de Saussure apresenta semelhança com o problema sinótico dos Evangelhos. Nessa edição crítica, de formato um pouco maior que a *Synopsis Quattuor Evangeliorum* de Kurt Aland, com o texto grego, ou que a *Synopse iles quatre évangiles en français* de Benoit e Boismard, o famoso livro de Saussure que ele não escreveu, poderá ter também o seu interesse pedagógico: será uma fotografia fiel de como é apreendido diversamente aquilo que é transmitido por via oral.

Mas essa renovação de interesse no *Cours de linguistique générale*, especialmente a partir da década de 50 – que é quando se aceleram as edições e traduções e quando Robert Godel começa a aprofundar a crítica de fontes – é a garantia de que, ainda que novas soluções se ofereçam para as oposições saussurianas, Saussure está longe de vir a ser superado.

---

[15] Ferdinand de Saussure, *Cours de linguistique générale*, Edition critique par Rudolf Engler, tome I, 1967, Otto Harrassowitz, Wiesbaden. Um vol. de 31 x 22 cm, de 515+515 páginas. (Não tendo tido ocasião de ver o volume, resumo as informações de Mons. Gardette na rápida recensão que faz da edição em *Revue de Linguistique Romane*, tomo 33, n° 129-130 de jan-jun de 1969, pp. 170-171.)

CURSO DE LINGUÍSTICA GERAL

A edição a ser oferecida a um público mais amplo só pode ser a que consagrou a obra: a edição crítica, de leitura pesada, será obra de consulta de grande utilidade para os especialistas e para os mais aficionados.

Seria também de interesse ajuntar a essas informações uma enumeração de estudos de análise e crítica do *Cours* para orientação do leitor brasileiro. Mas este prefácio já se alongou demais. Além disso, os trabalhos de análise da Linguística moderna como *Les grands courants de la linguistique moderne*, de Leroy[16], *Les nouvelles tendances de la linguistique*, de Malmberg[17], *Linguística Románica*, de Iorgu Iordan, em versão espanhola de Manuel Alvar (pp. 509-601), os estudos de Meillet em *linguistique historique et linguistique générale II* (pp. 174-183) e no *Bulletin de la Société de Linguistique de Paris*[18], o de Benveniste em *Problèmes de linguistique générale* (pp. 32-45), o de Lepschy, em *La linguistique structurale* (pp. 45-56), o prólogo da edição de Amado Alonso (pp. 7-30), a excelente edição de Tullio De Mauro, já mencionada – especialmente nas pp. V-XXIII e 285--470 – são guias de grande valor para o interessado. A estes acrescente-se o excelente trabalho de divulgação de Georges Mounin, *Saussure ou le structuraliste sans le savoir – présentation, choix de textes, bibliographic*, que, a nosso ver, tem defeituoso apenas o título, pois Saussure foi "estruturalista antes do termo", que Mounin poderia dizer à francesa *le structuraliste avant la lettre*.

Ficam assim fornecidas ao leitor algumas das informações fundamentais para que ele possa melhor compreender o texto do linguista genebrino. Acrescentaremos apenas um quadro dos principais fatos na vida de Ferdinand de Saussure.

*Isaac Nicolau Salum*

---

[16] Edição brasileira: *As Grandes Correntes da Linguística Moderna*, S. Paulo, Cultrix/Editora da USP, 1971.

[17] Edição brasileira: *As Novas Tendências da Linguística*, S. Paulo, Cia. Editora Nacional-Editora da USP, 1971.

[18] Edição brasileira em preparação.

# QUADRO BIOGRÁFICO

26-11-1857 – Seu nascimento em Genebra.

1867 – Contato com Adolphe Pictet, autor das *Origenes Indo--européennes* (1859-1863).

1875 – Estudos de Física e Química na Univ. de Genebra.

1876 – Membro da Soc. Ling. de Paris.

1876 – Em Leipzig.

1877 – Quatro memórias lidas na Soc. Ling. de Paris, especialmente *Essai d'une distinction des différents a indo-européennes.*

1877-1878 – *Mémoire sur les voyelles indo-européennes* (publicada em dezembro de 1878 em Leipzig).

1880 – Fevereiro – Tese de doutorado: *De l'emploi du genitif absolu en sanskrit*. Viagem à Lituânia. Em Paris segue os cursos de Bréal.

1881 – "Maître de conférences" na École Pratique des Hautes Études com 24 anos.

1882 – Secretário adjunto da Soc. Ling. de Paris e diretor de publicação de *Mémoire*. Fica conhecendo Baudoin de Courtenay.

1890-1891 – Retoma os cursos da École Pratique des Hautes Études.

1891-1896 – Professor extraordinário em Genebra.

1896 – Professor titular em Genebra.

1907 – 1º Curso de Linguística Geral.

1908 – Seus discípulos de Paris e de Genebra oferecem-lhe uma *Miscelânea* comemorativa do 30º de *Mémoire sur les voyelles indo-européennes.*

1908-1909 – 2º Curso de Linguística Geral.

1910-1911 – 3º Curso de Linguística Geral.

27-2-1913 – Seu falecimento em Genebra.

# PREFÁCIO À PRIMEIRA EDIÇÃO

Repetidas vezes ouvimos Ferdinand de Saussure deplorar a insuficiência dos princípios e dos métodos que caracterizavam a Linguística em cujo ambiente seu gênio se desenvolveu, e ao longo de toda a sua vida pesquisou ele, obstinadamente, as leis diretrizes que lhe poderiam orientar o pensamento através desse caos. Mas foi somente em 1906 que, sucedendo a Joseph Wertheimer na Universidade de Genebra, pôde ele dar a conhecer as ideias pessoais que amadurecera durante tantos anos. Lecionou três cursos de Linguística Geral, em 1906-1907, 1908-1909 e 1910-1911; é verdade que as necessidades do programa o obrigaram a consagrar a metade de cada um desses cursos a uma exposição relativa às línguas indo-europeias, sua história e sua descrição, pelo que a parte essencial do seu tema ficou singularmente reduzida.

Todos que tiveram o privilégio de acompanhar tão fecundo ensino deploraram que dele não tivesse surgido um livro. Após a morte do mestre, esperávamos encontrar-lhe nos manuscritos, cortesmente postos à nossa disposição por Mme de Saussure, a imagem fiel ou pelo menos suficientemente fiel de suas geniais lições; entrevíamos a possibilidade de uma publicação fundada num simples arranjo de anotações pessoais de

CURSO DE LINGUÍSTICA GERAL

Ferdinand de Saussure, combinadas com as notas de estudantes. Grande foi a nossa decepção; não encontramos nada ou quase nada que correspondesse aos cadernos de seus discípulos; F. de Saussure ia destruindo os borradores provisórios em que traçava, a cada dia, o esboço de sua exposição! As gavetas de sua secretária não nos proporcionaram mais que esboços assaz antigos, certamente não destituídos de valor, mas que era impossível utilizar e combinar com a matéria dos três cursos.

Essa verificação nos decepcionou tanto quanto obrigações profissionais nos haviam impedido quase completamente de nos aproveitarmos de seus derradeiros ensinamentos, que assinalam, na carreira de Ferdinand de Saussure, uma etapa tão brilhante quanto aquela, já longínqua, em que tinha aparecido a *Mémoire sur les voyelles*.

Cumpria, pois, recorrer às anotações feitas pelos estudantes ao longo dessas três séries de conferências. Cadernos bastante completos nos foram enviados pelos Srs. Louis Caille, Léopold Gautier, Paul Regard e Albert Riedlinger, no que respeita aos dois primeiros cursos; quanto ao terceiro, o mais importante, pela Sra. Albert Sechehaye e pelos Srs. George Dégallier e Francis Joseph. Devemos ao Sr. Louis Brütsch notas acerca de um ponto especial; fazem todos jus à nossa sincera gratidão. Exprimimos também nossos mais vivos agradecimentos ao Sr. Jules Ronjat, o eminente romanista, que teve a bondade de rever o manuscrito antes da impressão e cujos conselhos nos foram preciosos.

Que iríamos fazer desse material? Um trabalho crítico preliminar se impunha: era mister, para cada curso, e para cada pormenor de curso, comparando todas as versões, chegar até o pensamento do qual tínhamos apenas ecos, por vezes discordantes. Para os dois primeiros cursos, recorremos à colaboração do Sr. A. Riedlinger, um dos discípulos que acompanharam o pensamento do mestre com o maior interesse; seu trabalho, nesse ponto, nos foi muito útil. No que respeita ao terceiro curso, A. Sechehaye levou a cabo o mesmo trabalho minucioso de colação e arranjo.

Mas e depois? A forma de ensino oral, amiúde em contradição com o livro, nos reservava as maiores dificuldades. E, ademais, F. de Saussure era um desses homens que se renovam sem cessar; seu pensamento evoluía em todas as direções, sem com isso entrar em contradição consigo

24

# Prefácio à primeira edição

próprio. Publicar tudo na sua forma original era impossível; as repetições inevitáveis numa exposição livre, os encavalamentos, as formulações variáveis teriam dado, a uma publicação como tal, um aspecto heteróclito. Limitar-se a um só curso – e qual? – seria empobrecer o livro, roubando-o de todas as riquezas abundantemente espalhadas nos dois outros; mesmo o terceiro, o mais definitivo, não teria podido, por si só, dar uma ideia completa das teorias e dos métodos de F. de Saussure.

Foi-nos sugerido que reproduzíssemos fielmente certos trechos particularmente originais; tal ideia nos agradou, a princípio, mas logo se evidenciou que prejudicaria o pensamento de nosso mestre se apresentássemos apenas fragmentos de uma construção cujo valor só aparece no conjunto.

Decidimo-nos por uma solução mais audaciosa, mas também, acreditamos, mais racional: tentar uma reconstituição, uma síntese, com base no terceiro curso, utilizando todos os materiais de que dispúnhamos, inclusive as notas pessoais de F. de Saussure. Tratava-se, pois, de uma recriação, tanto mais árdua quanto devia ser inteiramente objetiva; em cada ponto, penetrando até o fundo de cada pensamento específico, cumpria, à luz do sistema todo, tentar ver tal pensamento em sua forma definitiva, isentado das variações, das flutuações inerentes à lição falada, depois encaixá-lo em seu meio natural, apresentando-lhe todas as partes numa ordem conforme a intenção do autor, mesmo quando semelhante intenção fosse mais adivinhada que manifestada.

Desse trabalho de assimilação e reconstituição, nasceu o livro que ora apresentamos, não sem apreensão, ao público erudito e a todos os amigos da Linguística.

Nossa ideia orientadora foi a de traçar um todo orgânico sem negligenciar nada que pudesse contribuir para a impressão de conjunto. Mas é precisamente por isso que incorremos talvez numa dupla crítica.

Em primeiro lugar, podem dizer-nos que esse "conjunto" é incompleto: o ensino do mestre jamais teve a pretensão de abordar todas as partes da Linguística, nem de projetar sobre todas uma luz igualmente viva; materialmente, não o poderia fazer. Sua preocupação era, aliás, bem outra. Guiado por alguns princípios fundamentais, pessoais, que encontramos em todas as partes de sua obra, e que formam a trama desse tecido tão sólido quanto variado, ele trabalha em profundidade e só se estende em superfície quando tais princípios encontram aplicações particularmente frisantes, bem como quando se furtam a qualquer teoria que os pudesse comprometer.

Assim se explica que certas disciplinas mal tenham sido afloradas – a semântica, por exemplo. Não nos parece que essas lacunas prejudiquem a arquitetura geral. A ausência de uma "Linguística da fala" é mais sensível. Prometida aos ouvintes do terceiro curso, esse estudo teria tido, sem dúvida, lugar de honra nos seguintes; sabe-se muito bem por que tal promessa não pôde ser cumprida. Limitamo-nos a recolher e a situar em seu lugar natural as indicações fugitivas desse programa apenas esboçado; não poderíamos ir mais longe.

Inversamente, censurar-nos-ão talvez por termos reproduzido desenvolvimentos relativos a pontos já adquiridos antes de F. de Saussure. Nem tudo pode ser novo numa exposição assim vasta; entretanto, se princípios já conhecidos são necessários para a compreensão do conjunto, querer-se-á censurar-nos por não havê-los suprimido? Dessarte, o capítulo acerca das mudanças fonéticas encerra coisas já ditas, e quiçá de maneira mais definitiva; todavia, além do fato de que essa parte oculta numerosos pormenores originais e preciosos, uma leitura mesmo superficial mostrará o que a sua supressão acarretaria, por contraste, para a compreensão dos princípios sobre os quais F. de Saussure assenta seu sistema de Linguística estática.

Sentimos toda a responsabilidade que assumimos perante a crítica, perante o próprio autor, que não teria talvez autorizado a publicação destas páginas.

Aceitamos integralmente semelhante responsabilidade e queremos ser os únicos a carregá-la. Saberá a crítica distinguir entre o mestre e seus intérpretes? Ficar-lhe-íamos gratos se dirigisse contra nós os golpes com que seria injusto oprimir uma memória que nos é querida.

*Genebra, junho de 1915.*
*Ch. Bally, Alb. Sechehaye*

# PREFÁCIO À SEGUNDA EDIÇÃO

Esta segunda edição não introduz nenhuma modificação essencial no texto da primeira. Os editores se limitaram a modificações de pormenor, destinadas a tornar a redação mais clara e mais precisa em certos pontos.

*Ch. B., Alb. S.*

# PREFÁCIO À TERCEIRA EDIÇÃO

Salvo por algumas correções de pormenor, esta edição está conforme a anterior.

*Ch. B., Alb. S.*

# INTRODUÇÃO

CAPÍTULO I
# VISÃO GERAL DA HISTÓRIA DA LINGUÍSTICA

A ciência que se constituiu em torno dos fatos da língua passou por três fases sucessivas antes de reconhecer qual é o seu verdadeiro e único objeto.

Começou-se por fazer o que se chamava de "Gramática". Esse estudo, inaugurado pelos gregos, e continuado principalmente pelos franceses, é baseado na lógica e está desprovido de qualquer visão científica e desinteressada da própria língua; visa unicamente a formular regras para distinguir as formas corretas das incorretas; é uma disciplina normativa, muito afastada da pura observação e cujo ponto de vista é forçosamente estreito.

A seguir, apareceu a Filologia. Já em Alexandria havia uma escola "filológica", mas esse termo se vinculou sobretudo ao movimento criado por Friedrich August Wolf a partir de 1777 e que prossegue até nossos dias. A língua não é o único objeto da Filologia, que quer, antes de tudo, fixar, interpretar, comentar os textos; este primeiro estudo a leva a se ocupar também da história literária, dos costumes, das instituições etc.; em toda parte ela usa seu método próprio, que é a crítica. Se aborda questões linguísticas, fá-lo sobretudo para comparar textos de diferentes épocas, determinar a língua peculiar de cada autor, decifrar e explicar inscrições redigidas numa língua arcaica ou obscura. Sem dúvida, es-

CURSO DE LINGUÍSTICA GERAL

sas pesquisas prepararam a Linguística histórica: os trabalhos de Ritschl acerca de Plauto podem ser chamados linguísticos; mas nesse domínio a crítica filológica é falha num particular: apega-se muito servilmente à língua escrita c esquece a língua falada; aliás, a Antiguidade grega e latina a absorve quase completamente.

O terceiro período começou quando se descobriu que as línguas podiam ser comparadas entre si. Tal foi a origem da Filologia comparativa ou da "Gramática comparada". Em 1816, numa obra intitulada *Sistema da conjugação do sânscrito*, Franz Bopp estudou as relações que unem o sânscrito ao germânico, ao grego, ao latim etc. Bopp não era o primeiro a assinalar tais afinidades e a admitir que todas essas línguas pertencem a uma única família; isso tinha sido feito antes, notadamente pelo orientalista inglês W. Jones (†1794); algumas afirmações isoladas, porém, não provam que em 1816 já houvessem sido compreendidas, de modo geral, a significação e a importância dessa verdade. Bopp não tem, pois, o mérito da descoberta de que o sânscrito é parente de certos idiomas da Europa e da Ásia, mas foi ele quem compreendeu que as relações entre línguas afins podiam tornar-se matéria duma ciência autônoma. Esclarecer uma língua por meio de outra, explicar as formas duma pelas formas de outra, eis o que não fora ainda feito.

É de duvidar que Bopp tivesse podido criar sua ciência – pelo menos tão depressa – sem a descoberta do sânscrito. Este, como terceiro testemunho ao lado do grego e do latim, forneceu-lhe uma base de estudo mais larga e mais sólida; tal vantagem foi acrescida pelo fato de que, por um feliz e inesperado acaso, o sânscrito está em condições excepcionalmente favoráveis de aclarar semelhante comparação.

Eis um exemplo: considerando-se o paradigma do latim *genus* (*genus, generis, genere, genera, generum* etc.) e o do grego *génos* (*génos, géneos, généï, génes, genéōn* etc.) essas séries não dizem nada quando tomadas isoladamente ou comparadas entre si. Mas a situação muda quando se lhes aproxima a série correspondente do sânscrito (*ǵanas, ǵanasas, ǵanasi, ǵanassu, ǵanasam* etc.). Basta uma rápida observação para perceber a relação existente entre os paradigmas grego e latino. Admitindo-se provisoriamente que *ganas* represente a forma primitiva, pois isso ajuda a

*32*

explicação, conclui-se que um *s* deve ter desaparecido nas formas gregas *géne(s) os* etc., cada vez que ele se achasse colocado entre duas vogais. Conclui-se logo daí que, nas mesmas condições, o *s* se transformou em *r* em latim. Depois, do ponto de vista gramatical, o paradigma sânscrito dá precisão à noção de radical, visto corresponder esse elemento a uma unidade (*ğanas-*) perfeitamente determinável e fixa. Somente em suas origens conheceram o grego e o latim o estado representado pelo sânscrito. É, então, pela conservação de todos os *ss* indo-europeus que o sânscrito se torna, no caso, instrutivo. Não há dúvida de que, em outras partes, ele não guardou tão bem os caracteres do protótipo: assim, transtornou completamente o sistema vocálico. Mas, de modo geral, os elementos originários conservados por ele ajudam a pesquisa de maneira admirável – e o acaso o tornou uma língua muito própria para esclarecer as outras num sem-número de casos.

Desde o início vê-se surgirem, ao lado de Bopp, linguistas eminentes: Jacob Grimm, o fundador dos estudos germânicos (sua *Gramática alemã* foi publicada de 1822 a 1836); Pott, cujas pesquisas etimológicas colocaram uma quantidade considerável de materiais ao dispor dos linguistas; Kuhn, cujos trabalhos se ocuparam, ao mesmo tempo, da Linguística e da Mitologia comparada; os indianistas Benfey e Aufrecht etc.

Por fim, entre os últimos representantes dessa escola, merecem citação particular Max Müller, G. Curtius e August Schleicher. Os três, de modos diferentes, fizeram muito pelos estudos comparativos. Max Müller os popularizou com suas brilhantes conferências (*Lições sobre a ciência da linguagem*, 1816, em inglês); não pecou, porém, por excesso de consciência. Curtius, filólogo notável, conhecido sobretudo por seus *Princípios de etimologia grega* (1879), foi um dos primeiros a reconciliar a Gramática comparada com a Filologia clássica. Esta acompanhara com desconfiança os progressos da nova ciência, e tal desconfiança se tinha tornado recíproca. Schleicher, enfim, foi o primeiro a tentar codificar os resultados das pesquisas parciais. Seu *Breviário de gramática comparada das línguas indo-germânicas* (1816) é uma espécie de sistematização da ciência fundada por Bopp. Esse livro, que durante longo tempo prestou grandes serviços, evoca melhor que qualquer outro a fisionomia des-

# Curso de Linguística Geral

sa escola comparatista que constitui o primeiro período da Linguística indo-europeia.

Tal escola, porém, que teve o mérito incontestável de abrir um campo novo e fecundo, não chegou a constituir a verdadeira ciência da Linguística. Jamais se preocupou em determinar a natureza do seu objeto de estudo. Ora, sem essa operação elementar, uma ciência é incapaz de estabelecer um método para si própria.

O primeiro erro, que contém em germe todos os outros, é que nas investigações, limitadas aliás às línguas indo-europeias, a Gramática comparada jamais se perguntou a que levavam as comparações que fazia, que significavam as analogias que descobria. Foi exclusivamente comparativa, em vez de histórica. Sem dúvida, a comparação constitui condição necessária de toda reconstituição histórica. Mas por si só não permite concluir nada. A conclusão escapava tanto a esses comparatistas quando consideravam o desenvolvimento de duas línguas como a um naturalista o crescimento de dois vegetais. Schleicher, por exemplo, que nos convida sempre a partir do indo-europeu, que parece portanto ser, num certo sentido, deveras historiador, não hesita em dizer que em grego *e* e *o* são dois "graus" (*Stufen*) do vocalismo. É que o sânscrito apresenta um sistema de alternâncias vocálicas que sugere essa ideia de graus. Supondo, pois, que tais graus devessem ser vencidos separada e paralelamente em cada língua, como vegetais da mesma espécie passam, independentemente uns dos outros, pelas mesmas fases de desenvolvimento, Schleicher via no *o* grego um grau reforçado do *e* como via no *ā* sânscrito um reforço de *ã*. De fato, trata-se de uma alternância indo-europeia, que se reflete de modo diferente em grego e em sânscrito, sem que haja nisso qualquer igualdade necessária entre os efeitos gramaticais que ela desenvolve numa e noutra língua (ver p. 219 *ss*.).

Esse método exclusivamente comparativo acarreta todo um conjunto de conceitos errôneos, que não correspondem a nada na realidade e que são estranhos às verdadeiras condições de toda linguagem. Considerava-se a língua como uma esfera à parte, um quarto reino da Natureza; daí certos modos de raciocinar que teriam causado espanto em outra ciência. Hoje não se pode mais ler oito ou dez linhas dessa época sem se ficar surpreendido pelas excentricidades do pensamento e dos termos empregados para justificá-las.

Do ponto de vista metodológico, porém, há certo interesse em conhecer esses erros: os erros duma ciência que principia constituem a imagem ampliada daqueles que cometem os indivíduos empenhados nas primeiras pesquisas científicas; teremos ocasião de assinalar vários deles no decorrer de nossa exposição.

Somente em 1870, aproximadamente, foi que se indagou quais seriam as condições de vida das línguas. Percebeu-se então que as correspondências que as unem não passam de um dos aspectos do fenômeno linguístico, que a comparação não é senão um meio, um método para reconstituir os fatos.

A Linguística propriamente dita, que deu à comparação o lugar que exatamente lhe cabe, nasceu do estudo das línguas românicas e das línguas germânicas. Os estudos românicos, inaugurados por Diez – sua *Gramática das línguas românicas* data de 1836-1838 –, contribuíram particularmente para aproximar a Linguística do seu verdadeiro objeto. Os romanistas se achavam em condições privilegiadas, desconhecidas dos indo-europeístas; conhecia-se o latim, protótipo das línguas românicas; além disso, a abundância de documentos permitia acompanhar pormenorizadamente a evolução dos idiomas. Essas duas circunstâncias limitavam o campo das conjecturas e davam a toda a pesquisa uma fisionomia particularmente concreta. Os germanistas se achavam em situação idêntica; sem dúvida, o protogermânico não é conhecido diretamente, mas a história das línguas que dele derivam pode ser acompanhada com a ajuda de numerosos documentos, através de uma longa sequência de séculos. Também os germanistas, mais próximos da realidade, chegaram a concepções diferentes das dos primeiros indo-europeístas.

Um primeiro impulso foi dado pelo norte-americano Whitney, autor de *A vida da linguagem* (1875). Logo após se formou uma nova escola, a dos neogramáticos (Junggrammatiker), cujos fundadores eram todos alemães: K. Brugmann, H. Osthoff, os germanistas W. Braune, E. Sievers, H. Paul, o eslavista Leskien etc. Seu mérito consistiu em colocar em perspectiva histórica todos os resultados da comparação, e por ela encadear

CURSO DE LINGUÍSTICA GERAL

os fatos em sua ordem natural. Graças aos neogramáticos, não se viu mais na língua um organismo que se desenvolve por si, mas um produto do espírito coletivo dos grupos linguísticos. Ao mesmo tempo, compreende-se quão errôneas e insuficientes eram as ideias da Filologia e da Gramática comparada[1]. Entretanto, por grandes que sejam os serviços prestados por essa escola, não se pode dizer que tenha esclarecido a totalidade da questão, e, ainda hoje, os problemas fundamentais da Linguística Geral aguardam uma solução.

---

[1] A nova escola, cingindo-se mais à realidade, fez guerra à terminologia dos comparatistas e notadamente às metáforas ilógicas de que se servia. Desde então, não mais se ousa dizer: "a língua faz isto ou aquilo" nem falar da "vida da língua" etc., pois a língua não é mais uma entidade e não existe senão nos que a falam. Não seria, portanto, necessário ir muito longe e basta entender-se. Existem certas imagens das quais não se pode prescindir. Exigir que se usem apenas termos correspondentes à realidade da linguagem é pretender que essas realidades não têm nada de obscuro para nós. Falta muito, porém, para isso; também não hesitaremos em empregar, quando se ofereça a ocasião, algumas das expressões que foram reprovadas na época.

CAPÍTULO II
# MATÉRIA E TAREFA DA LINGUÍSTICA; SUAS RELAÇÕES COM AS CIÊNCIAS CONEXAS

A matéria da Linguística é constituída inicialmente por todas as manifestações da linguagem humana, quer ser trate de povos selvagens ou de nações civilizadas, de épocas arcaicas, clássicas ou de decadência, considerando-se em cada período não só a linguagem correta e a "bela linguagem", mas todas as formas de expressão. Isso não é tudo: como a linguagem escapa as mais das vezes à observação, o linguista deverá ter em conta os textos escritos, pois somente eles lhe farão conhecer os idiomas passados ou distantes.

A tarefa da Linguística será:

a) fazer a descrição e a história de todas as línguas que puder abranger, o que quer dizer: fazer a história das famílias de línguas e reconstituir, na medida do possível, as línguas-mães de cada família;
b) procurar as forças que estão em jogo, de modo permanente e universal, em todas as línguas e deduzir as leis gerais às quais se possam referir todos os fenômenos peculiares da história;
c) delimitar-se e definir-se a si própria.

## Curso de Linguística Geral

A Linguística tem relações bastante estreitas com outras ciências, que tanto lhe tomam emprestados como lhe fornecem dados. Os limites que a separam das outras ciências não aparecem sempre nitidamente. Por exemplo, a Linguística deve ser cuidadosamente distinguida da Etnografia e da Pré-História, nas quais a língua não intervém senão a título de documento; distingue-se também da Antropologia, que estuda o homem somente do ponto de vista da espécie, enquanto a linguagem é um fato social. Dever-se-ia, então, incorporá-la à Sociologia? Que relações existem entre a Linguística e a Psicologia social? Na realidade, tudo é psicológico na língua, inclusive suas manifestações materiais e mecânicas, como a troca de sons; e já que a Linguística fornece à Psicologia social tão preciosos dados, não faria um todo com ela? São questões que apenas mencionamos aqui para retomá-las mais adiante.

As relações da Linguística com a Fisiologia não são tão difíceis de discernir: a relação é unilateral, no sentido de que o estudo das línguas pede esclarecimentos à Fisiologia dos sons, mas não lhe fornece nenhum. Em todo caso, a confusão entre as duas disciplinas se torna impossível: o essencial da língua, como veremos, é estranho ao caráter fônico do signo linguístico.

Quanto à Filologia, já nos definimos: ela se distingue nitidamente da Linguística, malgrado os pontos de contato das duas ciências e os serviços mútuos que se prestam.

Qual é, enfim, a utilidade da Linguística? Bem poucas pessoas têm a respeito ideias claras: não cabe fixá-las aqui. Mas é evidente, por exemplo, que as questões linguísticas interessam a todos – historiadores, filólogos etc. – que tenham de manejar textos. Mais evidente ainda é a sua importância para a cultura geral: na vida dos indivíduos e das sociedades, a linguagem constitui fator mais importante que qualquer outro. Seria inadmissível que seu estudo se tornasse exclusivo de alguns especialistas; de fato, toda a gente dela se ocupa pouco ou muito; mas – consequência paradoxal do interesse que suscita – não há domínio em que tenha germinado ideias tão absurdas, preconceitos, miragens, ficções. Do ponto de vista psicológico, esses erros não são desprezíveis; a tarefa do linguista, porém, é, antes de tudo, denunciá-los e dissipá-los tão completamente quanto possível.

CAPÍTULO III
# OBJETO DA LINGUÍSTICA

## § 1. A LÍNGUA: SUA DEFINIÇÃO

Qual é o objeto, ao mesmo tempo integral e concreto, da Linguística? A questão é particularmente difícil: veremos mais tarde por quê. Limitemo-nos, aqui, a esclarecer a dificuldade.

Outras ciências trabalham com objetos dados previamente e que se podem considerar, em seguida, de vários pontos de vista; em nosso campo, nada de semelhante ocorre. Alguém pronuncia a palavra *nu*: um observador superficial será tentado a ver nela um objeto linguístico concreto; um exame mais atento, porém, nos levará a encontrar no caso, uma após outra, três ou quatro coisas perfeitamente diferentes, conforme a maneira pela qual consideramos a palavra: como som, como expressão duma ideia, como correspondente ao latim *nūdum* etc. Bem longe de dizer que o objeto precede o ponto de vista, diríamos que é o ponto de vista que cria o objeto; aliás, nada nos diz de antemão que uma dessas maneiras de considerar o fato em questão seja anterior ou superior às outras.

Além disso, seja qual for a que se adote, o fenômeno linguístico apresenta perpetuamente duas faces que se correspondem e das quais uma não vale senão pela outra. Por exemplo:

1º As sílabas que se articulam são impressões acústicas percebidas pelo ouvido, mas os sons não existiriam sem os órgãos vocais; assim, um *n* existe somente pela correspondência desses dois aspectos. Não se pode reduzir então a língua ao som, nem separar o som da articulação vocal; reciprocamente, não se podem definir os movimentos dos órgãos vocais se se fizer abstração da impressão acústica (ver p. 75 *ss.*).

2º Mas admitamos que o som seja uma coisa simples: é ele quem faz a linguagem? Não, não passa de instrumento do pensamento e não existe por si mesmo. Surge daí uma nova e temível correspondência: o som, unidade complexa acústico-vocal, forma por sua vez, com a ideia, uma unidade complexa, fisiológica e mental. E ainda mais:

3º A linguagem tem um lado individual e um lado social, sendo impossível conceber um sem o outro. Finalmente:

4º A cada instante, a linguagem implica ao mesmo tempo um sistema estabelecido e uma evolução: a cada instante, ela é uma instituição atual e um produto do passado. Parece fácil, à primeira vista, distinguir entre esses sistemas e sua história, entre aquilo que ele é e o que foi; na realidade, a relação que une ambas as coisas é tão íntima que é difícil separá-las. Seria a questão mais simples se se considerasse o fenômeno linguístico em suas origens; se, por exemplo, começássemos por estudar a linguagem das crianças? Não, pois é uma ideia bastante falsa crer que em matéria de linguagem o problema das origens difira do das condições permanentes; não se sairá mais do círculo vicioso, então.

Dessarte, qualquer que seja o lado por que se aborda a questão, em nenhuma parte se nos oferece integral o objeto da Linguística. Sempre encontramos o dilema: ou nos aplicamos a um lado apenas de cada problema e nos arriscamos a não perceber as dualidades assinaladas, ou, se estudarmos a linguagem sob vários aspectos ao mesmo tempo, o objeto da Linguística nos aparecerá como um aglomerado confuso de coisas heteróclitas, sem liame entre si. Quando se procede assim, abre-se a porta a várias ciências – Psicologia, Antropologia, Gramática normativa, Filologia etc. – que separamos claramente da Linguística, mas que, por culpa de um método incorreto, poderiam reivindicar a linguagem como um de seus objetos.

INTRODUÇÃO

Há, segundo nos parece, uma solução para todas essas dificulda-des: é necessário colocar-se primeiramente no terreno da língua e tomá--la como norma de todas as outras manifestações da linguagem. De fato, entre tantas dualidades, somente a língua parece suscetível duma defini-ção autônoma e fornece um ponto de apoio satisfatório para o espírito.

Mas o que é a língua? Para nós, ela não se confunde com a lingua-gem; é somente uma parte determinada, essencial dela, indubitavelmente. É, ao mesmo tempo, um produto social da faculdade de linguagem e um conjunto de convenções necessárias, adotadas pelo corpo social para per-mitir o exercício dessa faculdade nos indivíduos. Tomada em seu todo, a linguagem é multiforme e heteróclita; o cavaleiro de diferentes domínios, ao mesmo tempo física, fisiológica e psíquica, ela pertence além disso ao domínio individual e ao domínio social; não se deixa classificar em nenhu-ma categoria de fatos humanos, pois não se sabe como inferir sua unidade.

A língua, ao contrário, é um todo por si e um princípio de classifica-ção. Desde que lhe demos o primeiro lugar entre os fatos da linguagem, introduzimos uma ordem natural num conjunto que não se presta a ne-nhuma outra classificação.

A esse princípio de classificação poder-se-ia objetar que o exercício da linguagem repousa numa faculdade que nos é dada pela Natureza, ao passo que a língua constitui algo adquirido e convencional, que deveria subordinar-se ao instinto natural em vez de adiantar-se a ele.

Eis o que pode se responder.

Inicialmente, não está provado que a função da linguagem, tal como ela se manifesta quando falamos, seja inteiramente natural, isto é: que nosso aparelho vocal tenha sido feito para falar, assim como nossas pernas para andar. Os linguistas estão longe de concordar nesse ponto. Assim, para Whitney, que considera a língua uma instituição social da mesma espécie que todas as outras, é por acaso e por simples razões de comodi-dade que nos servimos do aparelho vocal como instrumento da língua; os homens poderiam também ter escolhido o gesto e empregar imagens visuais em lugar de imagens acústicas. Sem dúvida, essa tese é demasiado absoluta; a língua não é uma instituição social semelhante às outras em todos os pontos (ver pp. 114 e 116); além disso, Whitney vai longe demais

41

quando diz que nossa escolha recaiu por acaso nos órgãos vocais; de certo modo, já nos haviam sido impostas pela Natureza. No ponto essencial, porém, o linguista norte-americano nos parece ter razão: a língua é uma convenção e a natureza do signo convencional é indiferente. A questão do aparelho vocal se revela, pois, secundária no problema da linguagem. Certa definição do que se chama de *linguagem articulada* poderia confirmar essa ideia. Em latim, *articulus* significa "membro, parte, subdivisão numa série de coisas"; em matéria de linguagem, a articulação pode designar não só a divisão da cadeia falada em sílabas, como a subdivisão da cadeia de significações em unidades significativas; é nesse sentido que se diz em alemão *gegliederte Sprache*. Apegando-se a essa segunda definição, poder-se-ia dizer que não é a linguagem que é natural ao homem, mas a faculdade de constituir uma língua, vale dizer: um sistema de signos distintos correspondentes a ideias distintas.

Broca descobriu que a faculdade de falar se localiza na terceira circunvolução frontal esquerda; também nisso se apoiaram alguns para atribuir à linguagem um caráter natural. Mas sabe-se que essa localização foi comprovada por tudo quanto se relaciona com a linguagem, inclusive a escrita, e essas verificações, unidas às observações feitas sobre as diversas formas de afasia por lesão desses centros de localização, parecem indicar: 1º – que as perturbações diversas da linguagem oral estão encadeadas de muitos modos às da linguagem escrita; 2º – que, em todos os casos de afasia ou de agrafia, é atingida menos a faculdade de proferir estes ou aqueles sons ou de traçar estes ou aqueles signos que a de evocar por um instrumento, seja qual for, os signos duma linguagem regular. Tudo isso nos leva a crer que, acima desses diversos órgãos, existe uma faculdade mais geral, a que comanda os signos e que seria a faculdade linguística por excelência. E somos assim conduzidos à mesma conclusão de antes.

Para atribuir à língua o primeiro lugar no estudo da linguagem, pode-se, enfim, fazer valer o argumento de que a faculdade – natural ou não – de articular palavras não se exerce senão com a ajuda de instrumento criado e fornecido pela coletividade; não é, então, ilusório dizer que é a língua que faz a unidade da linguagem.

## § 2. LUGAR DA LÍNGUA NOS FATOS DA LINGUAGEM

Para achar, no conjunto da linguagem, a esfera que corresponde à língua, é necessário colocarmo-nos diante do ato individual que permite reconstituir o circuito da fala. Esse ato supõe pelo menos dois indivíduos; é o mínimo exigível para que o circuito seja completo. Suponhamos, então, duas pessoas, *A* e *B*, que conversam.

O ponto de partida do circuito se situa no cérebro de uma delas, por exemplo *A*, em que os fatos de consciência, a que chamaremos conceitos, se acham associados às representações dos signos linguísticos ou imagens acústicas que servem para exprimi-los. Suponhamos que um dado conceito suscite no cérebro uma imagem acústica correspondente: é um fenômeno inteiramente *psíquico*, seguido, por sua vez, de um processo *fisiológico*: o cérebro transmite aos órgãos da fonação um impulso correlativo da imagem; depois, as ondas sonoras se propagam da boca de *A* até o ouvido de *B*: processo puramente *físico*. Em seguida, o circuito se prolonga em *B* numa ordem inversa: do ouvido ao cérebro, transmissão fisiológica da imagem acústica; no cérebro, associação psíquica dessa imagem com o conceito correspondente. Se *B*, por sua vez, fala, esse novo ato seguirá – de seu cérebro ao de *A* – exatamente o mesmo curso do primeiro e passará pelas mesmas fases sucessivas, que representaremos como segue:

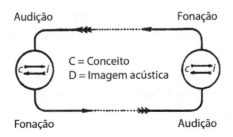

CURSO DE LINGUÍSTICA GERAL

Essa análise não pretende ser completa; poder-se-iam distinguir ainda: a sensação acústica pura, a identificação dessa sensação com a imagem acústica latente, a imagem muscular da fonação etc. Não levamos em conta senão os elementos julgados essenciais; mas nossa figura permite distinguir sem dificuldade as partes físicas (ondas sonoras) das fisiológicas (fonação e audição) e psíquicas (imagens verbais e conceitos). De fato, é fundamental observar que a imagem verbal não se confunde com o próprio som e que é psíquica, do mesmo modo que o conceito que lhe está associado.

O circuito, tal como o representamos, pode dividir-se ainda:

*a*) numa parte exterior (vibração dos sons indo da boca ao ouvido) e numa parte interior, que compreende todo o resto;

*b*) numa parte psíquica e em outra não psíquica, incluindo a segunda também os fatos fisiológicos, dos quais os órgãos são a sede, e os fatos físicos exteriores ao indivíduo;

*c*) numa parte ativa e em outra passiva; é ativo tudo o que vai do centro de associação de uma das pessoas ao ouvido da outra, e passivo tudo o que vai do ouvido desta ao seu centro de associação.

Finalmente, na parte psíquica localizada no cérebro, pode-se chamar executivo tudo o que é ativo (c → i) e receptivo tudo o que é passivo (i → c).

Cumpre acrescentar uma faculdade de associação e de coordenação que se manifesta desde que não se trate mais de signos isolados; é essa faculdade que desempenha o principal papel na organização da língua enquanto sistema (ver p. 171 *ss.*).

Para bem compreender tal papel, no entanto, impõe-se sair do ato individual, que não é senão o embrião da linguagem, e abordar o fato social.

Entre todos os indivíduos assim unidos pela linguagem, estabelecer-se-á uma espécie de meio-termo; todos reproduzirão – não exatamente, sem dúvida, mas aproximadamente – os mesmos signos unidos aos mesmos conceitos.

Qual a origem dessa cristalização social? Qual das partes do circuito pode estar em causa? Pois é bem provável que todos não tomem parte nela de igual modo.

A parte física pode ser posta de lado desde logo. Quando ouvimos falar uma língua que desconhecemos, percebemos bem os sons, mas em virtude da nossa incompreensão, ficamos alheios ao fato social.

A parte psíquica não entra tampouco totalmente em jogo: o lado executivo fica de fora, pois a sua execução jamais é feita pela massa; é sempre individual e dela o indivíduo é sempre senhor; nós a chamaremos *fala* (*parole*).

Pelo funcionamento das faculdades receptiva e coordenativa, nos indivíduos falantes, é que se formam as marcas que chegam a ser sensivelmente as mesmas em todos. De que maneira se deve representar esse produto social para que a língua apareça perfeitamente desembaraçada do restante? Se pudéssemos abarcar a totalidade das imagens verbais armazenadas em todos os indivíduos, atingiríamos o liame social que constitui a língua. Trata-se de um tesouro depositado pela prática da fala por todos os indivíduos pertencentes à mesma comunidade, um sistema gramatical que existe virtualmente em cada cérebro ou, mais exatamente, nos cérebros dum conjunto de indivíduos, pois a língua não está completa em nenhum, e só na massa ela existe de modo completo.

Com o separar a língua da fala, separa-se ao mesmo tempo: 1º – o que é social do que é individual; 2º – o que é essencial do que é acessório e mais ou menos acidental.

A língua não constitui, pois, uma função do falante: é o produto que o indivíduo registra passivamente; não supõe jamais premeditação, e a reflexão nela intervém somente para a atividade de classificação, da qual trataremos na p. 171 *ss*.

A fala é, ao contrário, um ato individual de vontade e inteligência, no qual convém distinguir: 1º – as combinações pelas quais o falante realiza o código da língua no propósito de exprimir seu pensamento pessoal; 2º – o mecanismo psicofísico que lhe permite exteriorizar essas combinações.

Cumpre notar que definimos as coisas, e não os termos; as distinções estabelecidas nada têm a recear, portanto, de certos termos ambíguos, que não têm correspondência entre duas línguas. Assim, em alemão, *Sprache* quer dizer "língua" e "linguagem"; *Rede* corresponde aproximadamente a "palavra", mas acrescentando-lhe o sentido especial de "discurso". Em latim, *sermo* significa antes "linguagem" e "fala", enquanto *lingua* significa a língua, e assim por diante. Nenhum termo corresponde exatamente a uma das noções fixadas; eis por que toda definição a propósito de um termo é vã; é um mau método partir dos termos para definir as coisas.

Recapitulemos os caracteres da língua:

1º – Ela é um objeto bem definido no conjunto heteróclito dos fatos da linguagem. Pode-se localizá-la na porção determinada do circuito em que uma imagem auditiva vem associar-se a um conceito. Ela é a parte social da linguagem, exterior ao indivíduo, que, por si só, não pode nem criá-la nem modificá-la; ela não existe senão em virtude de uma espécie de contrato estabelecido entre os membros da comunidade. Por outro lado, o indivíduo tem necessidade de uma aprendizagem para conhecer-lhe o funcionamento; somente pouco a pouco a criança a assimila. A língua é uma coisa de tal modo distinta que um homem privado do uso da fala conserva a língua, contanto que compreenda os signos vocais que ouve.

2º – A língua, distinta da fala, é um objeto que se pode estudar separadamente. Não falamos mais as línguas mortas, mas podemos muito bem assimilar-lhes o organismo linguístico. Não só pode a ciência da língua prescindir de outros elementos da linguagem como só se torna possível quando tais elementos não estão misturados.

3º – Enquanto a linguagem é heterogênea, a língua assim delimitada é de natureza homogênea: constitui-se num sistema de signos em que, de essencial, só existe a união do sentido e da imagem acústica, e em que as duas partes do signo são igualmente psíquicas.

4º – A língua, não menos que a fala, é um objeto de natureza concreta, o que oferece grande vantagem para o seu estudo. Os signos linguísticos, embora sendo essencialmente psíquicos, não são abstrações; as associações, ratificadas pelo consentimento coletivo e cujo conjunto constitui a língua, são realidades que têm sua sede no cérebro. Além disso, os signos da língua são, por assim dizer, tangíveis; a escrita pode fixá-los em imagens convencionais, ao passo que seria impossível fotografar em todos os seus pormenores os atos da fala; a fonação duma palavra, por pequena que seja, representa uma infinidade de movimentos musculares extremamente difíceis de distinguir e representar. Na língua, ao contrário, não existe senão a imagem acústica, e esta pode traduzir-se numa imagem visual constante. Pois se se faz abstração dessa infinidade de movimentos necessários para realizá-la na fala, cada imagem acústica não passa, conforme logo veremos, da soma de um número limitado de elementos ou fonemas, suscetíveis, por sua vez, de serem evocados por um número correspondente de signos na escrita. É essa possibilidade de fixar as coisas relativas à língua que faz com que um dicionário e uma gramática possam representá-la fielmente, sendo ela o depósito das imagens acústicas e a escrita a forma tangível dessas imagens.

## § 3. LUGAR DA LÍNGUA NOS FATOS HUMANOS. A SEMIOLOGIA

Essas características nos levam a descobrir outra mais importante. A língua, assim delimitada no conjunto dos fatos de linguagem, é classificável entre os fatos humanos, enquanto a linguagem não o é.

Acabamos de ver que a língua constitui uma instituição social, mas ela se distingue por vários traços das outras instituições políticas, jurídicas etc. Para compreender sua natureza peculiar, cumpre fazer intervir uma nova ordem de fatos.

A língua é um sistema de signos que exprimem ideias, e é comparável, por isso, à escrita, ao alfabeto utilizado pela comunidade surda, aos ritos simbólicos, às formas de polidez, aos sinais militares etc. Ela é apenas o principal desses sistemas.

Pode-se, então, conceber *uma ciência que estude a vida dos signos no seio da vida social*; ela constituiria uma parte da Psicologia social e, por conseguinte, da Psicologia geral; chamá-la-emos de *Semiologia*[2] (do grego *sēmeîon*, "signo"). Ela nos ensinará em que consistem os signos, que leis os regem. Como tal ciência não existe ainda, não se pode dizer o

---

[2] Deve-se cuidar de não confundir a *Semiologia* com a *Semântica*, que estuda as alterações de significado e da qual F. de S. não fez uma exposição metódica; achar-se-á, porém, o princípio fundamental formulado na p. 115 (org.).

que será; ela tem direito, porém, à existência; seu lugar está determinado de antemão. A Linguística não é senão uma parte dessa ciência geral; as leis que a Semiologia descobrir serão aplicáveis à Linguística, e esta se achará dessarte vinculada a um domínio bem definido no conjunto dos fatos humanos.

Cabe ao psicólogo determinar o lugar exato da Semiologia[3]; a tarefa do linguista é definir o que faz da língua um sistema especial no conjunto dos fatos semiológicos. A questão será retomada mais adiante; guardaremos, neste ponto, apenas uma coisa: se, pela primeira vez, pudemos assinalar à Linguística um lugar entre as ciências foi porque a relacionamos com a Semiologia.

Por que não é essa ainda reconhecida como ciência autônoma, tendo, como qualquer outra, seu objeto próprio? É que rodamos em círculo; de um lado, nada mais adequado que a língua para fazer-nos compreender a natureza do problema semiológico; mas, para formulá-lo convenientemente, é necessário estudar a língua em si; ora, até agora a língua sempre foi abordada em função de outra coisa, sob outros pontos de vista.

Há, inicialmente, a concepção superficial do grande público: ele vê na língua somente uma nomenclatura (ver pp. 105-106), o que suprime toda pesquisa acerca de sua verdadeira natureza.

A seguir, há o ponto de vista do psicólogo, que estuda o mecanismo do signo no indivíduo; é o método mais fácil, mas não ultrapassa a execução individual, não atinge o signo, que é social por natureza.

Ou ainda, quando se percebe que o signo deve ser estudado socialmente, retêm-se apenas os caracteres da língua que a vinculam às outras instituições, às que dependem mais ou menos de nossa vontade; desse modo, deixa-se de atingir a meta, negligenciando-se as características que pertencem somente aos sistemas semiológicos em geral e à língua em particular. O signo escapa sempre, em certa medida, à vontade individual ou social, estando nisso o seu caráter essencial; é, porém, o que menos aparece à primeira vista.

---

[3] Cf. AD. NAVILLE, *Classification des sciences*, 2ª ed., p. 104.

INTRODUÇÃO

Por conseguinte, tal caráter só aparece bem na língua; manifesta-se, porém, nas coisas que são menos estudadas e, por outro lado, não se percebe bem a necessidade ou utilidade particular de uma ciência semiológica. Para nós, ao contrário, o problema linguístico é, antes de tudo, semiológico, e todos os nossos desenvolvimentos emprestam significação a esse fato importante. Se se quiser descobrir a verdadeira natureza da língua, será mister considerá-la inicialmente no que ela tem de comum com todos os outros sistemas da mesma ordem; e fatores linguísticos que aparecem, à primeira vista, como muito importantes (por exemplo: o funcionamento do aparelho vocal) devem ser considerados de secundária importância quando servirem somente para distinguir a língua dos outros sistemas. Com isso, não apenas se esclarecerá o problema linguístico, mas acreditamos que, considerando os ritos, os costumes etc. como signos, esses fatos aparecerão sob outra luz, e sentir-se-á a necessidade de agrupá--los na Semiologia e de explicá-los pelas leis da ciência.

CAPÍTULO IV
# LINGUÍSTICA DA LÍNGUA E LINGUÍSTICA DA FALA

Ao outorgar à ciência da língua seu verdadeiro lugar no conjunto do estudo da linguagem, situamos ao mesmo tempo toda a Linguística. Todos os outros elementos da linguagem, que constituem a fala, vêm por si mesmos subordinar-se a essa primeira ciência, e é graças a tal subordinação que todas as partes da Linguística encontram seu lugar natural.

Consideremos, por exemplo, a produção dos sons necessários à fala: os órgãos vocais são tão exteriores à língua como os aparelhos elétricos que servem para transcrever o alfabeto Morse são estranhos a esse alfabeto; e a fonação, vale dizer, a execução das imagens acústicas, em nada afeta o sistema em si. Sob esse aspecto, pode-se comparar a língua a uma sinfonia, cuja realidade independe da maneira pela qual é executada; os erros que podem cometer os músicos que a executam não comprometem em nada tal realidade.

A essa separação da fonação e da língua se oporão, talvez, as transformações fonéticas, as alterações de sons que se produzem na fala e que exercem influência tão profunda nos destinos da própria língua. Teremos, de fato, o direito de pretender que ela exista independentemente de tais fenômenos? Sim, pois eles não atingem mais que a substância material das palavras. Se atacam a língua enquanto sistema de signos, fazem-no apenas indiretamente, pela mudança de interpretação que daí resulta; ora, esse fenômeno nada tem de fonético (ver p. 126 s.). Pode ser interessante pesquisar as causas de tais mudanças, e o estudo dos sons nos ajudará nisso; todavia, não é coisa essencial: para a ciência da língua bastará sempre comprovar as transformações dos sons e calcular-lhes os efeitos.

E o que dizemos da fonação será verdadeiro no tocante a todas as outras partes da fala. A atividade de quem fala deve ser estudada num conjunto de disciplinas que somente por sua relação com a língua têm lugar na Linguística.

O estudo da linguagem comporta, portanto, duas partes: uma, essencial, tem por objeto a língua, que é social em sua essência e independente do indivíduo – esse estudo é unicamente psíquico; outra, secundária, tem por objeto a parte individual da linguagem, vale dizer, a fala, inclusive a fonação – é psicofísica.

Sem dúvida, esses dois objetos estão estreitamente ligados e se implicam mutuamente; a língua é necessária para que a fala seja inteligível e produza todos os seus efeitos; mas esta é necessária para que a língua se estabeleça; historicamente, o fato da fala vem sempre antes. Como se imaginaria associar uma ideia a uma imagem verbal se não se surpreendesse de início essa associação num ato de fala? Por outro lado, é ouvindo os outros que aprendemos a língua materna; ela se deposita em nosso cérebro somente após inúmeras experiências. Enfim, é a fala que faz evoluir a língua: são as impressões recebidas ao ouvir os outros que modificam nossos hábitos linguísticos. Existe, pois, interdependência da língua e da fala; aquela é ao mesmo tempo o instrumento e o produto desta. Tudo isso, porém, não impede que sejam duas coisas absolutamente distintas.

A língua existe na coletividade sob a forma de uma soma de sinais depositados em cada cérebro, mais ou menos como um dicionário cujos exemplares, todos idênticos, fossem repartidos entre os indivíduos (ver p. 45). Trata-se, pois, de algo que está em cada um deles, embora seja comum a todos e independa da vontade dos depositários. Esse modo de existência da língua pode ser representado pela fórmula:

$$1 + 1 + 1 + 1 \ldots = I \quad \text{(padrão coletivo)}$$

# CURSO DE LINGUÍSTICA GERAL

De que maneira a fala está presente nessa mesma coletividade? É a soma do que as pessoas dizem e compreende: a) combinações individuais, dependentes da vontade dos que falam; b) atos de fonação igualmente voluntários, necessários para a execução dessas combinações.

Nada existe, portanto, de coletivo na fala; suas manifestações são individuais e momentâneas. No caso, não há mais que a soma de casos particulares segundo a fórmula:

$$( 1 + 1' + 1'' + 1''' \ldots )$$

Por todas essas razões, seria ilusório reunir, sob o mesmo ponto de vista, a língua e a fala. O conjunto global da linguagem é incognoscível, já que não é homogêneo, ao passo que a diferenciação e subordinação propostas esclarecem tudo.

Essa é a primeira bifurcação que se encontra quando se procura estabelecer a teoria da linguagem. Cumpre escolher entre dois caminhos impossíveis de trilhar ao mesmo tempo; devem ser seguidos separadamente.

Pode-se, a rigor, conservar o nome de Linguística para cada uma dessas duas disciplinas e falar de uma Linguística da fala. Será, porém, necessário não confundi-la com a Linguística propriamente dita, aquela cujo único objeto é a língua.

Unicamente desta última é que cuidaremos, e se por acaso, no decurso de nossas demonstrações, pedirmos luzes ao estudo da fala, esforçar-nos-emos para jamais transpor os limites que separam os dois domínios.

CAPÍTULO V
# ELEMENTOS INTERNOS E ELEMENTOS EXTERNOS DA LÍNGUA

Nossa definição da língua supõe que eliminemos dela tudo o que lhe seja estranho ao organismo, ao seu sistema: tudo quanto se designa pelo termo "Linguística externa". Essa Linguística se ocupa, todavia, de coisas importantes, e é sobretudo nelas que se pensa quando se aborda o estudo da linguagem.

Incluem elas, primeiramente, todos os pontos em que a Linguística faz fronteira com a Etnologia, todas as relações que podem existir entre a história de uma língua e de uma raça ou civilização. Essas duas histórias se associam e mantêm relações recíprocas. Isso faz recordar um pouco as correspondências verificadas entre os fenômenos linguísticos propriamente ditos (ver p. 39 s.). Os costumes de uma nação têm repercussão na língua e, por outro lado, é em grande parte a língua que constitui a Nação.

Em segundo lugar, cumpre mencionar as relações existentes entre a língua e a história política. Grandes acontecimentos históricos, como a conquista romana, tiveram importância incalculável no tocante a inúmeros fatos linguísticos. A colonização, que não é senão uma forma de conquista, transporta um idioma para meios diferentes, o que acarreta transformações nesse idioma. Poder-se-ia citar, como prova, toda sorte de

CURSO DE LINGUÍSTICA GERAL

fatos: assim, a Noruega adotou o dinamarquês quando se uniu politicamente à Dinamarca; é verdade que, hoje [cerca de 1910], os noruegueses procuram libertar-se dessa influência linguística. A política interna dos Estados não tem a menor importância para a vida das línguas: certos governos, como a Suíça, admitem a coexistência de vários idiomas; outros, como a França, aspiram à unidade linguística. Um grau avançado de civilização favorece o desenvolvimento de certas línguas especiais (língua jurídica, terminologia científica etc.).

Isso nos leva a um terceiro ponto: as relações da língua com instituições de toda espécie, a Igreja, a escola etc. Estas, por sua vez, estão intimamente ligadas ao desenvolvimento literário de uma língua, fenômeno tanto mais geral quanto é inseparável da história política. A língua literária ultrapassa, em todas as partes, os limites que lhe parece traçar a literatura: recorde-se a influência dos salões, da corte, das academias. Por outro lado, suscita a avultada questão do conflito que se estabelece entre ela e os dialetos locais (ver p. 258); o linguista deve também examinar as relações recíprocas entre a língua literária e a língua corrente; pois toda língua literária, produto da cultura, acaba por separar sua esfera de existência da esfera natural, a da língua falada.

Enfim, tudo quanto se relaciona com a extensão geográfica das línguas e o fracionamento dialetal releva da Linguística externa. Sem dúvida, é nesse ponto que a distinção entre ela e a Linguística interna parece mais paradoxal, de tal modo o fenômeno geográfico está intimamente associado à existência de qualquer língua; entretanto, na realidade, ele não afeta o organismo interno do idioma.

Pretendeu-se ser absolutamente impossível separar todas essas questões do estudo da língua propriamente dita. Foi um ponto de vista que prevaleceu sobretudo depois que tanto se insistiu sobre tais "Realia". Do mesmo modo que a planta é modificada no seu organismo interno pelos fatores externos (terreno, clima etc.), assim também não depende o organismo gramatical constantemente dos fatores externos da modificação linguística? Parece que se explicam mal os termos técnicos, os empréstimos de que a língua está inçada, quando se deixa de considerar-lhes a proveniência. Será possível distinguir o desenvolvimento natural, orgânico,

INTRODUÇÃO

de um idioma, de suas formas artificiais, como a língua literária, que são devidas a fatores externos, por conseguinte inorgânicos? Não se vê constantemente desenvolver-se uma língua comum a par dos dialetos locais?

Pensamos que o estudo dos fenômenos linguísticos é muito frutuoso; mas é falso dizer que, sem eles, não seria possível conhecer o organismo linguístico interno. Tomemos, por exemplo, o empréstimo de palavras estrangeiras; pode-se comprovar, inicialmente, que não se trata, de modo algum, de um elemento constante na vida de uma língua. Existem, em certos vales retirados, dialetos que jamais admitiram, por assim dizer, um só termo artificial vindo de fora. Dir-se-á que esses idiomas estão fora das condições regulares da linguagem, incapazes de dar-nos uma ideia dela, e que exigem um estudo "teratológico" por não terem jamais sofrido mistura? Cumpre sobretudo notar que o termo emprestado não é considerado mais como tal desde que seja estudado no seio do sistema; ele existe somente por sua relação e oposição com as palavras que lhe estão associadas, da mesma forma que qualquer outro signo autóctone. Em geral, não é nunca indispensável conhecer as circunstâncias em meio às quais se desenvolveu uma língua. Em relação a certos idiomas, como o zenda e o páleo-eslavo, não se sabe exatamente sequer quais povos os falaram; tal ignorância, porém, de nenhum modo nos obsta a que os estudemos interiormente e a que nos demos conta das transformações que sofreram. Em todo caso, a separação dos dois pontos de vista se impõe, e, quanto mais rigorosamente for observada, melhor será.

A melhor prova disso é que cada um deles cria um método distinto. A Linguística externa pode acumular pormenor sobre pormenor sem se sentir apertada no torniquete de um sistema. Por exemplo, cada autor agrupará como lhe aprouver os fatos relativos à expansão de uma língua fora de seu território; se se procuram os fatores que criaram uma língua literária em face dos dialetos, poder-se-á sempre usar a enumeração simples; se se ordenam os fatos de modo mais ou menos sistemático, isso é feito unicamente devido à necessidade de clareza.

No que concerne à Linguística interna, as coisas se passam de modo diferente: ela não admite uma disposição qualquer; a língua é um sistema que conhece somente sua ordem própria. Uma comparação com o

CURSO DE LINGUÍSTICA GERAL

jogo de xadrez fará compreendê-lo melhor. Nesse jogo, é relativamente fácil distinguir o externo do interno; o fato de ele ter passado da Pérsia para a Europa é de ordem externa; interno, ao contrário, é tudo quanto concerne ao sistema e às regras. Se eu substituir as peças de madeira por peças de marfim, a troca será indiferente para o sistema; mas se eu reduzir ou aumentar o número de peças, essa mudança atingirá profundamente a "gramática" do jogo. Não é menos verdade que certa atenção se faz necessária para estabelecer distinções dessa espécie. Assim, em cada caso, formular-se-á a questão da natureza do fenômeno, e, para resolvê-la, observar-se-á esta regra: é interno tudo quanto provoca mudança do sistema em qualquer grau.

CAPÍTULO VI
# REPRESENTAÇÃO DA LÍNGUA PELA ESCRITA

## § 1. NECESSIDADE DE ESTUDAR ESTE ASSUNTO

O objeto concreto de nosso estudo é, pois, o produto social depositado no cérebro de cada um, isto é, a língua. Mas tal produto difere de acordo com os grupos linguísticos: o que nos é dado são as línguas. O linguista está obrigado a conhecer o maior número possível delas para tirar, por observação e comparação, o que nelas exista de universal.

Ora, geralmente, nós as conhecemos somente através da escrita. Mesmo no caso de nossa língua materna, o documento intervém a todo instante. Quando se trata de um idioma falado a alguma distância, ainda mais necessário se torna recorrer ao testemunho escrito; e com mais forte razão no caso de idiomas que não existem mais. Para poder dispor, em todos os casos, de documentos diretos, seria mister que se tivesse feito, em todas as épocas, aquilo que se faz atualmente em Viena e Paris: uma coleção de amostras fonográficas de todas as línguas. Seria preciso, outrossim, recorrer à escrita para dar a conhecer aos outros os textos registrados dessa maneira.

Dessarte, conquanto a escrita seja, por si, estranha ao sistema interno, é impossível fazer abstração de um processo por via do qual a língua é

CURSO DE LINGUÍSTICA GERAL

ininterruptamente representada; cumpre conhecer a utilidade, os defeitos e os inconvenientes de tal processo.

## § 2. PRESTÍGIO DA ESCRITA: CAUSAS DE SEU PREDOMÍNIO SOBRE A FORMA FALADA

Língua e escrita são dois sistemas distintos de signos; a única razão de ser do segundo é representar o primeiro; o objeto linguístico não se define pela combinação da palavra escrita e da palavra falada; esta última, por si só, constitui tal objeto. Mas a palavra escrita se mistura tão intimamente com a palavra falada, da qual é a imagem, que acaba por usurpar-lhe o papel principal; terminamos por dar maior importância à representação do signo vocal do que ao próprio signo. É como se acreditássemos que, para conhecer uma pessoa, melhor fosse contemplar-lhe a fotografia do que o rosto.

Semelhante ilusão existiu em todas as épocas, e as opiniões correntes acerca da língua estão influenciadas por ela. Assim, acredita-se, de modo geral, que um idioma se altere mais rapidamente quando não exista a escrita: nada mais falso. A escrita pode muito bem, em certas condições, retardar as modificações da língua, mas, inversamente, a conservação desta não é, de forma alguma, comprometida pela ausência de escrita. O lituano, que se fala ainda hoje na Prússia oriental e numa parte da Rússia, só é conhecido por documentos escritos a partir de 1540; nessa época tardia, porém, ele oferece, no conjunto, uma imagem tão fiel do indo-europeu quanto o latim do século III antes de Cristo. Isso basta para mostrar o quanto a língua independe da escrita.

Certos fatos linguísticos deveras tênues se conservaram sem o auxílio de qualquer notação. Durante todo o período do alto alemão antigo, escreveu-se *tōten*, *fuolen* e *stōzen*, ao passo que, nos fins do século XII, aparecem as grafias *töten*, *füelen*, em contraposição a *stōzen*, que subsiste. De onde provém essa diferença? Em todos os casos em que se produziu, havia um *y* na sílaba seguinte; o protogermânico apresentava *\*daupyan*, *\*fōlyan*, mas *\*stautan*. No limiar do período literário, por volta de 800, esse *y* se enfraqueceu tanto que a escrita não conservou nenhuma lem-

INTRODUÇÃO

brança dele durante três séculos; ele deixara, no entanto, um ligeiro traço na pronúncia; e eis que, por volta de 1180, como se viu, reaparecem milagrosamente sob a forma de metafonia! Dessarte, sem o recurso da escrita, esse matiz de pronúncia se transmitiu com exatidão.

A língua tem, pois, uma tradição oral independente da escrita e bem diversamente fixa; todavia, o prestígio da forma escrita nos impede de vê-lo. Os primeiros linguistas se enganaram nisso, da mesma maneira que, antes deles, os humanistas. O próprio Bopp não faz diferença nítida entre a letra e o som; lendo-o, acreditar-se-ia que a língua fosse inseparável do seu alfabeto. Os sucessores imediatos de Bopp caíram na mesma cilada; a grafia *th* da fricativa *p* fez crer a Grimm não somente que esse som era duplo, mas, inclusive, que era uma oclusiva aspirada; daí o lugar que ele lhe assinala na sua lei da transformação consonântica ou *Lautverschiebung* (ver p. 198). Ainda hoje, homens esclarecidos confundem a língua com a sua ortografia; Gaston Deschamps não dizia de Berthelot "que ele preservara o francês da ruína" porque se opusera à reforma ortográfica?

Mas como se explica tal prestígio da escrita?

1º – Primeiramente, a imagem gráfica das palavras nos impressiona como um objeto permanente e sólido, mais adequado do que o som para constituir a unidade da língua através dos tempos. Pouco importa que esse liame seja superficial e crie uma unidade puramente factícia: é muito mais fácil de apreender que o liame natural, o único verdadeiro, o do som.

2º – Na maioria dos indivíduos, as impressões visuais são mais nítidas e mais duradouras que as impressões acústicas; dessarte, eles se apegam, de preferência, às primeiras. A imagem gráfica acaba por impor-se à custa do som.

3º – A língua literária aumenta ainda mais a importância imerecida da escrita. Possui seus dicionários, suas gramáticas; é conforme o livro e pelo livro que se ensina na escola; a língua aparece regulamentada por um código; ora, tal código é ele próprio uma regra escrita, submetida a um uso rigoroso: a ortografia, e eis o que confere à escrita uma importância primordial. Acabamos por esquecer que aprendemos a falar antes de aprender a escrever, e inverte-se a relação natural.

4º – Por fim, quando existe desacordo entre a língua e a ortografia, o debate é sempre difícil de resolver por alguém que não seja o linguista;

mas como este não tem voz em capítulo, a forma escrita tem, quase fatalmente, superioridade; a escrita se arroga, nesse ponto, uma importância a que não tem direito.

## § 3. OS SISTEMAS DE ESCRITA

Existem somente dois sistemas de escrita:

1º – O sistema ideográfico, em que a palavra é representada por um signo único e estranho aos sons de que ela se compõe. Esse signo se relaciona com o conjunto da palavra e, por isso, indiretamente, com a ideia que exprime. O exemplo clássico desse sistema é a escrita chinesa.

2º – O sistema dito comumente "fonético", que visa a reproduzir a série de sons que se sucedem na palavra. As escritas fonéticas são tanto silábicas como alfabéticas, vale dizer, baseadas nos elementos irredutíveis da palavra.

Além disso, as escritas ideográficas se tornam facilmente mistas: certos ideogramas, distanciados de seu valor inicial, terminam por representar sons isolados.

Dissemos que a palavra escrita tende a substituir, em nosso espírito, a palavra falada: isso é verdadeiro quanto aos dois sistemas de escrita, mas tal tendência é mais forte no primeiro. Para o chinês, o ideograma e a palavra falada são, por idêntico motivo, signos da ideia; para ele, a escrita é uma segunda língua, e na conversação, quando duas palavras faladas têm o mesmo som, ele recorre amiúde à palavra escrita para explicar seu pensamento. Essa substituição, porém, pelo fato de poder ser absoluta, não tem as mesmas consequências deploráveis que na nossa escrita; as palavras chinesas dos diferentes dialetos que correspondem a uma mesma ideia se incorporam igualmente bem no mesmo signo gráfico.

Limitaremos nosso estudo ao sistema fonético, e especialmente àquele em uso hoje em dia, cujo protótipo é o alfabeto grego.

No momento em que um alfabeto desse gênero se estabelece, ele reflete a língua de maneira assaz racional, a menos que se trate de um alfabeto tomado de empréstimo e já inquinado de incoerências. No que respeita à lógica, o alfabeto grego é particularmente notável, conforme veremos na p. 76. Mas essa harmonia entre a grafia e a pronúncia não dura. Por quê? Eis o que cumpre examinar.

## § 4. CAUSAS DO DESACORDO ENTRE A GRAFIA E A PRONÚNCIA

Tais causas são numerosas; cuidaremos apenas das mais importantes.

Em primeiro lugar, a língua evolui sem cessar, ao passo que a escrita tende a permanecer imóvel. Segue-se que a grafia acaba por não mais corresponder àquilo que deve representar. Uma notação, coerente num dado momento, será absurda um século mais tarde. Durante certo tempo, modifica-se o signo gráfico para conformá-lo às mudanças de pronúncia, mas depois se renuncia a isso. Foi o que aconteceu, em francês, no tocante a *oi*.

|     |                | Pronunciava-se: | Escrevia-se: |
| --- | -------------- | --------------- | ------------ |
| 1.  | no século XI   | *rei, lei*      | *rei, lei*   |
| 2.  | no século XIII | *roi, loi*      | *roi, loi*   |
| 3.  | no século XIV  | *roè, loè*      | *roi, loi*   |
| 4.  | no século XIX  | *rwa, lwa*      | *roi, loi*   |

Desse modo, até a segunda época levaram-se em conta as mudanças ocorridas na pronúncia; a uma etapa da história da língua corresponde uma etapa na da grafia. Mas a partir do século XIV, a escrita permaneceu estacionária, ao passo que a língua prosseguia sua evolução, e desde esse momento houve um desacordo sempre mais grave entre ela e sua ortografia. Por fim, como se continuasse a associar termos discordantes, o fato repercutiu sobre o próprio sistema da escrita: a expressão gráfica *oi* assumiu um valor estranho aos elementos de que se formara.

Poder-se-iam multiplicar indefinidamente os exemplos. Assim, por que escrever *mais* ("mas") e *fait* ("fato") quando pronunciamos *mè* e *fè*? Por que o *e* tem amiúde em francês o valor de *s*? Porque conservamos grafias que não têm mais razão de ser.

Essa causa age em todos os tempos; atualmente, o *l* palatal francês se converte em *jod*; os franceses pronunciam *essuyer*, *éveyer*, *mouyer* como *essuyer*, *nettoyer*; mas continuamos a escrever *éveiller*, *mouiller*.

Outra causa de desacordo entre a grafia e a pronúncia: quando um povo toma emprestado a outro seu alfabeto, acontece frequentemente que os recursos desse sistema gráfico não se prestam adequadamente à sua nova função; tem-se de recorrer a expedientes; por exemplo, utilizar--se-ão duas letras para designar um só som. É o caso do *þ* (fricativa dental surda) das línguas germânicas: como o alfabeto latino não oferece nenhum signo para representá-lo, ele é expresso pelo *th*. O rei merovíngio Chilperic tentou acrescentar às letras latinas um sinal especial para representar esse som; todavia, não teve êxito, e o uso consagrou o *th*. O inglês da Idade Média possuía um *e* fechado (por exemplo, em *sed*, "semente") e um *e* aberto (por exemplo, em *led*, "conduzir"): não oferecendo o alfabeto signos distintos para os dois sons, cuidou-se de escrever *seed* e *lead*. Em francês, para representar a chiante, *š*, recorre-se ao signo duplo *ch* etc.

Existe ainda a preocupação etimológica; foi ela preponderante em certas épocas, por exemplo na Renascença. Frequentes vezes, inclusive, um erro etimológico impõe uma grafia; assim, introduziu-se um *d* na palavra francesa *poids* ("peso"), como se ela viesse do latim *pondus*, quando na realidade vem de *pensum*. Mas pouco importa que a aplicação do princípio seja correta ou não: é o próprio princípio da escrita etimológica que está errado.

Às vezes, a causa nos escapa; certas excentricidades não têm sequer a desculpa da etimologia. Por que se escreve em alemão *thun* em vez de *tun*? Afirma-se que o *h* representa a aspiração que segue a consoante; nesse caso, seria necessário introduzi-la sempre que semelhante aspiração se apresente, e existe um grande número de palavras que jamais a receberam (*Tugend*, *Tisch* etc.).

## § 5. EFEITOS DESSE DESACORDO

Seria demasiado extenso enumerar as incoerências da escrita. Uma das mais deploráveis é a multiplicidade de signos para representar um

INTRODUÇÃO

mesmo som. Assim, para o *ž*, temos em francês: *j, g* e *ge* (*joli, geler, geai*); para o *z: z* e *s*; para o *s, c,* '*ç* e *t* (*nation*); *ss* (*chasser*), *sc* (*acquiescer*), *sç* (*acquiesçant*), *x* (*dix*); para o *k: c, qu, k, ch, cc* e *cqu* (*acquérir*). Inversamente, diversos valores são representados pelo mesmo signo: dessarte, *t* representa *t* ou *s, g* representa *g* ou *ž* etc.

Assinalemos ainda as "grafias indiretas". Em alemão, conquanto não existam consoantes duplas em *Zettel, Teller* etc., escreve-se *tt, ll* com a única finalidade de indicar que a vogal precedente é breve e aberta. É por uma aberração do mesmo gênero que o inglês acrescenta um *e* mudo final para alongar a vogal precedente; comparem-se *made* (pronuncia-se *mēd*) e *mad* (pronuncia-se *măd*). Esse *e*, que afeta na realidade a única sílaba, cria uma segunda sílaba para o olho.

Tais grafias irracionais correspondem ainda a algo na língua; outras, porém, não significam coisa alguma. O francês atual não possui consoantes duplas, salvo nos antigos futuros *mourrai, courrai*; não obstante, nossa ortografia está repleta de consoantes duplas ilegítimas (*bourru, sottise, souffrir* etc.).

Acontece também que, por não estar fixada e buscar sua regra, a escrita vacila; daí, essas ortografias flutuantes que representam tentativas feitas em diversas épocas para figurar os sons. Assim, *ertha, erdha, erda*, ou então *thri, dhri, dri*, do alto alemão antigo, representam exatamente o mesmo elemento fônico; mas qual? Impossível sabê-lo por meio da escrita. Disso resulta a complicação de que, em face de duas grafias para uma mesma forma, não se pode sempre decidir se se trata realmente de duas pronúncias. Alguns documentos de dialetos vizinhos registram para a mesma palavra *asca*, outros *ascha*; se forem os mesmos os sons, trata-se de um caso de ortografia flutuante; ou então, a diferença é fonológica e dialetal, como nas formas gregas *paízō, paízdō, paíddō*. Ou ainda, trata-se de duas épocas sucessivas; encontra-se em inglês primeiramente *hwat, hweel* etc., depois *what, wheel* etc.; estamos em presença de uma mudança de grafia ou de uma mudança fonética?

O resultado evidente de tudo isso é que a escrita obscurece a visão da língua; não é um traje, mas um disfarce. Percebe-se bem isso pela ortografia da palavra francesa *oiseau*, em que nenhum dos sons da palavra falada (*wazo*) é representado pelo seu signo próprio; nada resta da imagem da língua.

63

CURSO DE LINGUÍSTICA GERAL

Outro resultado é que quanto menos a escritura representa o que deve representar, tanto mais se reforça a tendência de tomá-la por base; os gramáticos se obstinam em chamar a atenção para a forma escrita. Psicologicamente, o fato se explica muito bem, mas tem consequências deploráveis. O emprego que se costuma fazer das palavras "pronunciar" e "pronúncia" constitui uma consagração desse abuso e inverte a relação legítima e real existente entre a escrita e a língua. Quando se diz que cumpre pronunciar uma letra desta ou daquela maneira, toma-se a imagem por modelo. Para que se possa pronunciar o *oi* como *wa*, seria mister que ele existisse por si mesmo. Na realidade, é *wa* que se escreve *oi*. Para explicar essa singularidade, acrescenta-se que, nesse caso, trata-se de uma pronúncia excepcional do *o* e do *i*; mais uma vez, uma expressão falsa, pois implica a dependência da língua no tocante à forma escrita. Dir-se--ia que se permite tudo relativamente à escrita, como se o signo gráfico fosse a norma.

Essas ficções se manifestam até nas regras gramaticais, por exemplo na do *h* em francês. Temos palavras com inicial vocálica sem aspiração, mas que receberam *h* como reminiscência de sua forma latina; assim, *homme* (antigamente *ome*) por causa de *homo*. Temos, porém, outras, vindas do germânico, em que o *h* foi realmente pronunciado: *hache, hareng, honte* etc. Enquanto existiu a aspiração, esses nomes obedeceram às leis relativas às consoantes iniciais; dizia-se: *deu haches, le hareng*, ao passo que, segundo a lei das palavras iniciadas por vogal, dizia-se *deu-z-hommes, l'omme*. Nessa época, a regra: "diante do *h* aspirado não se fazem a ligação e a elisão" era correta. Atualmente, porém, tal fórmula é vazia de sentido; o *h* aspirado não existe mais, a menos que se dê tal nome a essa coisa que não é um som, mas diante da qual não se fazem a ligação nem a elisão. Trata-se, pois, de um círculo vicioso, e o *h* não passa de um ser fictício, nascido da escrita.

O que fixa a pronúncia de uma palavra não é sua ortografia, mas sua história. Sua forma, num dado momento, representa uma etapa da evolução que ela se vê forçada a seguir e que é regulada por leis precisas. Cada etapa pode ser fixada pela que a precede. A única coisa a considerar, e a que mais se esquece, é a ascendência da palavra, sua etimologia.

64

INTRODUÇÃO

O nome da cidade de Auch é *oš* em transcrição fonética. É o único caso em que o *ch* da ortografia francesa representa *š* no fim da palavra. Não constitui explicação dizer que o *ch* final só é pronunciado *š* nessa palavra. A única questão é saber como o latim *Auscii* pôde, com transformar-se, tornar-se *oš*; a ortografia não importa.

Deve-se pronunciar *gageure* com *ö* ou com *ü*? Uns respondem: *gažör*, visto que *heure* se pronuncia *ör*. Outros dizem: *gažür*, pois *ge* equivale a *ž* em *geôle*, por exemplo. Vão debate! A verdadeira questão é etimológica: *gageure* se formou de *gager*, assim como *tournure* de *tourner*; pertencem ao mesmo tipo de derivação: *gažür* é a única pronúncia justificada; *gažör* é uma pronúncia devida unicamente ao equívoco da escrita.

Todavia, a tirania da letra vai mais longe ainda; à força de impor-se à massa, influi na língua e a modifica. Isso só acontece nos idiomas muito literários, em que o documento escrito desempenha papel considerável. Então, a imagem visual alcança criar pronúncias viciosas; trata-se, propriamente, de um fato patológico. Isso se vê amiúde em francês. Dessarte, para o nome de família *Lefèvre* (do latim *faber*) havia duas grafias, uma popular e simples, *Lefèvre*, outra erudita e etimológica, *Lefèbvre*. Graças à confusão de *v* e *u* na escrita antiga, *Lefèbvre* foi lida *Lefébure*, com um *b* que jamais existiu realmente na palavra e um *u* proveniente de um equívoco. Ora, atualmente essa forma é de fato pronunciada.

É provável que tais deformações se tornem sempre mais frequentes e que se pronunciem cada vez mais as letras inúteis. Em Paris, já se diz: *sept femmes*, fazendo soar o *t*: Darmesteter prevê o dia em que se pronunciarão até mesmo as duas letras finais de *vingt*, verdadeira monstruosidade ortográfica.

Essas deformações fônicas pertencem verdadeiramente à língua, apenas não resultam de seu funcionamento natural; são devidas a um fator que lhe é estranho. A Linguística deve pô-las em observação num compartimento especial: são casos teratológicos.

CAPÍTULO VII
# A FONOLOGIA

## § 1. DEFINIÇÃO

Quando se substitui a escrita pelo pensamento, aqueles que são privados dessa imagem sensível correm o risco de não perceber mais que uma massa informe com a qual não sabem o que fazer. É como se se tirassem os flutuadores de cortiça ao aprendiz de natação.

Ter-se-ia que substituir, de imediato, o artificial pelo natural; isso, porém, é impossível enquanto não tenham sido estudados os sons da língua; pois, separados de seus signos gráficos, eles representam apenas noções vagas, e prefere-se então o apoio, ainda que enganoso, da escrita. Assim, os primeiros linguistas, que nada sabiam da fisiologia dos sons articulados, caíam a todo instante nessas ciladas; desapegar-se da letra era, para eles, perder o pé; para nós, constitui o primeiro passo rumo à verdade, pois é o estudo dos sons através dos próprios sons que nos proporciona o apoio que buscamos. Os linguistas da época atual terminaram por compreendê-lo; retomando, por sua própria conta, pesquisas iniciadas por outros (fisiologistas, teóricos do canto etc.), dotaram a Linguística de uma ciência auxiliar que a libertou da palavra escrita.

A fisiologia dos sons (em alemão *Lautphysiologie* ou *Sprachphysio-logie*) é frequentemente chamada de "Fonética" (em alemão *Phonetik*, inglês *phonetics*, francês *phonétique*). Esse termo nos parece impróprio; substituímo-lo por *Fonologia*. Pois *Fonética* designou a princípio, e deve continuar a designar, o estudo das evoluções dos sons; não se deveriam confundir no mesmo título dois estudos absolutamente distintos. A Fonética é uma ciência histórica; analisa acontecimentos, transformações e se move no tempo. A Fonologia se coloca fora do tempo, já que o mecanismo da articulação permanece sempre igual a si mesmo.

Longe de se confundir, esses dois estudos nem sequer podem ser postos em oposição. O primeiro é uma das partes essenciais da ciência da língua; a Fonologia, cumpre repetir, não passa de disciplina auxiliar e só se refere à fala (ver pp. 50-51). Sem dúvida, não vemos muito bem de que serviriam os movimentos fonatórios se a língua não existisse; eles não a constituem, porém, e explicados todos os movimentos do aparelho vocal necessários para produzir cada impressão acústica, em nada se esclareceu o problema da língua. Esta constitui um sistema baseado na oposição psíquica dessas impressões acústicas, do mesmo modo que um tapete é uma obra de arte produzida pela oposição visual de fios de cores diferentes; ora, o que importa, para a análise, é o jogo dessas oposições, e não os processos pelos quais as cores foram obtidas.

Para o bosquejo de um sistema de Fonologia, remetemo-nos ao Apêndice, p. 73; aqui, verificaremos tão somente que o auxílio à Linguística pode derivar dessa ciência para livrar-se das ilusões da escrita.

## § 2. A ESCRITA FONOLÓGICA

O linguista exige, antes de tudo, que lhe seja fornecido um meio de representar os sons articulados que suprima qualquer equívoco. De fato, inúmeros sistemas gráficos foram propostos.

Quais os princípios de uma escrita fonológica? Ela deve visar a representar por um signo cada elemento da cadeia falada. Nem sempre se leva em conta essa exigência; assim, os fonologistas ingleses, preocupados

CURSO DE LINGUÍSTICA GERAL

mais com a classificação do que com a análise, têm, para certos sons, signos de duas e até mesmo três letras. Além disso, a distinção entre sons explosivos e sons implosivos deveria, como veremos, ser rigorosamente feita (ver pp. 50-51).

Haveria razões para substituir por um alfabeto fonológico a ortografia usual? Essa questão tão interessante pode apenas ser aflorada aqui; para nós, a escrita fonológica deve servir apenas aos linguistas. Antes de tudo, como fazer ingleses, alemães, franceses etc. adotarem um sistema uniforme! Além disso, um alfabeto aplicável a todos os idiomas correria o risco de atravancar-se de signos diacríticos; sem falar do aspecto desolador que apresentaria uma página de um texto que, é evidente, à força de precisar, semelhante escrita obscureceria o que se quisesse esclarecer e atrapalharia o leitor. Esses inconvenientes não seriam compensados por vantagens suficientes. Fora da Ciência, a exatidão fonológica não é muito desejável.

Há também a questão da leitura. Lemos de dois modos: a palavra nova ou desconhecida é soletrada letra por letra; abarcamos, porém, a palavra usual e familiar numa vista de olhos, independentemente das letras que a compõem; a imagem dessa palavra adquire para nós um valor ideográfico. Nesse caso, a ortografia tradicional pode reclamar seus direitos; é útil distinguir em francês *tant* e *temps*; *et, est* e *ait*; *du* e *dû*; *il devait* e *ils devaient* etc. Aspiremos somente a ver a escrita desembaraçada de seus mais grosseiros absurdos; se, no ensino de línguas, um alfabeto fonológico pode ser útil, não se deveria generalizar-lhe o emprego.

## § 3. CRÍTICA AO TESTEMUNHO DA ESCRITA

É, pois, um erro supor que, após ter-se reconhecido o caráter falaz da escrita, a primeira coisa a fazer seja reformar a ortografia. O verdadeiro serviço que nos presta a Fonologia é permitir que tomemos certas precauções no tocante a essa forma escrita, pela qual devemos passar para chegar à língua. O testemunho da escrita só tem valor com a condição de ser interpretado. Diante de cada caso, cumpre traçar o *sistema fonológico* do idioma estudado, isto é, o quadro dos sons de que ele se utiliza; cada língua, de fato, opera com um número determinado de fonemas bem diferenciados. A única realidade que interessa ao linguista é esse sistema. Os signos gráficos constituem apenas a imagem cuja exatidão cumpre determinar. A dificuldade de tal determinação varia conforme os idiomas e as circunstâncias.

Quando se trata de uma língua pertencente ao passado, estamos limitados a dados indiretos; de quais recursos nos utilizaremos, então, para estabelecer o sistema fonológico?

1º – Primeiramente, dos *indícios externos*, e, sobretudo, o testemunho dos contemporâneos que descreveram os sons e a pronúncia de sua época. Assim, os gramáticos franceses dos séculos XVI e XVII, principalmente aqueles que se propunham a informar os estrangeiros, deixaram-nos muitas observações interessantes. Essa fonte de informação, porém, é pouco segura, porque seus autores não têm nenhum método fonológico. Suas descrições são feitas com termos improvisados, sem rigor científico. Seus testemunhos têm de ser interpretados, por sua vez. Assim, os nomes dados aos sons fornecem indícios muito amiúde ambíguos: os gramáticos gregos designavam as sonoras (como *b*, *d*, *g*) pelo nome de consoantes "médias" (*mésaî*) e as surdas (como *p*, *t*, *k*) pelo nome de *psîlaí*, que os latinos traduziam por *tenuēs*.

2º – Podem-se obter informações mais seguras combinando esses primeiros dados com os *indícios internos*, que classificaremos sob duas rubricas.

*a*) Indícios extraídos da regularidade das evoluções fonéticas.

Quando se trata de determinar o valor de uma letra, é muito importante saber qual foi, numa época anterior, o som que ela representava. Seu valor atual é o resultado de uma evolução que permite descartar desde logo certas hipóteses. Assim, não sabemos exatamente qual era o valor do ç sânscrito, mas, como ele é continuação do *k* palatal indo-europeu, esse dado delimita claramente o campo das suposições.

Se, além do ponto de partida, se conhece também a evolução paralela de sons análogos da mesma língua na mesma época, pode-se raciocinar por analogia e estabelecer uma proporção.

O problema é naturalmente mais fácil quando se trata de determinar uma pronúncia intermediária da qual se conhece, ao mesmo tempo, o

CURSO DE LINGUÍSTICA GERAL

ponto de partida e o ponto de chegada. O *au* francês (por exemplo em *sauter*) era necessariamente um ditongo na Idade Média, pois se acha colocado entre um *al* mais antigo e o do francês moderno; e se nos inteiramos, por outra via, de que, num dado momento, o ditongo *au* ainda existia, ficamos bem seguros de que existia também no período precedente. Não sabemos com exatidão o que representava o *z* de uma palavra como o antigo alto alemão *wazer*; mas os pontos de referência são, de um lado, o mais antigo *water* e, de outro, a forma moderna *wasser*. Esse *z* deve ser então um som intermediário entre *t* e *s*; podemos rejeitar toda hipótese que só seja conciliável com o *t* e com o *s*; é impossível, por exemplo, acreditar que tenha representado uma palatal, pois entre duas articulações dentais não se pode supor senão uma dental.

*b)* Indícios contemporâneos. São de várias espécies.

Por exemplo, a diversidade das grafias: encontramos escrito, numa certa época do antigo alto alemão: *wazer*, *zehan*, *ezan*, nunca *wacer*, *cehan* etc. Se, de outro lado, encontramos também *esan* e *essan*, *waser* e *wasser* etc., concluiremos que esse *z* tinha um som muito próximo do *s*, mas bastante diferente do que era representado por *c* na mesma época. Quando, mais tarde, encontrarmos formas como *wacer* etc., isso provará que esses dois fonemas, outrora nitidamente distintos, chegaram mais ou menos a confundir-se.

Os textos poéticos são documentos preciosos para o conhecimento da pronúncia: conforme o sistema de versificação se baseie no número de sílabas, na quantidade ou na conformidade dos sons (aliteração, assonância, rima), tais monumentos nos fornecem informações sobre esses diversos pontos. Se o grego distingue certas longas pela grafia (por exemplo $\bar{o}$, escrito $\omega$), em outras descura tal precisão; é nos poetas que devemos buscar informações sobre a quantidade de *a*, *i* e *u*. No antigo francês, a rima permite conhecer, por exemplo, até que época eram diferentes as consoantes finais de *gras* e *faz* (latim *faciō*, "eu faço") e a partir de que momento se aproximaram e se confundiram. A rima e a assonância nos ensinam ainda que no francês antigo os *ee* provenientes de um *a* latino (por ex.: *père* de *patrem*, *tel* de *talem*, *mer* de *marem*) tinham um som totalmente diverso dos outros *ee*. Jamais esses termos rimam ou fazem assonância com *elle* (de *illa*), *vert* (de *viridem*), *belle* (de *bella*) etc.

INTRODUÇÃO

Mencionemos, para terminar, a grafia dos termos emprestados de uma língua estrangeira, os jogos de palavras, os despropósitos etc. Assim, em gótico, *kawtsjo* nos informa a pronúncia de *cautio* em baixo latim. A pronúncia *rwè* para *roi* é atestada, para os fins do século XVIII, pela seguinte anedota citada por Myrop, *Grammaire historique de la langue française, I³*, p. 178: num tribunal revolucionário pergunta-se a uma mulher se ela não dissera, perante testemunhas, que fazia falta um *roi* (rei); a mulher responde "que não falara de um *roi*, como Capeto ou qualquer outro, e sim de um *rouet maître*, instrumento de fiar".

Todos esses processos de informação nos ajudam a conhecer, em certa medida, o sistema fonológico de uma época e a retificar o testemunho da escrita, tornando-o proveitoso.

Quando se trata de uma língua viva, o único método racional consiste em: *a*) estabelecer o sistema de sons tal como é reconhecido pela observação direta; *b*) observar o sistema de signos que servem para representar – imperfeitamente – os sons. Muitos gramáticos se prendem, todavia, ao velho método, criticado anteriormente, que consiste em dizer como se pronuncia cada letra na língua que querem descrever. Por esse meio, é impossível apresentar claramente o sistema fonológico de um idioma.

Entretanto, é certo que já se fizeram grandes progressos nesse domínio, e que os fonologistas muito contribuíram para reformar nossas ideias acerca da escrita e da ortografia.

APÊNDICE
# PRINCÍPIOS DE FONOLOGIA

CAPÍTULO I
# AS ESPÉCIES FONOLÓGICAS

## § 1. DEFINIÇÃO DO FONEMA

[Para esta parte, podemos utilizar a reprodução estenográfica de três conferências feitas por F. de S. em 1897 sobre *A Teoria da Sílaba*, em que toca também nos princípios gerais do primeiro capítulo; além disso, uma boa parte de suas notas pessoais se refere à Fonologia; em muitos pontos, esclarecem e completam os dados ministrados pelos cursos I e II (*org.*).]

Muitos fonologistas se aplicam quase exclusivamente ao ato de fonação, vale dizer, à produção dos sons pelos órgãos (laringe, boca etc.), e negligenciam o lado acústico. Esse método não é correto: não somente a impressão produzida no ouvido nos é dada tão diretamente quanto a imagem motriz dos órgãos, como também é ela a base de toda teoria.

O dado acústico existe já inconscientemente quando se abordam as unidades fonológicas; pelo ouvido, sabemos o que é um *b*, um *t* etc. Se se pudessem reproduzir por meio do cinematógrafo todos os movimentos da boca e da laringe ao executarem uma sequência de sons, seria impossível descobrir subdivisões nessa sequência de movimentos articulatórios; não se sabe onde um som termina e outro se inicia. Como afirmar, sem a impressão acústica, que em *fāl*, por exemplo, existem três unidades, e não

# Curso de Linguística Geral

duas ou quatro? É na cadeia da fala ouvida que se pode perceber imediatamente se um som permanece ou não igual a si próprio; enquanto se tenha a impressão de algo homogêneo, esse som é único. O que importa não é sua duração em colcheias e semicolcheias (cf. *fãl* e *fãl*), mas a qualidade de impressão. A cadeia acústica não se divide em tempos iguais, mas em tempos homogêneos, caracterizados pela unidade de impressão, e esse é o ponto de partida natural para o estudo fonológico. Nesse sentido, o alfabeto grego primitivo merece nossa admiração. Cada som simples é nele representado por um único signo gráfico, e, reciprocamente, cada signo corresponde a um som simples, sempre o mesmo. É uma descoberta de gênio, que os latinos herdaram. Na escrita da palavra *bárbaros*, "bárbaro", B A P B A P O Σ, cada letra corresponde a um tempo homogêneo; na figura, a linha horizontal representa a cadeia fônica, e as barras verticais, as passagens de um som a outro. No alfabeto grego primitivo, não se encontram grafias complexas como o *"ch"* francês por *š*, nem representações duplas de um som único como no francês o *"s"* e *"s"* por *s*, nem um signo simples para um som duplo, como o *"x"* por *ks*. Esse princípio, necessário e suficiente para uma boa escrita fonológica, os gregos realizaram quase integralmente[1].

Os outros povos não perceberam esse princípio, e seus alfabetos não analisam a cadeia falada em suas fases acústicas homogêneas. Os cipriotas, por exemplo, se detiveram em unidades mais complexas, do tipo *pa, ti, ko* etc.; essa notação se chama silábica, designação um pouco inexata, pois a sílaba pode ser formada de conformidade com outros tipos como *pak, tra* etc. Os semitas só assinalavam as consoantes: um termo como *bárbaros* teria sido escrito por eles *BRBRS*.

---

[1] É verdade que escreviam X, θ, Φ, por *kh, th, ph*; ΦΕΡΩ representa *pherō*; mas é uma inovação posterior; as inscrições arcaicas escrevem ΚΗΑΡΙΣ, e não ΧΑΡΙΣ. As mesmas inscrições ofereciam dois signos para o *k*, o *kappa* e o *koppa*, mas o fato é: tratava-se de consignar dois matizes reais da pronúncia, pois o *k* era algumas vezes palatal, outras velar; além disso, o *koppa* desapareceu mais tarde. Enfim – ponto mais delicado –, as inscrições primitivas gregas e latinas costumam consignar frequentemente uma consoante dupla com uma letra simples; assim, a palavra latina *fuisse* era *FUISE*; portanto, infração do princípio, pois esse duplo *s* dura dois tempos que, como veremos, não são homogêneos e dão impressões distintas; erro desculpável, porém, pois esses dois sons, sem se confundirem, apresentam uma característica comum (cf. p. 89 *s.*).

A delimitação dos sons da cadeia falada só se pode apoiar, então, na impressão acústica; mas, para sua descrição, procede-se de modo diverso. Ela só poderia ser feita com base no ato articulatório, pois as unidades acústicas, tomadas em sua própria cadeia, não são analisáveis. Cumpre recorrer à cadeia dos movimentos de fonação; então se nota que ao mesmo som igual corresponde o mesmo ato: $b$ (tempo acústico) = $b$' (tempo articulatório). As primeiras unidades que se obtêm ao dividir a cadeia falada estarão compostas de $b$ e $b$'; chamam-se *fonemas*; o fonema é a soma das impressões acústicas e dos movimentos articulatórios da unidade ouvida e da unidade falada, das quais uma condiciona a outra; portanto, trata-se já de uma unidade complexa, que tem um pé em cada cadeia.

Os elementos obtidos primeiramente pela análise da cadeia falada são como os elos dessa cadeia, momentos irredutíveis que não se podem considerar fora do tempo que ocupam. Assim, um conjunto como *ta* será sempre um momento mais outro momento, um fragmento de certa extensão mais outro fragmento. Em compensação, o fragmento irredutível *t*, tomado à parte, pode ser considerado *in abstracto*, fora do tempo. Pode-se falar do *t* em geral, como da espécie $T$ (designaremos as espécies por maiúsculas), do *i* como da espécie $I$, levando-se em conta apenas o caráter distintivo e deixando à parte aquilo que depende da sucessão no tempo. Do mesmo modo, um conjunto musical, *dó, ré, mi* não pode ser tratado senão como uma série concreta no tempo; se tomo, porém, um desses elementos irredutíveis, posso considerá-lo *in abstracto*.

Depois de ter analisado um número suficiente de cadeias faladas pertencentes a diversas línguas, chega-se a conhecer e a classificar os elementos com os quais elas operam; então se verifica que, postos de lado os matizes acusticamente indiferentes, o número de espécies dadas não é indefinido. A lista e a descrição pormenorizada podem ser encontradas nas obras especializadas[2]; queríamos mostrar aqui em que princípios constantes e muito simples se fundamenta toda classificação desse gênero.

Digamos, porém, antes de tudo, algumas palavras acerca do aparelho vocal, do jogo possível dos órgãos e do papel desses mesmos órgãos como produtores de som.

---

[2]  Cf. Sievers, *Grundzüge der Phonetik*, 5ª ed., 1902; Jespersen, *Lehrbuch der Phonetik*, 2ª ed., 1913; Roudet, *Eléments de phonétique genérale*, 1910.

## § 2. O APARELHO VOCAL E SEU FUNCIONAMENTO[3]

1. Para a descrição do aparelho vocal, limitamo-nos a uma figura esquemática, na qual *A* designa a cavidade nasal, *B* a cavidade bucal, *C* a laringe, que contém a glote ε entre as duas cordas vocais.

Na boca é essencial distinguir os lábios α e *a*, a língua *β*-γ (*β* designa o ápice e γ todo o resto), os dentes superiores *d*, o palato, que compreende uma parte anterior, óssea e inerte *f-h*, e uma parte posterior, mole e móvel ou véu palatal *i*, e por fim, a úvula δ.

As letras gregas designam os órgãos ativos na articulação e as letras latinas as partes passivas.

A glote ε, formada por dois músculos paralelos ou cordas vocais, se abre ou se fecha conforme elas se separam ou se juntam. A oclusão completa não entra, por assim dizer, em linha de conta; quanto à abertura, ela pode ser mais larga ou mais estreita. No primeiro caso, o ar passa livremente e as cordas vocais não vibram; no segundo, a passagem do ar determina as vibrações sonoras. Não há outra alternativa na emissão normal dos sons.

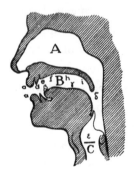

A cavidade nasal é um órgão completamente imóvel; a passagem do ar pode ser impedida pelo levantamento da úvula δ, nada mais; é uma porta aberta ou fechada.

---

[3] A descrição um pouco sumária de F. de Saussure foi completada conforme o *Lehrbuch der Phonetik*, de Jespersen, do qual tomamos emprestado também o princípio segundo o qual serão estabelecidas a seguir as fórmulas dos fonemas. Mas trata-se de questões de formas, de ajuste, e o leitor se convencerá de que essas mudanças não alteram em nada o pensamento de F. de Saussure (org.).

Quanto à cavidade bucal, ela oferece um jogo de muitas variações possíveis: pode-se aumentar o comprimento do canal por meio dos lábios, encher ou afrouxar as bochechas, reduzir e até mesmo fechar a cavidade por meio de movimentos infinitamente diversos dos lábios e da língua.

O papel desses mesmos órgãos como produtores do som está na razão direta de sua mobilidade: mesma uniformidade na função da laringe e da cavidade nasal, igual diversidade na função da cavidade bucal.

O ar expulso dos pulmões passa primeiramente pela glote, na qual há a produção possível de um som laríngeo pela aproximação das cordas vocais. Não é, porém, o jogo da laringe que pode produzir as variedades fonológicas que permitem distinguir e classificar os sons da língua; sob esse aspecto, o som laríngeo é uniforme. Percebido diretamente, tal como emitido pela glote, ele nos apareceria quase invariável em sua qualidade.

O canal nasal serve unicamente de ressoador às vibrações vocais que o atravessam; não desempenha, portanto, nenhum papel como produtor de som.

Ao contrário, a cavidade bucal acumula as funções de gerador e ressoador de som. Se a glote está muito aberta, nenhuma vibração laríngea se produz, e o som que se ouvir procederá somente da cavidade bucal (deixemos aos físicos a tarefa de decidir se se trata de um som ou simplesmente de um ruído). Se, ao contrário, a aproximação das cordas vocais faz vibrar a glote, a boca intervém principalmente como modificadora do som laríngeo.

Dessarte, na produção do som, os fatores que podem entrar em jogo são a expiração, a articulação bucal, a vibração da laringe e a ressonância nasal.

Mas enumerar esses fatores de produção do som não é ainda determinar os elementos diferenciais dos fonemas. Para classificar estes últimos, importa menos saber em que consistem que saber o que os distingue uns dos outros. Ora, um fator negativo pode ter maior importância para a classificação que um fator positivo. Por exemplo, a expiração, elemento positivo, mas que intervém em todo ato fonatório, não tem valor diferenciador; ao passo que a ausência de ressonância nasal, fator negativo, servirá, do mesmo modo que sua presença, para caracterizar os fonemas. O essencial é, pois, que dois dos fatores enumerados são constantes, necessários e suficientes para a produção do som:

# CURSO DE LINGUÍSTICA GERAL

*a*) a expiração
*b*) a articulação bucal

enquanto os outros dois podem faltar ou sobrepor-se aos primeiros:

*a*) a vibração da laringe
*b*) a ressonância nasal

De outro lado, sabemos já que *a*, *c* e *d* são uniformes, enquanto *b* comporta variedades infinitas.

Além disso, deve-se lembrar que um fonema fica identificado quando se determinou o ato fonatório, e que, reciprocamente, se terão determinadas todas as espécies de fonemas quando forem identificados todos os atos fonatórios.

Ora, estes, como o mostra nossa classificação dos fatores em jogo na produção do som, acham-se diferenciados somente pelos três últimos. Será necessário, então, estabelecer para cada fonema: qual é a sua articulação bucal; se ele comporta um som laríngeo (〰〰) ou não ([]); se comporta uma ressonância nasal (...) ou não ([]). Quando um desses três elementos não está determinado, a identificação do som é incompleta; mas desde que sejam conhecidos os três, suas combinações diversas determinam todas as espécies essenciais de atos fonatórios.

Obtém-se assim o esquema das variações possíveis:

|   | I | II | III | IV |
|---|---|---|---|---|
| *a* | Expiração | Expiração | Expiração | Expiração |
| *b* | Art. bucal | Art. bucal | Art. bucal | Art. bucal |
| *c* | [] | 〰〰 | [] | 〰〰 |
| *d* | [] | [] | ..... | ...... |

A coluna I designa os sons *surdos*; a II os sons *sonoros*; a III os sons *surdos nasalizados*; a IV os sons *sonoros nasalizados*.

## § 3. CLASSIFICAÇÃO DOS SONS CONFORME SUA ARTICULAÇÃO BUCAL

Mas uma incógnita persiste: a natureza da articulação bucal; importa, pois, determinar-lhe as variações possíveis.

Classificam-se geralmente os sons conforme o seu ponto de articulação. Nosso ponto de partida será diferente. Seja qual for o ponto de articulação, sempre apresenta uma certa *abertura*, isto é, um certo grau de abertura entre os dois limites extremos que são: a oclusão completa e a abertura máxima. Sobre essa base, e indo da abertura mínima à abertura máxima, os sons serão classificados em sete categorias, designadas pelos números 0, 1, 2, 3, 4, 5, 6. É somente no interior de cada uma delas que repartiremos os fonemas em diversos tipos, conforme o seu ponto próprio de articulação.

Nós nos ateremos à terminologia corrente, se bem que ela seja imperfeita ou incorreta em vários pontos: termos como guturais, palatais, dentais, líquidas etc. são todos mais ou menos ilógicos. Seria mais racional dividir o palato em certo número de áreas; desse modo, e levando-se em conta a articulação lingual, poder-se-ia sempre dizer diante de que ponto se acha, em cada caso, o estreitamento principal. Inspirar-nos-emos nessa ideia e, utilizando as letras da figura da p. 78, simbolizaremos cada articulação com uma fórmula em que o número de abertura se acha colocado entre a letra grega que assinala o órgão ativo (à esquerda) e a letra latina que designa o órgão passivo (à direita). Desse modo, $\beta$ o e quer dizer que, com o grau de abertura correspondente à oclusão completa, a ponta da língua $\beta$ se aplica contra os alvéolos dos dentes superiores em e.

Finalmente, dentro de cada articulação, as diversas espécies de fonemas se distinguem pelas concomitâncias – som laríngeo e ressonância –, cuja ausência será um elemento de diferenciação tanto quanto sua presença.

É conforme esse princípio que iremos classificar os sons. Trata-se de um simples esquema de classificação racional; não devemos esperar encontrar nele fonemas de caráter complexo ou especial, seja qual for sua

CURSO DE LINGUÍSTICA GERAL

importância prática, por exemplo as aspiradas (*ph*, *dh* etc.), as africadas (*tš*, *dž*, *pf* etc.), as consoantes molhadas, as vogais fracas (*ə* ou *e* mudo etc.), nem, inversamente, fonemas simples, desprovidos de importância prática e que não entram em linha de conta como sons diferenciados.

*A* – ABERTURA ZERO: OCLUSIVAS. – Essa classe abrange todos os fonemas obtidos pelo fechamento completo, a oclusão hermética, mas momentânea, da cavidade bucal. Não cabe examinar se o som é produzido no instante do fechamento ou no da abertura; em verdade, pode produzir-se dos dois modos (ver p. 89 *s.*).

Conforme o lugar de articulação, distinguem-se três tipos principais de oclusivas; o tipo labial (*p*, *b*, *m*), o tipo dental (*t*, *d*, *n*), o tipo chamado gutural (*k*, *g*, *ṅ*). O primeiro se articula com os dois lábios; no segundo, a extremidade da língua se aplica sobre o palato, na parte anterior; no terceiro, o dorso da língua fica em contato com a parte posterior do palato.

Em muitas línguas, principalmente no indo-europeu, distinguem-se claramente duas articulações guturais, uma palatal, sobre *f-h*, outra velar, sobre *i*. Mas em outras línguas, como no francês, por exemplo, negligencia-se tal diferença, e o ouvido assimila um *k* posterior, como o de *court*, e um *k* anterior, como o de *qui*.

O quadro seguinte mostra as fórmulas desses diversos fonemas.

| LABIAIS | | | DENTAIS | | | GUTURAIS | | |
|---|---|---|---|---|---|---|---|---|
| *p* | *b* | *(m)* | *t* | *d* | *(n)* | *k* | *g* | *(ṅ)* |
| α o a | α o a | α o a | β o e | β o e | β o e | γ o h | γ o h | γ o h |
| [] | ~ | ~ | [] | ~ | ~ | [] | ~ | ~ |
| [] | [] | . . . . . | [] | [] | . . . . . | [] | [] | . . . . . |

As nasais *m*, *n*, *ṅ* são propriamente oclusivas sonoras nasalizadas; quando se pronuncia *amba*, a úvula se ergue para fechar as fossas nasais, no momento em que se passa de *m* para *b*.

Em teoria, cada tipo possui uma nasal sem vibração glótica, isto é, surda; assim é que nas línguas escandinavas existe *m* surdo após uma surda; encontrar-se-iam exemplos também em francês, mas os falantes não veem nisso um elemento diferencial.

As nasais figuram entre parênteses no quadro; com efeito, se sua articulação comporta um fechamento completo da boca, a abertura do canal nasal lhes, confere um caráter de abertura superior (ver classe *C*) .

*B* – ABERTURA 1: FRICATIVAS OU EXPIRANTES. – são caracterizadas por um fechamento incompleto da cavidade bucal, que permite a passagem do ar. A designação de expirante é muito geral; a de fricativa, sem nada dizer de grau de fechamento, lembra a impressão de fricção produzida pela passagem do ar (latim: *fricāre*).

Nessa classe, não nos podemos ater a três tipos como na primeira categoria. Antes de mais nada, as labiais propriamente ditas (correspondentes às oclusivas *p* e *b*) são de uso muito raro; faremos abstração delas; elas são ordinariamente substituídas pelas labiodentais, produzidas pela aproximação do lábio inferior e dos dentes (*f* e *v*, em francês); as dentais se dividem em muitas variedades, segundo a forma que toma a extremidade da língua no fechamento (oclusão); sem descrevê-las pormenorizadamente, designaremos por *β*, *β'* e *β"* as diversas formas que toma o ápice. Nos sons que afetam o palato, o ouvido distingue geralmente uma articulação anterior (palatais) e uma articulação posterior (velares)[4].

| LABIO-DENTAIS | | DENTAIS | | | | | | PALATAIS | | GUTURAIS | |
|---|---|---|---|---|---|---|---|---|---|---|---|
| *f* | *v* | *þ* | *đ* | *s* | *z* | *š* | *ž* | *χ'* | *γ'* | *χ* | *γ* |
| α I d | α I d | β I d | β I d | β' I d | β' I d | β" I d | β" I d | γ I f | γ I f | γ I i | γ I i |
| [] | 〰 | [] | 〰 | [] | 〰 | [] | 〰 | [] | 〰 | [] | 〰 |
| [] | [] | [] | [] | [] | [] | [] | [] | | [] | [] | [] |

*þ* = inglês *th* em *thing*
*đ* = inglês *th* em *then*
*s* = francês *s* em *si*

---

[4]  Fiel a seu método de simplificação, F. de Saussure não acreditou que devia fazer uma distinção na classe A, malgrado a importância considerável das duas séries $K_1$ e $K_2$, no indo-europeu. Ocorre no caso uma omissão voluntária (org.).

## Curso de Linguística Geral

| | |
|---|---|
| $z$ = francês | *s* em *rose* |
| $\check{s}$ = francês | *ch* em *chant* |
| $\check{z}$ = francês | *g* em *génie* |
| $\chi'$ = alemão | *ch* em *ich* |
| $\gamma'$ = al. norte | *g* em *liegen* |
| $\chi$ = alemão | *ch* em *Bach* |
| $\gamma$ = al. norte | *g* em *Tage* |

Existe nas fricativas o que corresponderia a *m*, *n*, *n* etc., nas oclusivas, a saber, um *v* nasal, um *z* (*s* sonoro) nasal etc.? É fácil supô-lo: assim, ouve-se um *v* nasal no francês *inventor*; mas, em geral, a fricativa nasal não é um som de que a língua tenha consciência.

*C* – Abertura 2: nasais (ver pp. 82-83).

*D* – Abertura 3: líquidas.

Duas espécies de articulação surgem nessa classe:

1) A articulação *lateral*: a língua se apoia contra a parte anterior do palato, deixando, porém, uma abertura à direita e à esquerda, posição representada por um *l* em nossas fórmulas. Conforme o ponto de articulação, distinguem-se *l* dental, *l'* palatal ou "molhado" e *t* gutural ou velar. Em quase todas as línguas, esses fonemas são sonoros como *b*, *z* etc. Entretanto, a surda não é impossível; ela existe mesmo no francês, em que um *l* após uma surda será pronunciado sem o som laríngeo (por exemplo, em *pluie*, por oposição a *bleu*); não temos, porém, consciência dessa diferença.

Inútil falar de *l* nasal, muito raro e não diferenciado, se bem que exista, sobretudo após um som nasal (por exemplo no francês *bralant*).

2) A articulação *vibrante*: a língua se coloca menos próxima do palato do que para o *l*, mas vibra com um número variável de golpes (signo *v* em nossa fórmula), e assim se obtém um grau de abertura equivalente ao das laterais. Essa vibração pode ser produzida de dois modos; com a ponta da língua aplicada à frente, sobre os alvéolos (*r* chamado "*roulé*" em francês), ou atrás, com a parte posterior da língua (*r* "*grasseyé*" dos franceses). Pode-se repetir, a respeito das vibrantes surdas ou nasais, o que se disse das laterais.

| *l* | *l'* | *t* | | *r* | |
|---|---|---|---|---|---|
| *β¹ 3 e* | *γ¹ 3 f-h* | *γ¹ 3 i* | *βᵛ 3 e* | *γ 3 δᵛ* | |
| ~~~ | ~~~ | ~~~ | ~~~ | ~~~ | |
| [] | [] | [] | [] | [] | |

Além do grau 3, entramos em outro domínio: *das consoantes* passamos às *vogais*. Até agora, não tínhamos previsto essa distinção; é que o mecanismo da fonação permanece o mesmo. A fórmula de uma vogal é exatamente comparável à de qualquer consoante sonora. Do ponto de vista da articulação bucal, não existe distinção a fazer. Somente o efeito acústico é diferente. Passado um certo grau de abertura, a boca funciona principalmente como ressoador. O timbre do som laríngeo aparece plenamente e o ruído bucal desaparece. Quanto mais a boca se fecha, mais o som laríngeo é interceptado; quanto mais se abre, mais diminui o ruído. É assim que, de modo totalmente mecânico, o som predomina na vogal.

*E – ABERTURA 4: i, u, ü.*

Com relação às outras vogais, esses sons supõem um fechamento ainda considerável, bastante próximo do das consoantes. Disso resultam certas consequências, que aparecerão mais tarde e que justificam o nome de *semivogais* dado geralmente a esses fonemas.

O *i* se pronuncia com os lábios retraídos (signo ⁻) e articulação dianteira; o *u* com os lábios arredondados (sinal °) e articulação posterior; *ü* com a posição dos lábios de *u* e articulação de *i*.

Como todas as vogais, *i, u, ü* têm formas nasalizadas são, todavia, raras, e podemos fazer abstração delas. Deve-se notar que os sons escritos *in* e *un* na ortografia francesa correspondem a outra coisa (ver mais adiante).

Existe um *i* surdo, vale dizer, articulado, sem o som da laringe? A mesma questão se coloca com referência a *u* e *i*, bem como para todas as vogais; esses fonemas, que corresponderiam às consoantes surdas, existem, mas não devem ser confundidos com as vogais cochichadas, isto é, articuladas com a glote relaxada. Podem equiparar-se as vogais surdas ao *h* aspirado pronunciado diante delas; assim, em *hi* se ouve, a princípio, um *i* sem vibração, depois um *i* normal.

| *i* | *u* | *ü* |
|---|---|---|
| °γ 4ʄ | °γ 4i | °γ 4ʄ |
| ∼∼∼ | ∼∼∼ | ∼∼∼ |
| 〔〕 | 〔〕 | 〔〕 |

*F* – ABERTURA 5: *e, o, ö*, cuja articulação corresponde respectivamente à de *i, u, ü*. As vogais nasalizadas são frequentes: *ẽ, õ, ȭ* (por exemplo em francês: *pin, pont, brun*). As formas surdas são o *h* aspirado de *he, ho, hö*.

*N. B.* – Muitas línguas distinguem aqui vários graus de abertura: assim, o francês tem pelo menos duas séries, uma chamada fechada: *ę, ö̦, ǫ* (por exemplo, em *dé, dos, deux*), a outra aberta: *ę, ǫ, ö̦* (por exemplo, em *mer, mort, meurt*).

| *e* | *o* | *ö* | *ẽ* | *õ* | *ȭ* | *a* | *ã* |
|---|---|---|---|---|---|---|---|
| °γ 5ʄ | °γ 5i | °γ 5ʄ | °γ 5ʄ | °γ 5i | °γ 5ʄ | γ 6h | γ 6h |
| ∼∼∼ | ∼∼∼ | ∼∼∼ | ∼∼∼ | ∼∼∼ | ∼∼∼ | ∼∼∼ | ∼∼∼ |
| 〔〕 | 〔〕 | 〔〕 | ..... | ..... | ..... | 〔〕 | ..... |

*G* – ABERTURA 6: *a*, abertura máxima, que tem uma forma nasalizada, um pouco mais fechada, certamente, *ã* (por exemplo em *grand*), e uma forma surda, o *h* de *ha*.

CAPÍTULO II
# O FONEMA NA CADEIA FALADA

## § 1. NECESSIDADE DE ESTUDAR OS SONS NA CADEIA FALADA

Podem-se encontrar nos tratados especiais, e sobretudo nas obras dos foneticistas ingleses, minuciosas análises dos sons da linguagem.

Bastam para que a Fonologia responda a seu destino de ciência auxiliar da Linguística? Tantos pormenores acumulados não têm valor por si sós; a síntese é o que importa. O linguista não tem necessidade alguma de ser um fonologista consumado; ele pede simplesmente que lhe seja fornecido certo número de dados necessários para o estudo da língua.

Num ponto, o método dessa Fonologia é particularmente defeituoso: no esquecer demasiadamente que na língua não existem apenas sons, mas extensões de sons falados; tal Fonologia não dá tampouco atenção suficiente às suas relações recíprocas. Ora, isso não é o que se nos oferece inicialmente; a sílaba aparece mais diretamente do que os sons que a compõem. Já vimos que certas escritas primitivas assinalaram as unidades silábicas; foi só mais tarde que se chegou ao sistema alfabético.

Além disso, não é nunca uma unidade simples que cria embaraços em Linguística: se, por exemplo, em dado momento, numa determinada língua, todo *a* se transformou em *o*, nada resulta daí; podemos limitar-nos a assinalar o fenômeno, sem procurar explicá-lo fonologicamente. A ciência dos sons não adquire valor enquanto dois ou mais elementos não se achem implicados numa relação de dependência interna; pois existe um limite para as variações de um conforme as variações do outro; somente o fato de que haja dois elementos engendra uma relação e uma regra, o que é muito diferente da simples verificação. Na busca do princípio fonológico, a ciência trabalha, então, em sentido contrário, com sua predileção pelos sons isolados. Bastam dois fonemas para que não se saiba mais onde se está. Assim, no antigo alto alemão, *hagl, balg, wagn, lang, donr, dorn*, se tornaram mais tarde, *hagal, balg, wagan, lang, donnar, dom*; desse modo, conforme a natureza e a ordem de sucessão em grupo, o resultado é diferente: ora uma vogal se desenvolve entre duas consoantes, ora o grupo permanece compacto. Como, pois, formular a lei? De onde provém a diferença? Sem dúvida dos grupos de consoantes (*gl, lg, gn* etc.) contidos nessas palavras. Está bem claro que se compõem de uma oclusiva que, num dos casos, é precedida, e no outro, seguida de uma líquida ou de uma nasal; mas que resulta disso? Enquanto se suponha sejam *g* e *n* quantidades homogêneas, não se compreenderá por que o contato *g-n* produziria outros efeitos que não *n-g*.

Ao lado da Fonologia das espécies, existe, pois, lugar para uma ciência que tome como ponto de partida os grupos binários e as sequências de fonemas, o que constitui coisa bem diversa. No estudo dos sons isolados, basta verificar a posição dos órgãos: a qualidade acústica do fonema não entra em questão, ela é fixada pelo ouvido; quanto à articulação, tem-se toda a liberdade de a produzir como se quiser. Mas quando se trata de pronunciar dois sons combinados, a questão é menos simples; somos obrigados a levar em conta a discordância possível entre o efeito procurado e o efeito produzido; não está sempre ao nosso alcance pronunciar o que desejamos. A liberdade de ligar as espécies fonológicas é limitada pela possibilidade de ligar os movimentos articulatórios. Para nos darmos conta do que se passa nos grupos, faz-se necessário fundar uma Fonologia na qual eles seriam considerados equações algébricas; um grupo binário implica certo número de elementos mecânicos e acústicos que se

PRINCÍPIOS DE FONOLOGIA

condicionam reciprocamente; quando um varia, essa variação tem, sobre os outros, uma repercussão necessária, que poderá ser calculada.

Se algo existe no fenômeno da fonação com um caráter universal, que se anuncie como superior a todas as diversidades locais dos fonemas, é, sem dúvida, essa mecânica regulada de que acabamos de falar. Por aí se vê a importância que a Fonologia dos grupos deve ter para a Linguística Geral. Enquanto os fonólogos se limitam geralmente a dar regras para articular todos os sons, elementos variáveis e acidentais das línguas, essa Fonologia combinatória circunscreve as possibilidades e fixa as relações constantes dos fonemas interdependentes. Assim, o caso de *hagl, balg* etc. (ver p. 88) suscita a questão, tão discutida, das soantes indo-europeias; ora, é esse o domínio em que menos se pode prescindir de uma Fonologia assim concebida, pois a silabação constitui, por assim dizer, o único fato que tal Fonologia põe em jogo do começo ao fim. Não é esse o único problema a ser resolvido por tal método; um fato, todavia, é certo: torna-se quase impossível discutir a questão das soantes fora de uma apreciação exata das leis que regem a combinação dos fonemas.

## § 2. A IMPLOSÃO E A EXPLOSÃO

Partimos de uma observação fundamental: quando se pronuncia um grupo *appa*, percebe-se uma diferença entre os dois *pp*, dos quais o primeiro corresponde a um fechamento e o segundo a uma abertura. Essas duas impressões são bastante análogas para que se tenha podido representar a sequência *pp* por um único *p* (ver p. 76, nota). Contudo, é essa diferença que nos permite distinguir, por meio de sinais especiais (> <), os dois *pp* de *appa* (*ap̀ṕa*) e os caracterizar quando não se seguem na cadeia (cf.: *ap̀ta* e *atṕa*). A mesma distinção pode ser levada a cabo além das oclusivas e aplicar-se às fricativas (*af̀f́a*), às nasais (*am̀ṁa*), às líquidas (*al̀ĺa*) e, em geral, a todos os fonemas, inclusive às vogais (*aȭŏa*), exceto o *a*.

Chamou-se *implosão* ao fechamento e *explosão* à abertura; um *p* pode ser chamado de implosivo (*p̀*) ou explosivo (*ṕ*). No mesmo sentido, pode-se falar de sons que *se fecham* ou *se abrem*.

## CURSO DE LINGUÍSTICA GERAL

Sem dúvida, num grupo como *appa*, distingue-se, além da implosão e explosão, um tempo de repouso no qual a oclusão se prolonga *ad libitum*, e, tratando-se de um fonema de abertura maior, como no grupo *alla*, é a emissão do próprio som que se prolonga na imobilidade dos órgãos. De modo geral, em toda cadeia falada existem essas fases intermediárias, que chamaremos *tensões* ou *articulações sustentadas*. Mas elas podem ser equiparadas às articulações implosivas, pois seu efeito é análogo; só levaremos em conta, no que segue, implosões ou explosões[5].

Esse método, que não seria admissível num tratado completo de Fonologia, justifica-se numa exposição que reduz a um esquema tão simples quanto possível o fenômeno da silabação considerado em seu fator essencial; não pretendemos resolver, com isso, todas as dificuldades que a divisão da cadeia falada em sílabas apresenta, mas somente assentar uma base racional para o estudo desse problema.

Ainda uma observação: os diversos movimentos de abrir e fechar, necessários para a emissão dos sons, não devem ser confundidos com as diversas aberturas desses mesmos sons. Qualquer fonema pode ser tanto implosivo como explosivo; mas é certo que a abertura influi na implosão e explosão, no sentido de que a distinção de dois movimentos se torna tanto menos clara quanto maior for a abertura do som. Dessarte, com o *i* e *ü*, percebe-se ainda muito bem a diferença; em *aı̑a* é possível destacar um *i* que se fecha e um *i* que se abre; do mesmo modo em *aṷ̑ua*, *aṷ̑ua* distingue-se nitidamente o som implosivo do som explosivo que se segue, a tal ponto que a escrita, contrariamente ao seu costume, assinala por vezes essa distinção; o *w* inglês, o *j* alemão e amiúde o *y* francês (em *yeux* etc.) representam sons que se abrem (*ṷ̑*, *ı̑*), em oposição a *u* e *i*, que são empregados para *ṷ̑* e *ı̑*. Mas num grau maior de abertura (*e* e *o*), a implosão e a explosão, teoricamente concebíveis (cf.: *aḙ̑ea*, *aȯ̑oa*),

---

[5] Este é um dos pontos da teoria que mais se prestam à discussão. Para prevenir certas objeções, pode-se fazer notar que toda articulação sustentada, como a de um *f*, resulta de duas forças: 1° – a pressão do ar contra as paredes que se lhe opõem; 2° – a resistência dessas paredes, que se estreitam para dar equilíbrio à pressão. A tensão é, pois, apenas uma implosão contínua. Eis por que, se se seguirem uma impulsão e uma tensão da mesma espécie, o efeito é contínuo do princípio ao fim. Por tal motivo, não é ilógico reunir esses dois gêneros de articulação numa unidade mecânica e acústica. A explosão se opõe, ao contrário, a uma e outra reunidas: é, por definição, um afrouxamento; ver também § 6 (org.).

PRINCÍPIOS DE FONOLOGIA

são bastante difíceis de se distinguirem na prática. Por fim, como vimos antes, em grau maior, o *a* já não apresenta mais implosão nem explosão, pois para esse fonema a abertura desfaz qualquer diferença desse gênero.

É necessário, pois, desdobrar o quadro dos fonemas, exceto para o *a*, estabelecendo como segue a lista das unidades irredutíveis:

$\check{p}$ $\hat{p}$ etc.
$\check{f}$ $\hat{f}$ etc.
$\check{m}$ $\hat{m}$ etc.
$\check{r}$ $\hat{r}$ etc.
$\check{i}$ $\hat{y}$ etc.
$\check{e}$ $\hat{e}$ etc.
*a*.

Longe de suprimir as distinções consagradas pela grafia (*y*, *w*), conservamo-las cuidadosamente; a justificação desse ponto de vista se acha mais à frente, no § 7.

Pela primeira vez, saímos da abstração; pela primeira vez, aparecem elementos concretos, indecomponíveis, ocupando um lugar e representando um tempo na cadeia falada. Pode-se dizer que *P* não era mais que uma unidade abstrata reunindo as características comuns de $\check{p}$ e de $\hat{p}$, as únicas que se encontram na realidade, exatamente como *B*, *P*, *M* se reúnem numa abstração superior, as labiais. Fala-se de *P* como se se falasse de uma espécie zoológica; existem exemplares machos e fêmeas, mas jamais um exemplar ideal da espécie. São essas abstrações que até agora temos distinguido e classificado; é necessário, porém, ir mais longe e chegar ao elemento concreto.

Foi um grande erro da Fonologia considerar unidades reais essas abstrações, sem examinar mais de perto a definição de unidade. O alfabeto grego chegara a distinguir esses elementos abstratos, e a análise que isso supõe – como o dissemos – era das mais notáveis; tratava-se, porém, de uma análise incompleta, detida em certa etapa.

Com efeito, que é um *p*, sem outra determinação? Se o consideramos no tempo, como membro da cadeia falada, não pode ser nem $\check{p}$, nem $\hat{p}$, ainda menos $\check{p}\hat{p}$, grupo claramente decomponível; e se o considerarmos fora da cadeia falada e do tempo, não é mais que algo sem existência própria e sem utilização possível. Que significa em si um grupo

91

CURSO DE LINGUÍSTICA GERAL

como l + g? Duas abstrações não podem formar um momento no tempo. Outra coisa é falar de *lk̃, lk̃, lk̃, lk̃* e reunir assim os verdadeiros elementos da fala. Vê-se por que bastam dois elementos para confundir a Fonologia tradicional, e assim fica demonstrada a impossibilidade de proceder, como ela o faz, por unidades fonológicas abstratas.

Formulou-se a teoria de que, em todo fonema simples considerado na cadeia falada, por exemplo, *p* em *pa* ou *apa*, ocorrem sucessivamente uma implosão e uma explosão (*ap̃a*). Sem dúvida, toda abertura deve ser precedida de um fechamento; para considerar um outro exemplo ainda: se digo *r̃p* após ter feito o fechamento do *r*, deverei articular com a úvula um *r*[6] que se abre enquanto a oclusão do *p* se forma nos lábios. Para responder, porém, a essa objeção, basta especificar bem qual é nosso ponto de vista. No ato fonatório que vamos analisar, levamos em conta apenas os elementos diferenciais, destacados para o ouvido e capazes de servir para uma delimitação das unidades acústicas na cadeia falada. Somente essas unidades acústico-motrizes devem ser consideradas; assim, a articulação do *r* explosivo que acompanha a do *p* explosivo é inexistente para nós, pois não produz um som perceptível ou, pelo menos, porque não conta na cadeia de fonemas. Esse é um ponto essencial, que cumpre entender bem para poder acompanhar a exposição que se segue.

## § 3. COMBINAÇÕES DIVERSAS DE EXPLOSÕES E IMPLOSÕES NA CADEIA

Vejamos, agora, o que deve resultar da sequência de explosões e implosões nas quatro combinações teoricamente possíveis: 1º < >, 2º > <, 3º < <, 4º > >.

1º – GRUPO EXPLOSIVO-IMPLOSIVO (< >). Há sempre a possibilidade de, sem romper a cadeia falada, unir dois fonemas, o primeiro dos quais

---

[6] Trata-se, no caso, do *r* francês, dito *grasseyé* ou *velar* (N. dos T.).

PRINCÍPIOS DE FONOLOGIA

é explosivo e o segundo implosivo. Ex.: $\overset{<>}{kr}$, $\overset{<>}{ki}$, $\overset{<>}{ym}$ etc. (cf. sânscrito $\overset{<>}{krta}$, francês $\overset{<>}{kite}$, "*quitter*", indo-europeu $\overset{<>}{ymto}$ etc.). Sem dúvida, certas combinações, como $\overset{<>}{kt}$ etc., não têm um efeito acústico suscetível de realização prática, mas não é menos verdade que, depois de ter articulado um *k* que se abre, os órgãos se acham na posição exigida para proceder a um estreitamento num ponto qualquer. Essas duas fases podem suceder-se sem se obstarem mutuamente.

2º – GRUPO IMPLOSIVO-EXPLOSIVO (> <). Nas mesmas condições, e com as mesmas reservas, não existe impossibilidade alguma de unir dois fonemas, o primeiro dos quais é implosivo e o outro explosivo. Assim: $\overset{><}{im}$, $\overset{><}{kt}$ etc. (cf. grego *haîma*, francês *actif* etc.).

Evidentemente, esses momentos articulatórios sucessivos não se seguem com a mesma naturalidade que no caso anterior. Entre uma primeira implosão e uma primeira explosão, existe a diferença de que a explosão, por tender a uma postura neutra da boca, não compromete o momento seguinte, ao passo que a implosão cria uma posição determinada, que não pode servir de ponto de partida a uma explosão qualquer. É sempre mister, então, algum movimento de acomodação, destinado a propiciar a posição necessária para a articulação do segundo fonema; assim, enquanto se executa o *s* de um grupo $\overset{><}{sp}$, é preciso fechar os lábios para preparar o *p* que se abre. Mas a experiência mostra que esse movimento de acomodação não produz nada de apreciável, a não ser um desses sons furtivos que não podemos levar em conta e que, em nenhum caso, estorvam o prosseguimento da cadeia.

3º – ELO EXPLOSIVO (< <). Duas explosões podem produzir-se consecutivamente; se a segunda, porém, pertencer a um fonema de abertura menor ou igual, não se terá a sensação acústica de unidade que se perceberá no caso contrário e que apresentam os dois casos anteriores; $\overset{<<}{pk}$ pode ser pronunciado ($\overset{<<}{pka}$), mas tais sons não formam cadeia, pois as espécies *P* e *K* são de abertura igual. Essa pronúncia pouco natural é que obteríamos detendo-nos depois do primeiro *a* de *cha-*$\overset{<<}{pka}$[7]. Ao

---

[7] Sem dúvida, certos grupos desta categoria são muito usuais em certas línguas (p. ex. *kt* inicial em grego: cf.: *kteinō*); mas, se bem que fáceis de serem pronunciados, não oferecem unidade acústica (ver a nota seguinte).

CURSO DE LINGUÍSTICA GERAL

contrário, $\overset{<<}{pr}$ dá uma impressão de continuidade (cf. francês *prix*); $\overset{<<}{ry}$ não apresenta maior dificuldade (cf. francês *rien*). Por quê? É que no momento em que se produz a primeira explosão, os órgãos já puderam colocar-se na posição exigida para executar a segunda explosão, sem que o efeito acústico da primeira tenha sido obstado; por exemplo, em *prix*, enquanto se pronuncia o *p*, os órgãos se encontram já na posição do *r*. Mas é impossível pronunciar em cadeia contínua a série inversa $\overset{<<}{rp}$; não que seja mecanicamente impossível adotar a posição de $\overset{<}{p}$ enquanto se articula um $\overset{<}{r}$ que se abre, mas porque o movimento desse $\overset{<}{r}$, encontrando a abertura menor do $\overset{<}{p}$, não poderá ser percebido. Se se quiser, então, fazer ouvir $\overset{<<}{rp}$, será mister fazê-lo em duas vezes, e a emissão será rompida.

Um elo explosivo contínuo pode compreender mais de dois elementos, contanto que se passe sempre de uma abertura menor para outra maior (p. ex.: $\overset{<<<}{kr\imath a}$). Fazendo-se abstração de certos casos particulares, nos quais não podemos insistir[8], pode-se dizer que o número concebível de explosões acha seu limite natural no número dos graus de abertura que se possa distinguir praticamente.

4º – O ELO IMPLOSIVO (> >) é regido pela lei inversa. Desde que um fonema seja mais aberto que o seguinte, tem-se a impressão de continuidade (por exemplo $\overset{>}{ir}$, $\overset{>}{rt}$); se essa condição não for satisfeita, se o fonema seguinte for mais aberto ou tiver a mesma abertura do precedente, a pronúncia continuará a ser possível, mas a impressão de continuidade desaparece; assim, $\overset{>>}{sr}$ de *aśrta* tem o mesmo caráter do grupo $\overset{>>}{pk}$ de *chapka* (ver antes, p. 93 *s*.). O fenômeno é inteiramente paralelo àquele que analisamos no elo explosivo: em $\overset{>}{rt}$, o $\overset{>}{t}$, em virtude de seu grau inferior de abertura, dispensa o $\overset{>}{r}$ da explosão; ou, se se considera um elo cujos dois

---

[8] Mercê de uma simplificação deliberada, não se considera aqui, no fonema, mais que o seu grau de abertura, sem levar em conta o ponto nem o caráter da articulação (se se trata de uma surda ou de uma sonora, de uma vibrante ou de uma lateral etc.). As conclusões tiradas do princípio único de abertura não podem então aplicar-se a todos os casos reais, sem exceção. Assim, num grupo como *trya*, os três primeiros elementos dificilmente podem ser pronunciados sem rompimento da cadeia: $\overset{<<<}{trya}$ (a não ser que o $\overset{<}{y}$ se funda com o $\overset{<}{r}$, palatalizando-o); todavia, esses três elementos *try* formam uma cadeia explosiva perfeita (cf. outrossim a p. 101, a propósito de *meurtrier* etc.); ao contrário, *trva* não oferece dificuldades. Citemos, ainda, cadeias como *pmla* etc., em que é bem difícil não pronunciar a nasal implosivamente ($\overset{<>}{pm}\overset{<}{la}$). Esses casos aberrantes aparecem sobretudo na explosão, que é, por natureza, um ato instantâneo e não sofre retardamentos (org.).

fonemas não se articulam no mesmo ponto, como r̆m̆, o m̆ não dispensa a explosão do r̆, mas, o que vem a dar na mesma, cobre-lhe completamente a explosão por meio de sua articulação mais fechada. Senão, como no caso inverso m̆r̆, a explosão furtiva, mecanicamente indispensável, vem romper a cadeia falada.

Vê-se que o elo implosivo, como o explosivo, pode compreender mais de dois elementos, se cada um deles tiver abertura maior do que o seguinte (cf. ăr̆s̆t̆). Deixando de lado as rupturas de elos, coloquemo-nos, agora, diante da cadeia contínua normal, que se poderia chamar "fisiológica", tal como é representada pela palavra francesa *particulièrement*, ou seja: *pártĭkŭlyĕrmă*. Ela se caracteriza por uma sucessão de elos explosivos e implosivos graduados, que correspondem a uma sucessão de aberturas e fechamentos dos órgãos bucais.

A cadeia normal assim definida dá lugar às observações seguintes, de importância capital.


## § 4. LIMITE DE SÍLABA E PONTO VOCÁLICO

Se, numa cadeia de sons, se passa de uma implosão a uma explosão (> | <), obtém-se um efeito particular, que é o índice da *fronteira de sílaba*, por exemplo no ĭk̆ de *particulièrement*. Essa coincidência regular de uma condição mecânica com um efeito acústico determinado assegura ao grupo implosivo-explosivo uma existência própria na ordem fonológica: seu caráter persiste, sejam quais forem as espécies que o compõem; constitui ele um gênero que contém tantas espécies quantas combinações possíveis existirem.

A fronteira silábica pode, em certos casos, colocar-se em dois pontos diferentes de uma mesma série de fonemas, conforme se passe mais ou menos rapidamente da implosão à explosão. Assim, num grupo *ardra*, a cadeia não é rompida, quer se silabe *ardra* ou *ardra*, pois *ard*, elo implosivo, está tão bem graduado quanto *dr*, elo explosivo. O mesmo acontecerá com *ülye* de *particulièrement* (*ülye* ou *ülye*).

Em segundo lugar, assinalaremos que no ponto em que se passa do silêncio a uma primeira implosão (>), por exemplo, em ăr̆t̆ de *artista*, ou

CURSO DE LINGUÍSTICA GERAL

de uma explosão a uma implosão (< >), como em *pãr̆t* de *particularmente*, o som no qual se produz essa primeira implosão distingue-se dos sons vizinhos por um efeito próprio, que é o efeito vocálico. Este não depende de modo algum do grau de abertura maior do som *a*, pois em *p̆r̆t*, o *r* também o produz; é inerente à primeira implosão, seja qual for sua espécie fonológica, vale dizer, seu grau de abertura; pouco importa, outrossim, que ocorra após um silêncio ou uma explosão. O som que dá essa impressão, pelo seu caráter de primeiro implosivo, pode ser chamado *ponto vocálico*.

Deu-se também a essa unidade o nome de *soante*, chamando *consoantes* todos os sons precedentes ou seguintes da mesma sílaba. Os termos vogal e consoante designam, como vimos na p. 85 *s.*, espécies diferentes; soantes e consoantes indicam, ao contrário, funções na sílaba. Essa dupla terminologia permite evitar uma confusão que reinou por longo tempo. Assim, a espécie *I* é a mesma em *fidalgo* e em *piegas:* é uma vogal, mas é soante em *fidalgo* e consonante em *piegas*. A análise mostra que as soantes são sempre implosivas e as consoantes ora implosivas (por ex., *ĭ* no inglês *boĭ*, escrito "boy"), ora explosivas (p. ex., *y̆* no francês *p̆y̆ĕ*, escrito "pied"). Isso não faz senão confirmar a distinção estabelecida entre as duas ordens. É verdade que, de fato, *e*, *o*, *a* são regularmente soantes; mas trata-se de uma simples coincidência: tendo abertura maior que todos os outros sons, acham-se sempre no início de um elo implosivo. Inversamente, as oclusivas, que tem a abertura mínima, são sempre consoantes. Na prática, são os fonemas de abertura 2, 3 e 4 (nasais, líquidas, semivogais), que desempenham um ou outro papel, conforme sua vizinhança e a natureza de sua articulação.

## § 5. CRÍTICA ÀS TEORIAS DE SILABAÇÃO

O ouvido percebe, em toda cadeia falada, a divisão em sílabas, e em toda sílaba uma soante. Esses dois fatos são conhecidos, mas pode-se perguntar qual a sua razão de ser. Foram propostas diversas explicações:

1° – Notando que alguns fonemas são mais sonoros que outros, procurou-se fazer repousar a sílaba na sonoridade dos fonemas. Mas, então, por que fonemas sonoros como *i* e *u* não formam necessariamente sílaba? E, depois,

PRINCÍPIOS DE FONOLOGIA

em que ponto termina a sonoridade, visto que fricativas como *s* podem formar sílaba, por exemplo em *pst*? Se se trata somente da sonoridade relativa de sons em contato, como explicar grupos como $\overset{\scriptsize\frown}{w\hspace{-0.1em}\bar{l}}$ (ex.: indo-europeu *wlkos*, "lobo"), nos quais é o elemento menos sonoro que forma sílaba?

2º – E. Sievers foi o primeiro a estabelecer que um som classificado entre as vogais pode não dar a impressão de vogal (vimos que, por exemplo, *y* e *w* não são mais que *i* e *u*); quando, porém, se pergunta em virtude do que ocorre a dupla função ou o duplo efeito acústico (pois o termo "função" não quer dizer outra coisa), responde-se: tal som tem função conforme recebe ou não o "acento silábico".

Trata-se de um círculo vicioso: ou bem tenho liberdade, em qualquer circunstância, de dispensar a meu grado o acento silábico que cria as soantes, e então não há motivo para chamá-lo silábico em vez de sonântico; ou, se o acento silábico tem algum sentido, será porque aparentemente ele se justifica pelas leis da sílaba. Não apenas não se enunciam tais leis, mas dá-se a essa qualidade sonântica o nome de "Silbenbildend" ("formadora de sílabas"), como se, por sua vez, a formação da sílaba dependesse de tal acento.

Vê-se que o nosso método se opõe aos dois primeiros: pela análise da sílaba tal qual se apresenta na cadeia, obtivemos a unidade irredutível, o som que se abre ou o que se fecha; a seguir, combinando essas unidades, chegamos a definir o limite de sílaba e o ponto vocálico. Sabemos, então, em que condições fisiológicas tais efeitos acústicos devem produzir-se. As teorias criticadas seguem o curso inverso: tomam espécies fonológicas isoladas e desses sons pretendem deduzir o limite de sílaba e o lugar da soante. Ora, dada uma série qualquer de fonemas, pode haver uma maneira de articulá-los mais natural, mais comodamente que outra; mas a faculdade de escolher entre articulações que se abrem e que se fecham subsiste em larga medida, e é dessa escolha, não das espécies fonológicas diretamente, que dependerá a silabação.

Evidentemente, essa teoria não esgota nem resolve todas as questões. Assim, o hiato, de emprego tão frequente, não é outra coisa senão um *elo implosivo rompido*, com ou sem interferência da vontade. Ex.: $\overset{\scriptsize\smile}{i} - \overset{\scriptsize\frown}{a}$ (em *lia*) ou $\overset{\scriptsize\frown}{a} - \overset{\scriptsize\smile}{i}$ (em *saída*). Ele se produz mais facilmente com as espécies fonológicas de grande abertura.

97

## Curso de Linguística Geral

Há também o caso dos *elos explosivos rompidos*, que, sem serem graduados, entram na cadeia fônica com o mesmo direito dos grupos normais; tocamos nesse caso a propósito do grego *kteinō*, p. 93, nota. Consideremos, por exemplo, o grupo *pzta*: só pode ser pronunciado normalmente como *p̆z̆t̆a*; deve, então, compreender duas sílabas, e as tem, de fato, se se faz ouvir claramente o som laríngeo do *z*; mas se o *z* é ensurdecido, tratando-se de um dos fonemas que exigem abertura menor, a oposição entre *z* e *a* faz com que se perceba apenas uma sílaba e que se ouça aproximadamente *p̆z̆t̆a*.

Em todos os casos desse gênero, quando a vontade e a intenção intervêm, podem modificar o organismo e, em certa medida, mudar as necessidades deste; é, amiúde, difícil dizer exatamente que parte cabe a cada uma das duas ordens de fatores. Mas, seja qual for, a fonação supõe uma sucessão de implosões e explosões, e tal é a condição fundamental da silabação.

## § 6. DURAÇÃO DA IMPLOSÃO E DA EXPLOSÃO

Com explicar a sílaba pelo jogo das explosões e implosões, somos levados a uma observação importante, que não é senão a generalização de um fato de métrica. Distinguem-se, nas palavras gregas e latinas, duas espécies de longas: longas por natureza (*māter*) e por posição (*făctus*). Por que *fac* é medida como longa em *factus*? Responde-se: por causa do grupo *ct*; mas se isso se deve ao grupo em si, qualquer sílaba iniciada por duas consoantes terá também quantidade longa; no entanto, não é assim (cf. *clĭens* etc.).

A verdadeira razão está em que a explosão e a implosão são essencialmente diversas no que diz respeito à duração. A primeira é sempre tão rápida que se torna uma quantidade irracional para o ouvido; por isso, ela jamais dá a impressão vocálica. Somente a implosão pode ser percebida: daí a impressão de que nos demoramos mais na vogal que a inicia.

Sabe-se, por outro lado, que as vogais colocadas diante de um grupo formado de oclusiva ou fricativa + líquida são tratadas de dois modos: em *patrem*, o *a* pode ser longo ou breve; isso se baseia no mesmo princí-

98

PRINCÍPIOS DE FONOLOGIA

pio. De fato, *ťř* e *ťř* são igualmente pronunciáveis; a primeira maneira de articular permite que o *a* continue a ser breve; a segunda cria uma sílaba longa. O mesmo tratamento duplo do *a* não é possível numa palavra como *factus*, porque somente *ť* é pronunciável, com exclusão de *cť*.

## § 7. OS FONEMAS DE QUARTA ABERTURA. O DITONGO. QUESTÕES DE GRAFIA

Por fim, os fonemas de quarta abertura dão lugar a algumas observações. Vimos na p. 90 *s.* que, contrariamente ao que se verifica para outros sons, o uso consagrou para aqueles uma dupla grafia (*w* = *ŭ*; *u* = *ŭ*; *y* = *ĭ*; *i* = *ĭ*). É que em grupos como *aiya*, *auwa*, percebe-se, melhor que em quaisquer outros, a distinção marcada com < e >; *ĭ* e *ŭ* dão claramente a impressão de vogais, *ĭ* e *ŭ* a de consoantes[9]. Sem pretender explicar esse fato, observamos que esse *i* consoante não existe nunca na forma que se fecha. Assim, não se pode ter um *ai* cujo *ĭ* faça o mesmo efeito que o *y* de *aiya* (compare-se o inglês *boy* com o francês *pied*); é então por posição que o *y* é consoante e o *i* vogal, pois essas variedades da espécie *I* não podem manifestar-se em todas as posições igualmente. As mesmas observações se aplicariam a *u* e *w*, *ü* e *ẅ*.

Isso esclarece a questão do ditongo. Ele constitui apenas um caso especial do elo implosivo; os grupos *ắrta* e *ắuta* são absolutamente paralelos; não existe entre eles mais que uma diferença de abertura do segundo elemento: um ditongo é um elo implosivo de dois fonemas, o segundo dos quais é relativamente aberto, o que resulta numa impressão acústica particular: dir-se-ia que a soante continua no segundo elemento do grupo. Inversamente, um grupo como *ťýa* não se distingue em nada de um grupo como *ťra*, a não ser pelo grau de abertura da última explosiva. Isso equivale a dizer que os grupos chamados ditongos ascendentes pelos fonólogos não são ditongos, e sim grupos explosivo-implosivos, cujo

---

[9] É mister não confundir este elemento de quarta abertura com a fricativa palatal doce (*liegen*, no alemão do norte). Essa espécie fonológica pertence às consoantes e tem todas as características delas.

99

CURSO DE LINGUÍSTICA GERAL

primeiro elemento é relativamente aberto, sem que disso resulte, porém, nada de particular do ponto de vista acústico (*tỹa*). Quanto aos grupos do tipo *ŭo, ĭa*, com acento sobre o *ŭ* e *ĭ*, tais como se encontram em alguns dialetos alemães (cf. *buob, liab*), não passam, igualmente, de falsos ditongos que não dão a impressão de unidade, como *ŏŭ, ăĭ* etc.; não se pode pronunciar *ŭŏ* como impl. + impl. sem rompimento da cadeia, a menos que, por via de um artifício, se imponha a esse grupo a unidade que ele não tem por natureza.

Tal definição do ditongo, que o reduz ao princípio geral dos elos implosivos, mostra que ele não é, como se poderia crer, algo discordante, inclassificável entre os fenômenos fonológicos. É inútil tratá-lo como um caso à parte. Seu caráter próprio não tem, em realidade, nenhum interesse ou importância; não é o fim da soante que importa fixar, e sim seu princípio.

E. Sievers e muitos linguistas distinguem pela escrita *i, u, ü, ŗ, ņ* etc. e *i̯, u̯, ü̯, r, n* etc. ( *i̯* = "unsilbisches" *i, i* = "silbisches" *i*), e escrevem *mi̯rta, mai̯rta, miarta*, enquanto nós escrevemos *mirta, mairta, myarta*. Tendo-se verificado que *y* e *i* são da mesma espécie fonológica, quis-se ter, antes de tudo, o mesmo signo genérico (sempre a mesma ideia de que a cadeia sonora se compõe de espécies justapostas!). Mas essa notação, ainda que baseada no testemunho do ouvido, é contrária ao bom senso e apaga justamente a diferença que importaria fazer. Com isso, 1º – confundem-se *i, u* que se abrem (= *y, w*) e *i, u* que se fecham; não podemos, por exemplo, fazer distinção alguma entre *newo* e *neuo*; 2º – inversamente, cindem-se em dois os *i* e *u* que se fecham (cf. *mirta* e *mairta*). Eis alguns exemplos das inconveniências dessa grafia. Seja o grego antigo *dwis* e *duis* e, de outro lado, *rhéwō* e *rehûma*: essas duas oposições se produzem exatamente nas mesmas condições fonológicas e se traduzem normalmente pela mesma oposição gráfica: conforme o *u* seja seguido de um fonema mais ou menos aberto, ele se abre (*w*) ou se fecha (*u*). Escreva-se *du̯is, duis, rheu̯ō, rheuma*, e tudo se apaga. Mesmo no indo-europeu, as duas séries *māter, mātrai, māteres, mātrsu* e *sūneu, sūnewai, sūnewes, sūnustu* são estritamente paralelas em seu duplo tratamento do *r*, de um lado, e do *u*, do outro; na segunda, pelo menos, a oposição das implosões e explosões

100

PRINCÍPIOS DE FONOLOGIA

se destaca na escrita, ao passo que é obscurecida pela grafia aqui critica-da (*sūnuȩ, sūneȩai, sūneȩes, sūnusu*). Não somente seria preciso manter as distinções feitas pelo uso entre vogais que se abrem e que se fecham (*u, w* etc.), como cumpriria estendê-las a todo o sistema, e escrever, por exemplo, *māter, mātpai, māteres, mātrsu*; então, o jogo da silabação apa-receria com evidência; os pontos vocálicos e os limites de sílabas seriam deduzidos por si mesmos.

*Nota dos organizadores* – Essas teorias esclarecem muitos proble-mas, alguns dos quais F. de Saussure tratou em suas lições. Daremos algumas amostras.

1 – E. Sievers cita *beritṇnṇn* (alemão *berittenen*) como exemplo típico do fato de o mesmo som poder funcionar alternativamente duas vezes como soante e duas vezes como consoante (na realidade, *n* não funciona aqui senão uma vez como consoante, e cumpre escrever *beritṇnṇn*; pou-co importa, porém). Nenhum exemplo é mais claro precisamente para mostrar que "som" e "espécie" não são sinônimos. De fato, se permane-cêssemos no mesmo *n*, isto é, na implosão e na articulação sustentada, obteríamos apenas uma única sílaba longa. Para produzir uma alternância de *n* soantes e consoantes, cumpre fazer seguir a implosão (primeiro *n*) da explosão (segundo *n*) e logo voltar à implosão (terceiro *n*). Como as duas implosões não estão precedidas de nenhuma outra, têm caráter sonântico.

2 – Em palavras francesas do tipo *meurtrier, ouvrier* etc., os finais *-trier, -vrier* não formavam outrora mais que uma sílaba (fosse qual fosse, aliás, sua pronúncia; cf. p. 94, nota). Mais tarde, começou-se a pronunciá-las em duas sílabas (*meur-tri-er*, com ou sem hiato, isto é, *-trie* ou *-triye*). A troca se produziu, não colocando um "acento silábico" sobre o elemento *i*, mas transformando sua articulação explosiva em articulação implosiva.

O povo diz *ouvérier* por *ouvrier*: fenômeno bastante semelhante, so-mente que, no caso, o segundo elemento, e não o terceiro, trocou de ar-ticulação e se tornou soante: *uvrye* → *uvrye*. Um *e* pôde desenvolver-se, posteriormente, diante do *r* soante.

3 – Citemos, ainda, o caso tão conhecido das vogais protéticas antes de *s* seguido de consoante em francês: latim *scūtum* → *iscūtum* → fran-cês: *escu, écu*. O grupo *šk* (ver pp. 94-95), é um elo rompido; *šk* é mais

101

natural. Mas esse *s* implosivo deve fazer ponto vocálico quando está no início da frase ou quando a palavra precedente termina com uma consoante de abertura fraca. Tanto o *i* como o *e* protéticos apenas exageram tal qualidade sonântica; todo caráter fonológico pouco sensível tende a aumentar quando se insiste em conservá-lo. É o mesmo fenômeno que se reproduz no caso de *esclandre* e nas pronúncias populares *esquelette*, *estatue*. É ainda o mesmo caso que se encontra na pronúncia popular da preposição *de*, que se transcreve por *ed: un oeil ed tanche*. Por síncope, *de tanche* se tornou *d'tanche*; mas para se fazer sentir nessa posição, o *d* deve ser implosivo: *d͡tanche*, e uma vogal se desenvolve diante dele como nos casos precedentes.

4 – Basta apenas relembrar a questão das soantes indo-europeias, e perguntar, por exemplo, por que o antigo alto alemão *hagl* se transformou em *hagal*, enquanto *balg* permaneceu intacto. O *l* desta última palavra, segundo elemento de um elo implosivo (*ba͡l͡g*), faz o papel de consoante e não tinha razão alguma para trocar de função. Ao contrário, o *l*, igualmente implosivo, de *hagl* fazia ponto vocálico. Como era soante, pôde desenvolver diante de si uma vogal que se abre mais (um *a*, se dermos crédito ao testemunho da grafia). Por outro lado, ele se obscureceu com o tempo, pois hoje *Hagel* se pronuncia novamente *ha͡g͡l*. É isso mesmo que faz a diferença entre a pronúncia dessa palavra e a do francês *aigle*; o *l* se fecha na palavra germânica e se abre na francesa com o *e* mudo final (*e͡g͡le*).

# PRIMEIRA PARTE
# **PRINCÍPIOS GERAIS**

## CAPÍTULO I
# NATUREZA DO SIGNO LINGUÍSTICO

### § 1. SIGNO, SIGNIFICADO, SIGNIFICANTE

Para certas pessoas, a língua, reduzida a seu princípio essencial, é uma nomenclatura, vale dizer, uma lista de termos que correspondem a outras tantas coisas. Por exemplo:

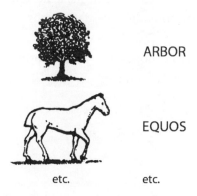

Tal concepção é criticável em numerosos aspectos. Supõe ideias completamente feitas, preexistentes às palavras (ver, sobre isso, mais adiante

(p. 158); ela não nos diz se a palavra é de natureza vocal ou psíquica, pois *arbor* pode ser considerada sob um ou outro aspecto; por fim, ela faz supor que o vínculo que une um nome a uma coisa constitui uma operação muito simples, o que está bem longe da verdade. Entretanto, essa visão simplista pode aproximar-nos da verdade, mostrando-nos que a unidade linguística é uma coisa dupla, constituída da união de dois termos.

Vimos na p. 43 *s.*, a propósito do circuito da fala, que os termos implicados no signo linguístico são psíquicos e estão unidos, em nosso cérebro, por um vínculo de associação. Insistamos nesse ponto.

O signo linguístico une não uma coisa e uma palavra, mas um conceito e uma imagem acústica[1]. Esta não é o som material, coisa puramente física, mas a impressão *(empreinte)* psíquica desse som, a representação que dele nos dá o testemunho de nossos sentidos; tal imagem é sensorial e, se chegamos a chamá-la "material", é somente nesse sentido, e por oposição ao outro termo da associação, o conceito, geralmente mais abstrato.

O caráter psíquico de nossas imagens acústicas aparece claramente quando observamos nossa própria linguagem. Sem movermos os lábios ou a língua, podemos falar conosco ou recitar mentalmente um poema. E porque as palavras da língua são para nós imagens acústicas, cumpre evitar falar dos "fonemas" de que se compõem. Esse termo, que implica uma ideia de ação vocal, não pode convir senão à palavra falada, à realização da imagem interior no discurso. Com falar de sons e de sílabas de uma palavra, evita-se o mal-entendido, desde que nos recordemos tratar-se de imagem acústica.

O signo linguístico é, pois, uma entidade psíquica de duas faces, que pode ser representada pela figura:

---

[1] O termo de imagem acústica parecerá, talvez, muito estreito, pois, ao lado da representação dos sons de uma palavra, existe também a de sua articulação, a imagem muscular do ato fonatório. Para F. de Saussure, porém, a língua é essencialmente um depósito, uma coisa recebida de fora (ver p. 45). A imagem acústica é, por excelência, a representação natural da palavra enquanto fato de língua virtual, fora de toda realização pela fala. O aspecto motor pode, então, ficar subentendido ou, em todo o caso, não ocupar mais que um lugar subordinado em relação à imagem acústica (org.).

Esses dois elementos estão intimamente unidos e um reclama o outro. Quer busquemos o sentido da palavra latina *arbor*, quer a palavra com a qual o latim designa o conceito "árvore", está claro que somente as vinculações consagradas pela língua nos parecem conformes com a realidade, e abandonamos toda e qualquer outra que se possa imaginar.

Essa definição suscita uma importante questão de terminologia. Chamamos *signo* a combinação do conceito e da imagem acústica: mas, no uso corrente, esse termo designa geralmente a imagem acústica apenas, por exemplo uma palavra *(arbor* etc.). Esquece-se de que, se chamamos a *arbor* signo, é somente porque exprime o conceito "árvore", de tal maneira que a ideia da parte sensorial implica a do total.

A ambiguidade desapareceria se designássemos as três noções aqui presentes por nomes que se relacionem entre si, ao mesmo tempo que se opõem. Propomo-nos a conservar o termo *signo* para designar o total, e a substituir *conceito* e *imagem acústica* respectivamente por *significado* e *significante*; esses dois termos têm a vantagem de assinalar a oposição, que os separa, quer entre si, quer do total de que fazem parte. Quanto a *signo*, se nos contentamos com ele, é porque não sabemos por que substituí-lo, visto não nos sugerir a língua usual nenhum outro.

O *signo* linguístico assim definido exibe duas características primordiais. Ao enunciá-las, vamos propor os princípios mesmos de todo estudo dessa ordem.

## § 2. PRIMEIRO PRINCÍPIO: A ARBITRARIEDADE DO SIGNO

O laço que une o significante ao significado é arbitrário ou então, visto que entendemos por signo o total resultante da associação de um significante com um significado, podemos dizer mais simplesmente: *o signo linguístico é arbitrário.*

Assim, a ideia de "mar" não está ligada por relação alguma interior à sequência de sons *m-a-r* que lhe serve de significante; poderia ser representada igualmente bem por outra sequência, não importa qual; como prova, temos as diferenças entre as línguas e a própria existência de línguas diferentes: o significado da palavra francesa *boeuf* ("boi") tem por significante *b-ö-f* de um lado da fronteira franco-germânica, e *o-k-s* (*Ochs*) do outro.

O princípio da arbitrariedade do signo não é contestado por ninguém; às vezes, porém, é mais fácil descobrir uma verdade do que lhe assinalar o lugar que lhe cabe. O princípio enunciado domina toda a linguística da língua; suas consequências são inúmeras. É verdade que nem todas aparecem, à primeira vista, com igual evidência; somente ao cabo de várias voltas é que as descobrimos e, com elas, a importância primordial do princípio.

Uma observação de passagem: quando a Semiologia estiver organizada, deverá averiguar se os modos de expressão que se baseiam em signos inteiramente naturais – como a pantomima – lhe pertencem de direito. Supondo que a Semiologia os acolha, seu principal objetivo não deixará de ser o conjunto de sistemas baseados na arbitrariedade do signo. Com efeito, todo meio de expressão aceito numa sociedade repousa em princípio num hábito coletivo ou, o que vem a dar na mesma, na convenção. Os signos de cortesia, por exemplo, dotados frequentemente de certa expressividade natural (lembremos os chineses, que saúdam seu imperador prosternando-se nove vezes até o chão) não estão menos fixados por uma regra; é essa regra que obriga a empregá-los, não seu valor intrínseco. Pode-se, pois, dizer que os signos inteiramente arbitrários realizam melhor que os outros o ideal do procedimento semiológico; eis por que a língua, o mais completo e o mais difundido sistema de expressão, é também o mais característico de todos; nesse sentido, a Linguística pode erigir-se em padrão de toda Semiologia, se bem a língua não se configurar senão como um sistema particular.

Utilizou-se a palavra *símbolo* para designar o signo linguístico ou, mais exatamente, o que chamamos de significante. Há inconvenientes em admiti-lo, justamente por causa do nosso primeiro princípio. O símbolo tem como característica não ser jamais completamente arbitrário; ele não está vazio, existe um rudimento de vínculo natural entre o significante e o significado. O símbolo da justiça, a balança, não poderia ser substituído por um objeto qualquer, um carro, por exemplo.

A palavra *arbitrário* requer também uma observação. Não deve dar a ideia de que o significado dependa da livre escolha do que fala (ver-se-á, mais adiante, que não está ao alcance do indivíduo trocar coisa alguma num signo, uma vez que esteja ele estabelecido num grupo linguístico); queremos dizer que o significante é *imotivado*, isto é, arbitrário em relação ao significado, com o qual não tem nenhum laço natural na realidade.

Assinalemos, para terminar, duas objeções que poderiam ser feitas a esse primeiro princípio:

1º – O contraditor se poderia apoiar nas *onomatopeias* para dizer que a escolha do significante nem sempre é arbitrária. Mas elas não são jamais elementos orgânicos de um sistema linguístico. Seu número, além disso, é bem menor do que se crê. Palavras francesas como *fouet* ("chicote") ou *glas* ("dobre de sinos") podem impressionar certos ouvidos por sua sonoridade sugestiva; mas, para ver que não têm tal caráter desde a origem, basta remontar às suas formas latinas *(fouet* derivado de *fāgus*, "faia", *glas = classicum)*; a qualidade de seus sons atuais, ou melhor, aquela que se lhes atribui, é um resultado fortuito da evolução fonética.

Quanto às onomatopeias autênticas (aquelas do tipo *glu-glu*, *tic-tac* etc.), não apenas são pouco numerosas, mas sua escolha é já, em certa medida, arbitrária, pois que não passam de imitação aproximativa e já meio convencional de certos ruídos (compare-se o francês *ouaoua* e o alemão *wauwau*). Além disso, uma vez introduzidas na língua, elas se engrenam mais ou menos na evolução fonética, morfológica etc. que sofrem as outras palavras (cf. *pigeon*, do latim vulgar *pīpiō*, derivado também de uma onomatopeia): prova evidente de que perderam algo de seu caráter primeiro para adquirir o do signo linguístico em geral, que é imotivado.

2º – As *exclamações*, bastante próximas das onomatopeias, dão lugar a observações análogas e não constituem maior ameaça para a nossa tese.

CURSO DE LINGUÍSTICA GERAL

É-se tentado a ver nelas expressões espontâneas da realidade, como que ditadas pela natureza. Mas, para a maior parte delas, pode-se negar que haja um vínculo necessário entre o significado e o significante. Basta comparar duas línguas, sob esse aspecto, para ver o quanto tais expressões variam de uma para outra língua (por exemplo, ao francês *aie!* corresponde em alemão *au!* e em português *ai!*). Sabe-se também que muitas exclamações começaram por ser palavras com sentido determinado (cf. *diabo!*; ou em francês, *mordieu = morte Dieu* etc.).

Em resumo, as onomatopeias e as exclamações são de importância secundária, e sua origem simbólica é em parte contestável.

## § 3. SEGUNDO PRINCÍPIO: CARÁTER LINEAR DO SIGNIFICANTE

O significante, sendo de natureza auditiva, desenvolve-se no tempo, unicamente, e tem as características que toma do tempo: a) *representa uma extensão*, e b) *essa extensão é mensurável numa só dimensão*: é uma linha.

Esse princípio é evidente, mas parece que sempre se negligenciou enunciá-lo, sem dúvida porque foi considerado demasiadamente simples; todavia, ele é fundamental e suas consequências são incalculáveis; sua importância é igual à da primeira lei. Todo o mecanismo da língua depende dele (ver p. 171). Por oposição aos significantes visuais (sinais marítimos etc.), que podem oferecer complicações simultâneas em várias dimensões, os significantes acústicos dispõem apenas da linha do tempo; seus elementos se apresentam um após outro; formam uma cadeia. Esse caráter aparece imediatamente quando os representamos pela escrita e substituímos a sucessão do tempo pela linha espacial dos signos gráficos.

Em certos casos, isso não aparece com destaque. Se, por exemplo, acentuo uma sílaba, parece que acumulo num só ponto elementos significativos diferentes. Mas trata-se de uma ilusão: a sílaba e seu acento constituem apenas um ato fonatório; não existe dualidade no interior desse ato, mas somente oposições diferentes com o que se acha a seu lado (ver, sobre isso, a p. 179 *s.*).

CAPÍTULO II
# IMUTABILIDADE E MUTABILIDADE DO SIGNO

## § 1. IMUTABILIDADE

Se, com relação à ideia que representa, o significante aparece como escolhido livremente, em compensação, com relação à comunidade linguística que o emprega, não é livre: é imposto. Nunca se consulta a massa social nem o significante escolhido pela língua poderia ser substituído por outro. Esse fato, que parece encerrar uma contradição, poderia ser chamado familiarmente de "a carta forçada". Diz-se à língua: "Escolhe!"; mas acrescenta-se: "O signo será este, não outro." Um indivíduo não somente seria incapaz, se quisesse, de modificar em qualquer ponto a escolha feita, como também a própria massa não pode exercer sua soberania sobre uma única palavra: está atada à língua tal qual é.

A língua não pode, pois, equiparar-se a um contrato puro e simples, e é justamente por esse lado que o estudo do signo linguístico se faz interessante; pois, se se quiser demonstrar que a lei admitida numa coletividade é algo que se suporta, e não uma regra livremente consentida, a língua é a que oferece a prova mais concludente disso.

Vejamos então como o signo linguístico escapa à nossa vontade, e tiremos em seguida as consequências importantes que decorrem desse fenômeno.

A qualquer época que remontemos, por mais antiga que seja, a língua aparece sempre como uma herança da época precedente. O ato pelo qual, em dado momento, os nomes teriam sido distribuídos às coisas, pelo qual um contrato teria sido estabelecido entre os conceitos e as imagens acústicas – esse ato podemos imaginá-lo, mas ele jamais foi comprovado. A ideia de que as coisas poderiam ter ocorrido assim nos é sugerida por nosso sentimento bastante vivo do arbitrário do signo.

De fato, nenhuma sociedade conhece nem conheceu jamais a língua de outro modo que não fosse como um produto herdado de gerações anteriores e que cumpre receber como tal. Eis por que a questão da origem da linguagem não tem a importância que geralmente se lhe atribui. Tampouco se trata de uma questão a ser proposta; o único objeto real da Linguística é a vida normal e regular de um idioma já constituído. Um dado estado de língua é sempre o produto de fatores históricos, e são esses fatores que explicam por que o signo é imutável, vale dizer, por que resiste a toda substituição.

Mas dizer que a língua é uma herança não explica nada, se não se for mais longe. Não se podem modificar, de um momento para o outro, leis existentes e herdadas?

Essa objeção nos leva a situar a língua em seu quadro social e formular a questão como o faríamos para as outras instituições sociais. Como se transmitem as instituições? Eis a questão mais geral, que engloba a da imutabilidade. Cumpre, primeiramente, avaliar a maior ou menor liberdade de que desfrutam as outras instituições; ver-se-á que para cada uma delas existe um equilíbrio diferente entre a tradição imposta e a ação livre da sociedade. A seguir, investigar-se-á por que, em uma categoria dada, os fatores de primeira ordem são mais ou menos poderosos do que os de outra. Por fim, voltando à língua, perguntar-se-á por que o fator histórico da transmissão a domina totalmente e exclui toda transformação linguística geral e repentina.

Para responder a tal pergunta, pode-se atribuir validade a vários argumentos e dizer, por exemplo, que as modificações da língua não estão ligadas à sucessão de gerações que, longe de se sobrepor umas às outras, como as gavetas de um móvel, se mesclam e interpenetram e contêm cada uma indivíduos de todas as idades. Será mister lembrar também a soma de

PRINCÍPIOS GERAIS

esforços que exige o aprendizado da língua materna para concluir a impossibilidade de uma transformação geral. Cumprirá acrescentar, ainda, que a reflexão não intervém na prática de um idioma; que os indivíduos, em larga medida, não têm consciência das leis da língua; e, se não as percebem, como poderiam modificá-las? Ainda que delas tivessem consciência, é preciso lembrar que os fatos linguísticos não provocam a crítica, no sentido de que cada povo geralmente está satisfeito com a língua que recebeu.

Essas considerações são importantes, mas não são específicas; preferimos as seguintes, mais essenciais, mais diretas, das quais dependem todas as outras:

1 – *O caráter arbitrário do signo.* Vimos que o caráter arbitrário do signo nos fazia admitir a possibilidade teórica da mudança; aprofundando a questão, vemos que, de fato, a própria arbitrariedade do signo põe a língua ao abrigo de toda tentativa que vise a modificá-la. A massa, ainda que fosse mais consciente do que é, não poderia discuti-la. Pois, para que uma coisa seja posta em questão, é necessário que se baseie numa norma razoável. Pode-se, por exemplo, discutir se a forma monogâmica do casamento é mais razoável do que a forma poligâmica e fazer valer razões para uma e outra. Poder-se-ia, também, discutir um sistema de símbolos, pois o símbolo tem uma relação racional com o significado (ver p. 109); mas para a língua, sistema de signos arbitrários, falta essa base, e com ela desaparece todo terreno sólido de discussão; não existe motivo algum para preferir *soeur* a *sister* ou a irmã, *ochs* a *boeuf* ou a boi.

2 – *A multidão de signos necessários para constituir qualquer língua.* A importância desse fato é considerável. Um sistema de escrita composto de vinte a quarenta letras pode, a rigor, ser substituído por outro. O mesmo poderia suceder à língua se ela encerrasse um número limitado de elementos; mas os signos linguísticos são inumeráveis.

3 – *O caráter demasiado complexo do sistema.* Uma língua constitui um sistema. Se, como veremos adiante, este é o lado pelo qual a língua não é completamente arbitrária e no qual impera uma razão relativa, é também o ponto em que avulta a incompetência da massa para transformá-la. Pois tal sistema é um mecanismo complexo; só se pode compreendê-lo pela reflexão; mesmo aqueles que dele fazem uso cotidiano, ignoram-no profundamente. Não se poderia conceber uma transformação como tal sem a

CURSO DE LINGUÍSTICA GERAL

intervenção de especialistas, gramáticos, lógicos etc.; a experiência, porém, mostra que até agora as intervenções nesse sentido não tiveram êxito algum.

4 – *A resistência da inércia coletiva a toda renovação linguística.* A língua – e esta consideração sobreleva todas as demais – é, a cada momento, tarefa de toda a gente; difundida por uma massa e manejada por ela, é algo de que todos os indivíduos se servem o dia inteiro. Nesse particular, não se pode estabelecer comparação alguma entre ela e as outras instituições. As prescrições de um código, os ritos de uma religião, os sinais marítimos etc. não ocupam mais que certo número de indivíduos por vez e durante tempo limitado; da língua, ao contrário, cada qual participa a todo instante, e é por isso que ela sofre sem cessar a influência de todos. Esse fato capital basta para demonstrar a impossibilidade de uma revolução. A língua, de todas as instituições sociais, é a que oferece menos oportunidades às iniciativas. A língua forma um todo com a vida da massa social e esta, sendo naturalmente inerte, aparece antes de tudo como um fator de conservação.

Não basta, todavia, dizer que a língua é um produto de forças sociais para que se veja claramente que não é livre; a par de lembrar que constitui sempre herança de uma época precedente, deve-se acrescentar que essas forças sociais atuam em função do tempo. Se a língua tem um caráter de fixidez, não é somente porque está ligada ao peso da coletividade, mas também porque está situada no tempo. Ambos os fatos são inseparáveis. A todo instante, a solidariedade com o passado põe em xeque a liberdade de escolher. Dizemos *homem* e *cachorro* porque antes de nós se disse *homem* e *cachorro*. Isso não impede que exista no fenômeno total um vínculo entre esses dois fatores antinômicos: a convenção arbitrária, em virtude da qual a escolha se faz livre, e o tempo, graças ao qual a escolha se acha fixada. Justamente porque o signo é arbitrário, não conhece outra lei senão a da tradição, e é por basear-se na tradição que pode ser arbitrário.

## § 2. MUTABILIDADE

O tempo, que assegura a continuidade da língua, tem um outro efeito, em aparência contraditório com o primeiro: o de alterar mais ou me-

PRINCÍPIOS GERAIS

nos rapidamente os signos linguísticos e, em certo sentido, pode-se falar, ao mesmo tempo, da imutabilidade e mutabilidade do signo[2].

Em última análise, os dois fatos são solidários: o signo está em condições de alterar-se porque se continua. O que domina, em toda alteração, é a persistência da matéria velha; a infidelidade ao passado é apenas relativa. Eis por que o princípio de alteração se baseia no princípio de continuidade.

A alteração no tempo assume diversas formas, cada uma das quais forneceria matéria para um importante capítulo de Linguística. Sem entrar em pormenores, eis o que é mais importante destacar.

Em primeiro lugar, não nos equivoquemos sobre o sentido dado aqui ao termo *alteração*. Poder-se-ia fazer acreditar que se tratasse especialmente de transformações fonéticas sofridas pelo significante ou então transformações do sentido que afetam o conceito significado. Semelhante perspectiva seria insuficiente. Sejam quais forem os fatores de alteração, quer funcionem isoladamente ou combinados, levam sempre a um *deslocamento da relação entre o significado e o significante*.

Eis alguns exemplos: o latim *necāre*, "matar", deu em francês *noyer*, "afogar". Tanto a imagem acústica como o conceito mudaram; é inútil, porém, distinguir as duas partes do fenômeno; basta verificar *in globo* que o vínculo entre ideia e signo se afrouxou e que houve um deslocamento em sua relação. Se, em vez de comparar *necāre* do latim clássico com o francês *noyer*, o contrapusermos ao *necare* do latim vulgar do século IV ou do V, já com o significado de "afogar", o caso é um pouco diferente; mas aqui também, embora não tenha ocorrido alteração apreciável do significante, houve um deslocamento da relação entre a ideia e o signo.

O antigo alemão *dritteil*, "o terceiro", tornou-se, no alemão moderno, *Drittel*. Nesse caso, conquanto o conceito tenha permanecido o mesmo, a relação se alterou de dois modos: o significante foi modificado não só no aspecto material, como também na forma gramatical; não implica

---

[2] Seria injusto censurar a F. de Saussure o ser ilógico ou paradoxal por atribuir à língua duas qualidades contraditórias. Pela oposição de dois termos marcantes, ele quis somente destacar uma verdade: que a língua se transforma sem que os indivíduos possam transformá-la. Pode-se dizer também que ela *é* intangível, mas não inalterável (org.).

mais a ideia de *Teil*, "parte"; é uma palavra simples. De um modo ou de outro, trata-se sempre de um deslocamento de relação.

Em anglo-saxão, a forma pré-literária *fōt*, "o pé", permaneceu *fōt* (inglês moderno *foot)*, enquanto seu plural *\*fōti*, "os pés", se transformou em *fēt* (inglês moderno *feet)*. Sejam quais forem as alterações supostas, uma coisa é certa: ocorreu deslocamento da relação; outras correspondências surgiram entre a matéria fônica e a ideia.

Uma língua é radicalmente incapaz de se defender dos fatores que deslocam, de minuto a minuto, a relação entre o significado e o significante. É uma das consequências da arbitrariedade do signo.

As outras instituições – os costumes, as leis etc. – estão todas baseadas, em graus diferentes, na relação natural entre as coisas; nelas há uma acomodação necessária entre os meios empregados e os fins visados. Mesmo a moda, que fixa nosso modo de vestir, não é inteiramente arbitrária: não se pode ir além de certos limites das condições ditadas pelo corpo humano. A língua, ao contrário, não está limitada por nada na escolha de seus meios, pois não se concebe o que nos impediria de associar uma ideia qualquer com uma sequência qualquer de sons.

Para mostrar bem que a língua é uma instituição pura, Whitney insistiu, com razão, no caráter arbitrário dos signos; com isso, colocou a Linguística em seu verdadeiro eixo. Mas ele não foi até o fim e não viu que tal caráter arbitrário separa radicalmente a língua de todas as outras instituições. Isso se vê bem pela maneira por que a língua evolui; nada mais complexo: situada, simultaneamente, na massa social e no tempo, ninguém lhe pode alterar nada e, de outro lado, a arbitrariedade de seus signos implica, teoricamente, a liberdade de estabelecer não importa que relação entre a matéria fônica e as ideias. Disso resulta que esses dois elementos unidos nos signos guardam sua própria vida, numa proporção desconhecida em qualquer outra parte, e que a língua se altera ou, melhor, evolui, sob a influência de todos os agentes que possam atingir quer os sons, quer os significados. Essa evolução é fatal; não há exemplo de uma língua que lhe resista. Ao fim de certo tempo, podem-se sempre comprovar deslocamentos sensíveis.

Isso é tão verdadeiro que até nas línguas artificiais tal princípio tem de vigorar. Quem cria uma língua, a tem sob domínio enquanto ela não

PRINCÍPIOS GERAIS

entra em circulação; mas desde o momento em que ela cumpre sua missão e se torna posse de todos, foge-lhe ao controle. O esperanto é um ensaio desse gênero; se triunfar, escapará à lei fatal? Passado o primeiro momento, a língua entrará muito provavelmente em sua vida semiológica; transmitir-se-á segundo leis que nada têm de comum com as de sua criação reflexiva, e não se poderá mais retroceder. O homem que pretendesse criar uma língua imutável, que a posteridade deveria aceitar tal qual a recebesse, se assemelharia à galinha que chocou um ovo de pata: a língua criada por ele seria arrastada, quer ele quisesse ou não, pela corrente que abarca todas as línguas.

A continuidade do signo no tempo, ligada à alteração no tempo, é um princípio de Semiologia geral; sua confirmação se encontra nos sistemas de escrita, na linguagem utilizada pela comunidade surda etc.

Mas em que se baseia a necessidade de mudança? Talvez nos reprovem por não termos sido tão explícitos nesse ponto quanto no princípio da imutabilidade: é que não distinguimos os diferentes fatores de alteração; seria preciso encará-los em sua variedade para saber até que ponto são necessários.

As causas da continuidade estão *a priori* ao alcance do observador; não ocorre o mesmo com as causas de alteração através do tempo. Melhor renunciar, provisoriamente, a dar conta exata delas, e limitar-se a falar, em geral, do deslocamento das relações; o tempo altera todas as coisas; não existe razão para que a língua escape a essa lei universal.

Recapitulemos as etapas de nossa demonstração, reportando-nos aos princípios estabelecidos na introdução.

1° – Evitando estéreis definições de termos, distinguimos primeiramente, no seio do fenômeno total que representa a *linguagem*, dois fatores: a *língua* e a *fala*. A língua é para nós a linguagem menos a *fala*. É o conjunto dos hábitos linguísticos que permitem a uma pessoa compreender e fazer-se compreender.

2° – Mas essa definição deixa ainda a língua fora de sua realidade social; faz dela uma coisa irreal, pois não abrange mais que um dos aspectos da realidade: o individual; é mister uma *massa falante* para que exista uma língua. Em nenhum momento, e contrariamente à aparência, a língua existe fora do fato social, visto ser um fenômeno semiológico. Sua natureza social é um dos seus caracteres internos; sua definição completa nos coloca diante de duas coisas inseparáveis, como o demonstra o esquema:

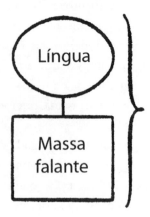

Mas, nessas condições, a língua é viável, não vivente; levamos em conta apenas a realidade social, não o fato histórico.

3º – Como o signo linguístico é arbitrário, pareceria que a língua, assim definida, é um sistema livre, organizável à vontade, dependendo unicamente de um princípio racional. Seu caráter social, considerado em si mesmo, não se opõe precisamente a esse ponto de vista. Sem dúvida, a psicologia coletiva não opera sobre uma matéria puramente lógica; cumpriria levar em conta tudo quanto faz ceder a razão nas relações práticas de indivíduo para indivíduo. E, todavia, não é isso que nos impede de ver a língua como uma simples convenção modificável conforme o arbítrio dos interessados, é a ação do tempo que se combina com a da força social; fora do tempo, a realidade linguística não é completa e nenhuma conclusão se faz possível.

Se se tomasse a língua no tempo, sem a massa falante – suponha-se o indivíduo isolado que vivesse durante vários séculos – não se registraria talvez nenhuma alteração; o tempo não agiria sobre ela. Inversamente, se se considerasse a massa falante sem o tempo, não se veria o efeito das sociais agindo sobre a língua. Para estar na realidade, é necessário, então, acrescentar ao nosso primeiro esquema um signo que indique a marcha do tempo:

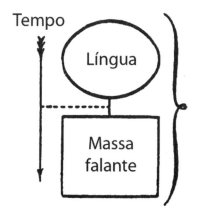

A língua já não é agora livre, porque o tempo permitirá às forças sociais que atuam sobre ela desenvolver seus efeitos, e chega-se assim ao princípio de continuidade, que anula a liberdade. A continuidade, porém, implica necessariamente a alteração, o deslocamento mais ou menos considerável das relações.

CAPÍTULO III
# A LINGUÍSTICA ESTÁTICA E A LINGUÍSTICA EVOLUTIVA

## § 1. DUALIDADE INTERNA DE TODAS AS CIÊNCIAS QUE OPERAM COM VALORES

Poucos linguistas percebem que a intervenção do fator tempo é de molde a criar, para a Linguística, dificuldades particulares, e que ela lhes coloca a ciência diante de duas rotas absolutamente divergentes.

A maior parte das outras ciências ignora essa dualidade radical; o tempo não produz nelas efeitos particulares. A Astronomia verificou que os astros sofrem mudanças notáveis; não está obrigada, por isso, a cindir-se em duas disciplinas. A Geologia raciocina quase constantemente acerca de sucessões; mas, quando chega a se ocupar dos estados fixos da Terra, não faz disso objeto de um estudo radicalmente diverso. Existe uma ciência descritiva do Direito e uma história do Direito; ninguém opõe uma à outra. A história política dos Estados se move inteiramente no tempo; entretanto, se um historiador traça o quadro de uma época, não se tem a impressão de sair da História. Inversamente, a ciência das instituições políticas é essencialmente descritiva, mas pode muito bem, às vezes, versar uma questão histórica sem que sua unidade seja perturbada.

Ao contrário, a dualidade de que falamos já se impõe imperiosamente às ciências econômicas. Aqui, ao contrário do que se passava nos casos precedentes, a Economia Política e a História Econômica constituem duas disciplinas claramente separadas no seio de uma mesma ciência; as obras surgidas recentemente sobre essas matérias acentuam tal distinção. Procedendo assim, obedecemos, sem nos dar totalmente conta disso, a uma necessidade interior; pois bem, é uma necessidade bastante semelhante a que nos obriga a dividir a Linguística em duas partes, cada qual com seu princípio próprio. É que aqui, como em Economia Política, estamos perante a noção de *valor*; nas duas ciências, trata-se de um *sistema de equivalência entre coisas de ordens diferentes:* numa, um trabalho e um salário; na outra, um significado e um significante.

É certo que todas as ciências deveriam ter interesse em assinalar mais escrupulosamente os eixos sobre os quais estão situadas as coisas de que se ocupam; seria preciso, antes de tudo, distinguir conforme a figura seguinte:

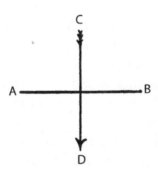

1º – O *eixo das simultaneidades (AB)*, concernente às relações entre coisas coexistentes, de onde toda intervenção do tempo se exclui, e 2º – o *eixo das sucessões (CD)*, sobre o qual não se pode considerar mais que uma coisa por vez, mas onde estão situadas todas as coisas do primeiro eixo com suas respectivas transformações.

Para as ciências que trabalham com valores, tal distinção se torna uma necessidade prática e, em certos casos, uma necessidade absoluta. Nesse domínio, pode-se lançar aos estudiosos o desafio de organizarem suas pesquisas de modo rigoroso, sem levar em conta os dois eixos, sem

CURSO DE LINGUÍSTICA GERAL

distinguir o sistema de valores considerados em si, desses mesmos valores considerados em função do tempo.

É ao linguista que tal distinção se impõe mais imperiosamente, pois a língua constitui um sistema de valores puros que nada determina fora do estado momentâneo de seus termos. Enquanto, por um de seus lados, um valor tenha raiz nas coisas e em suas relações naturais (como é o caso na ciência econômica – por exemplo, um campo vale na proporção do que produz), pode-se, até certo ponto, seguir esse valor no tempo, lembrando sempre que, a cada momento, ele depende de um sistema de valores contemporâneos. Sua ligação com as coisas lhe dá, apesar de tudo, uma base natural e, por isso, as apreciações que se lhe aplicam não são jamais completamente arbitrárias; sua variabilidade é limitada. Mas já vimos que, em Linguística, os dados naturais não têm nenhum lugar.

Acrescentemos ainda que, quanto mais um sistema de valores seja complexo e rigorosamente organizado, tanto mais necessário se faz, por causa de sua complexidade, estudá-lo sucessivamente segundo seus dois eixos. Sistema algum apresenta esse caráter tanto quanto a língua: em parte alguma se encontra igual precisão de valores em jogo, um número tão grande e uma diversidade tamanha de termos, numa dependência recíproca tão estrita. A multiplicidade dos signos, já invocada para explicar a continuidade da língua, nos impede absolutamente de estudar-lhe, ao mesmo tempo, as relações no tempo e no sistema.

Eis por que distinguimos duas linguísticas. Como as designaremos? Os termos que se oferecem não são todos igualmente apropriados para marcar essa diferença. Assim, história e "linguística histórica" não são utilizáveis, porque suscitam ideias muito vagas; como a história política compreende tanto a descrição de épocas como a narração de acontecimentos, poder-se-ia imaginar que, ao descrever estados sucessivos da língua, se estivesse estudando a língua conforme o eixo do tempo; para isso, seria mister encarar separadamente os fenômenos que fazem passar a língua de um estado a outro. Os termos *evolução* e *Linguística evolutiva* são mais precisos e nós os empregaremos frequentemente; por oposição, pode-se falar da ciência dos *estados* da língua ou *Linguística estática*.

Para melhor assinalar essa oposição, porém, e esse cruzamento das duas ordens de fenômenos relativos ao mesmo objeto, preferimos falar

122

PRINCÍPIOS GERAIS

de Linguística *sincrônica* e de Linguística *diacrônica*. É sincrônico tudo quanto se relacione com o aspecto estático da nossa ciência, diacrônico tudo que diz respeito às evoluções. Do mesmo modo, *sincronia* e *diacronia* designarão respectivamente um estado de língua e uma fase de evolução.

## § 2. A DUALIDADE INTERNA E A HISTÓRIA DA LINGUÍSTICA

A primeira coisa que surpreende quando se estudam os fatos da língua é que, para o indivíduo falante, a sucessão deles no tempo não existe: ele se acha diante de um estado. Também o linguista que queira compreender esse estado deve fazer *tabula rasa* de tudo quanto produziu e ignorar a diacronia. Ele só pode penetrar na consciência dos indivíduos que falam suprimindo o passado. A intervenção da História apenas lhe falsearia o julgamento. Seria absurdo desenhar um panorama dos Alpes focalizando-o simultaneamente de vários picos do Jura; um panorama deve ser focalizado de um só ponto. O mesmo para a língua: não podemos descrevê-la nem fixar normas para o seu uso sem nos colocarmos num estado determinado. Quando o linguista segue a evolução da língua, semelha o observador em movimento, que vai de uma a outra extremidade do Jura para anotar os deslocamentos da perspectiva.

Desde que a Linguística moderna existe, pode-se dizer que se absorve inteiramente na diacronia. A Gramática comparada do indo-europeu utiliza os dados que tem em mãos para reconstituir hipoteticamente um tipo de língua antecedente; a comparação é, para ela, apenas um meio de reconstruir o passado. O método é o mesmo no estudo particular dos subgrupos (línguas românicas, línguas germânicas etc.); os estados não intervêm senão por fragmentos, e de modo muito imperfeito. Tal é a tendência inaugurada por Bopp; também sua concepção da língua é híbrida e vacilante.

De outro lado, como procederam os que estudaram a língua antes da fundação dos estudos linguísticos, vale dizer, os "gramáticos" inspirados pelos métodos tradicionais? É curioso observar que seu ponto de vista

123

sobre a questão que nos ocupa é absolutamente irrepreensível. Seus trabalhos nos mostram claramente que querem descrever estados; seu programa é estritamente sincrônico. Assim, a Gramática de Port-Royal tenta descrever o estado da língua francesa no tempo de Luís XIV e determinar-lhe os valores. Não tem ela, por isso, necessidade da língua medieval: segue fielmente o eixo horizontal (ver p. 121) sem jamais se afastar dele; esse método é, pois, justo, o que não quer dizer que sua aplicação seja perfeita. A Gramática tradicional ignora partes inteiras da língua, como a formação das palavras; é normativa e crê dever promulgar regras em vez de comprovar os fatos; falta-lhe visão do conjunto; amiúde, ela chega a não distinguir a palavra escrita da palavra falada etc.

Censurou-se a Gramática clássica por não ser científica; sua base, todavia, é menos criticável, e seu objeto mais bem definido, o que não é o caso da linguística iniciada por Bopp. Esta, colocando-se em um terreno mal delimitado, não sabe exatamente para que alvo tende. Está acima de dois domínios, por não ter sabido distinguir claramente entre os estados e as sucessões.

Após ter concedido um lugar bastante grande à História, a Linguística voltará ao ponto de vista estático da Gramática tradicional, mas com um espírito novo e com outros processos, e o método histórico terá contribuído para esse rejuvenescimento; por via indireta, será o método histórico que fará compreender melhor os estados de língua. A Gramática antiga via somente o fato sincrônico; a Linguística nos revelou uma nova ordem de fenômenos; isso, porém, não basta: é necessário fazer sentir a oposição das duas ordens e daí tirar todas as consequências que comporta.

## § 3. A DUALIDADE INTERNA ILUSTRADA COM EXEMPLOS

A oposição entre os dois pontos de vista – sincrônico e diacrônico – é absoluta e não admite compromissos. Alguns fatos nos mostrarão em que consiste tal diferença e por que é irredutível.

O latim *crispus*, "crespo, ondulado", deu em francês um radical *crep*, de onde vieram os verbos *crépir*, "rebocar", e *décrépir*, "retirar o reboco". Por outro lado, em certo momento, tomou-se emprestada do latim a palavra *decrēpitus*, "gasto pela idade", da qual se ignora a etimologia, e dela se fez *décrépit*. Ora, é certo que, hoje, a massa dos falantes estabelece uma relação entre "un mur *décrépi*" e "un homme *décrépit*", conquanto historicamente esses dois termos nada tenham a ver um com o outro; fala-se da fachada *décrépite* de uma casa. É um fato estático, pois trata-se de uma relação entre dois termos coexistentes na língua. Para que tal se produzisse, foi necessário o concurso de certos fenômenos de evolução; foi preciso que *crisp-* chegasse a ser pronunciado *crép-* e que a certo momento se tomasse emprestado um novo termo ao latim: esses fatos diacrônicos – vê-se claramente – não têm relação alguma com o fato estático que produziram; são de ordem diferente.

Eis outro exemplo, de alcance geral: no antigo alto alemão, o plural de *gast*, "hóspede", foi inicialmente *gasti*; o de *hant*, "mão", foi *hanti* etc. Mais tarde, esse *i-* produziu uma metafonia, isto é, teve por efeito mudar o *a* em *e* na sílaba anterior: *gasti* → *gesti*, *hanti* → *henti*. Depois, esse *-i* perdeu seu timbre, donde: *gesti* → *geste* etc. Em consequência, tem-se hoje *Gast : Gäste, Hand : Hände*, e uma classe inteira de palavras apresenta a mesma diferença entre o singular e o plural. Um fato semelhante se produziu no inglês: tinha-se a princípio *fōt*, "pé", plural *\*fōti*; *tōþ*, "dente", plural *\*tōþi*; *gōs*, "pato", plural *\*gōsi* etc.; depois, por via de uma primeira transformação fonética, a metafonia, *\*fōti* se tornou *\*fēti*, e de uma segunda, a queda do *-i* final, *\*fēti* deu *fēt*; desde então *fōt* tem por plural *fēt*; *tōþ*, *tēþ*; *gōs*, *gēs* (inglês moderno: *foot, feet; tooth, teeth; goose, geese*).

Anteriormente, quando se dizia *gast : gasti*; *fōt : fōti*, o plural era assinalado pelo simples acréscimo de um *i*; *Gast : Gäste*; *fōt : fēt* mostram um mecanismo novo para assinalar o plural. Esse mecanismo não é o mesmo nos dois casos: no antigo inglês, ocorre somente oposição de vogais; em alemão, existe ademais a presença ou ausência da vogal final *-e*, mas essa diferença não importa aqui.

A relação entre um singular e um plural, sejam quais forem as formas, pode exprimir-se a cada momento por um eixo horizontal, por exemplo:

Época A
Época B

Os fatos, quaisquer que sejam, que provocaram a passagem de uma forma à outra, serão, ao contrário, situados num eixo vertical, o que dá a figura total:

Nosso exemplo-tipo sugere bom número de reflexões que entram diretamente em nosso tema:

1º – Esses fatos diacrônicos de modo algum têm por fim assinalar um valor com outro signo: o fato de *gasti* ter dado *gesti*, *geste (Gäste)* nada tem a ver com o plural dos substantivos; em *tragit* → *trägt*, a mesma metafonia afeta a flexão verbal, e assim por diante. Por conseguinte, um fato diacrônico é um acontecimento que tem sua razão de ser em si mesmo; as consequências sincrônicas particulares que dele podem derivar são-lhe totalmente estranhas.

2º – Esses fatos diacrônicos não tendem sequer a alterar o sistema. Não se quis passar de um sistema de relações para outro; a modificação não recai sobre a ordenação, e sim sobre os elementos ordenados.

Encontramos aqui um princípio já enunciado: o sistema nunca se modifica diretamente; em si mesmo é imutável; apenas alguns elementos são alterados sem atenção à solidariedade que os liga ao todo. É como se um dos planetas que giram ao redor do Sol mudasse de dimensões e peso; esse fato isolado acarretaria consequências gerais e transtornaria o equilíbrio de todo o Sistema Solar. Para exprimir o plural, é necessária a oposição de dois termos: ou *fōt : *fōti* ou *fōt : fēt*; são dois processos igualmente possíveis, mas passou-se de um a outro, por assim dizer, sem percebê-lo; não foi o conjunto que se deslocou, nem um sistema que engendrou outro, mas um elemento do primeiro mudou, e isso basta para fazer surgir outro sistema.

3º – Essa observação nos faz compreender melhor o caráter sempre *fortuito* de um estado. Por oposição à ideia falsa que nos aprazia fazer, a língua não é um mecanismo criado e ordenado com vistas a conceitos a exprimir. Vemos, ao contrário, que o estado resultante da transformação não se destinava a assinalar as significações das quais se impregna. Tem-se um estado fortuito: *fōt : fēt*, e dele se aproveita para fazê-lo portador da distinção entre singular e plural: *fōt : fēt* não está mais bem aparelhado para isso do que *fōt : \*fōti*. Em cada estado, o espírito se insufla numa matéria dada e a vivifica. Essa perspectiva, que nos foi inspirada pela Linguística histórica, é desconhecida da Gramática tradicional, que jamais teria podido adquiri-la por seus próprios métodos. A maior parte dos filósofos da língua ignoram-na igualmente: e, no entanto, nada mais importante do ponto de vista filosófico.

4º – Os fatos pertencentes à série diacrônica são, pelo menos, da mesma ordem dos da série sincrônica? De nenhum modo, pois estabelecemos que as alterações se produzem fora de toda intenção. Ao contrário, o fato de sincronia é sempre significativo; apela sempre para dois termos simultâneos; não é *Gäste* que exprime o plural, e sim a oposição *Gast : Gäste*. No fato diacrônico, é justamente o contrário que ocorre: não interessa mais que um termo e para que uma forma nova *(Gäste)* apareça, é necessário que a antiga *(gasti)* lhe ceda o lugar.

Querer reunir na mesma disciplina fatos tão díspares seria, portanto, uma empresa quimérica. Na perspectiva diacrônica, ocupamo-nos com fenômenos que não têm relação alguma com os sistemas, apesar de os condicionarem.

Eis outros exemplos que confirmarão e completarão as conclusões tiradas dos primeiros.

Em francês, o acento recai sempre sobre a última sílaba, a não ser que esta tenha um *e* mudo *(ə)*. Trata-se de um fato sincrônico, de uma relação entre o conjunto das palavras francesas e o acento. De onde deriva? De um estado anterior. O latim apresentava um sistema de acentuação diferente e mais complicado: o acento recaía na penúltima sílaba quando esta era longa; se fosse breve, o acento recaía na antepenúltima (cf. *amīcus, ánĭma*). Essa lei evoca relações que não têm a menor analogia com a lei francesa. Sem dúvida, é o mesmo acento, no sentido de ter permanecido nos mesmos lugares; na palavra francesa recai sempre na sílaba que o levava em latim: *amīcum* → *amí*, *ánimum* → *âme*. No entanto, as duas fórmulas são diferentes nos dois momentos, pois a forma das palavras mudou. Sabe-

CURSO DE LINGUÍSTICA GERAL

mos que tudo que vinha após o acento ou desapareceu ou se reduziu a *e* mudo. Depois dessa alteração da palavra, a posição do acento não foi mais a mesma em relação ao conjunto; desde então, as pessoas conscientes dessa nova relação colocaram instintivamente o acento sobre a última sílaba, mesmo em palavras de empréstimo, transmitidas pela escrita (*facile*, *consul*, *ticket*, *burgrave* etc.). É evidente que não se quis mudar de sistema, aplicar uma nova fórmula, pois numa palavra como *amícum* → *amí*, o acento permaneceu sempre na mesma sílaba; interpôs-se, no entanto, um fato diacrônico: o lugar do acento se viu trocado sem que se tocasse nele. Uma lei de acento, como tudo quanto respeita ao sistema linguístico, é uma disposição de termos, um resultado fortuito e involuntário da evolução.

Eis um caso ainda mais notável. Em paleoeslavo *slovo*, "palavra", faz, no caso instrumental singular, *slovemъ*, no nominativo plural *slova*, no genitivo plural *slovъ* etc.; nessa declinação, cada caso tem sua desinência. Hoje, porém, as vogais "fracas" ь e ъ, representantes eslavas de ĭ e ŭ indo-europeus, desapareceram; daí em tcheco, por exemplo, *slovo*, *slovem*, *slova*, *slov*; do mesmo modo, *žena*, "mulher", acusativo singular *ženu*, nominativo plural *ženy*, genitivo plural *žen*. Aqui, o genitivo *(slov, žen)* tem expoente zero. Vê-se, pois, que um signo material não é necessário para reprimir uma ideia, a língua pode contentar-se com a oposição de alguma coisa com nada; neste caso, por exemplo, reconhece-se o genitivo plural *žen* simplesmente pelo fato de não ser *žena*, *ženu*, nem qualquer das outras formas. Parece estranho, à primeira vista, que uma ideia tão particular como a do genitivo plural tenha tomado o signo *zero*; mas é justamente a prova de que tudo provém de um puro acidente. A língua é um mecanismo que continua a funcionar, não obstante as deteriorações que lhe são causadas.

Tudo isso confirma os princípios já formulados e que resumimos como segue:

A língua é um sistema do qual todas as partes podem e devem ser consideradas em sua solidariedade sincrônica.

Como as alterações jamais são feitas no bloco do sistema, e sim num ou no outro de seus elementos, só podem ser estudadas fora do sistema. Sem dúvida, cada alteração tem sua repercussão no sistema; o fato inicial, porém, afetou um ponto apenas; não há nenhuma relação interna com as consequências que se podem derivar para o conjunto. Essa diferença de natureza entre termos sucessivos e termos coexistentes, entre fatos parciais e fatos referentes ao sistema, impede de fazer de uns e de outros a matéria de uma única ciência.

## § 4. A DIFERENÇA ENTRE AS DUAS ORDENS ILUSTRADA POR COMPARAÇÕES

Para mostrar simultaneamente a autonomia e interdependência do sincrônico e do diacrônico, pode-se comparar a primeira com a projeção de um corpo sobre um plano. Com efeito, toda projeção depende diretamente do corpo projetado e, contudo, dele difere, é uma coisa à parte. Sem isso, não haveria toda uma ciência das projeções; bastaria considerar os corpos em si mesmos. Em Linguística, existe a mesma relação entre a realidade histórica e um estado de língua, que é como a sua projeção num dado momento. Não é estudando os corpos, isto é, os acontecimentos diacrônicos, que se conhecerão os estados sincrônicos, do mesmo modo porque não se terá noção das projeções geométricas por ter-se estudado, ainda que de muito perto, as diversas espécies de corpos.

Assim também, se se cortar transversalmente o tronco de um vegetal, observar-se-á, na superfície da seção, um desenho mais ou menos complicado; não é outra coisa senão a perspectiva das fibras longitudinais, que poderão ser percebidas praticando-se uma seção perpendicular à primeira. Aqui também uma das perspectivas depende da outra: a seção longitudinal nos mostra as fibras que constituem a planta, e a seção transversal o seu agrupamento num plano particular; mas a segunda é diferente da primeira, pois permite verificar, entre as fibras, certas conexões que não se poderiam jamais distinguir num plano longitudinal.

Mas de todas as comparações que se poderiam imaginar, a mais demonstrativa é a que se estabeleceria entre o jogo da língua e uma partida de xadrez. De um lado e de outro, estamos em presença de um sistema de valores e assistimos às suas modificações. Uma partida de xadrez é como uma realização artificial daquilo que a língua nos apresenta sob forma natural.

Vejamo-la de mais perto.

Primeiramente, uma posição de jogo corresponde de perto a um estado da língua. O valor respectivo das peças depende da sua posição no tabuleiro, do mesmo modo que na língua cada termo tem seu valor pela oposição aos outros termos.

Em segundo lugar, o sistema nunca é mais que momentâneo; varia de uma posição a outra. É bem verdade que os valores dependem também, e sobretudo, de uma convenção imutável: a regra do jogo, que existe antes do início da partida e persiste após cada lance. Essa regra, admitida de uma vez por todas, existe também em matéria de língua; são os princípios constantes da Semiologia.

Finalmente, para passar de um equilíbrio a outro, ou – segundo nossa terminologia – de uma sincronia a outra, o deslocamento de uma peça é suficiente; não ocorre mudança geral. Temos aí o paralelo do fato diacrônico, com todas as suas particularidades. Com efeito:

a) Cada lance do jogo de xadrez movimenta apenas uma peça; do mesmo modo, na língua, as mudanças não se aplicam senão a elementos isolados.

b) Apesar disso, o lance repercute sobre todo o sistema; é impossível ao jogador prever com exatidão os limites desse efeito. As mudança de valores que disso resultem serão, conforme a ocorrência, nulas, muito graves ou de importância média. Tal lance pode transtornar a partida em seu conjunto e ter consequências mesmo para as peças fora de cogitação no momento. Acabamos de ver que ocorre o mesmo com a língua.

*c)* O deslocamento de uma peça é um fato absolutamente distinto do equilíbrio precedente e do equilíbrio subsequente. A troca realizada não pertence a nenhum dos dois estados: ora, os estados são a única coisa importante.

Numa partida de xadrez, qualquer posição dada tem como característica singular estar libertada de seus antecedentes; é totalmente indiferente que se tenha chegado a ela por um caminho ou outro; o que acompanhou toda a partida não tem a menor vantagem sobre o curioso que vem espiar o estado do jogo no momento crítico; para descrever a posição, é perfeitamente inútil recordar o que ocorreu dez segundos antes. Tudo isso se aplica igualmente à língua e consagra a distinção radical do diacrônico e do sincrônico. A fala só opera sobre um estado de língua, e as mudanças que ocorrem entre os estados não têm nestes nenhum lugar.

Existe apenas um ponto em que a comparação falha: o jogador de xadrez tem a *intenção* de executar o deslocamento e de exercer uma ação sobre o sistema, enquanto a língua não premedita nada; é espontânea e fortuitamente que suas peças se deslocam – ou melhor, se modificam; a metafonia de *Hände* por *hanti*, de *Gäste* por *gasti* (ver p. 125), produziu uma nova formação do plural, mas fez surgir também uma forma verbal como *trägt* por *tragit* etc. Para que a partida de xadrez se parecesse em tudo com a língua, seria mister imaginar um jogador inconsciente ou falto de inteligência. Além disso, essa única diferença torna a comparação ainda mais instrutiva, ao mostrar a absoluta necessidade de distinguir em Linguística as duas ordens de fenômenos. Pois se os fatos diacrônicos são irredutíveis ao sistema sincrônico que condicionam, quando a vontade preside a uma mudança dessa espécie, com maior razão sê-lo-ão quando põem uma força cega em luta com a organização de um sistema de signos.

CURSO DE LINGUÍSTICA GERAL

## § 5. AS DUAS LINGUÍSTICAS OPOSTAS EM SEUS MÉTODOS E EM SEUS PRINCÍPIOS

A oposição entre o diacrônico e o sincrônico se manifesta em todos os pontos.

Por exemplo – e para começar pelo fato mais evidente –, não tem importância igual. Nesse ponto, está claro que o aspecto sincrônico prevalece sobre o outro, pois, para a massa falante, ele constitui a verdadeira e única realidade (ver p. 123). Também a constitui para o linguista: se este se coloca na perspectiva diacrônica, não é mais a língua o que percebe, mas uma série de acontecimentos que a modificam. Costuma-se dizer que não há nada mais importante que conhecer a gênese de determinado estado; isso é verdade em certo sentido: as condições que formaram esse estado nos esclarecem acerca de sua verdadeira natureza e nos livram de certas ilusões (ver p. 126 s.); mas isso prova justamente que a diacronia não tem seu fim em si mesma. Pode-se dizer dela o que se disse do jornalismo: que leva a todas as partes, com a condição de que o abandonemos a tempo.

Os métodos de cada ordem diferem também, e de dois modos:

a)  A sincronia conhece somente uma perspectiva, a das pessoas que falam, e todo o seu método consiste em recolher-lhes o testemunho; para saber em que medida uma coisa é uma realidade, será necessário e suficiente averiguar em que medida ela existe para a consciência de tais pessoas. A Linguística diacrônica, pelo contrário, deve distinguir duas perspectivas: uma, *prospectiva*, que acompanhe o curso do tempo, e outra *retrospectiva*, que faça o mesmo em sentido contrário; daí um desdobramento do método, de que se tratará na quinta parte.

b)  Uma segunda diferença resulta dos limites do campo que abrange cada uma das duas disciplinas. O estudo sincrônico não tem por objeto tudo quanto seja simultâneo, mas somente o conjunto dos fatos correspondentes a cada língua; na medida em que tal for necessário, a separação irá até os dialetos e subdialetos. No fundo, o termo *sincrônico* não é bastante preciso; deveria ser substituído

132

PRINCÍPIOS GERAIS

pela designação – um pouco longa, na verdade – de *idiossincrônico*. Ao contrário, a Linguística diacrônica não somente não necessita de semelhante especialização, como também a repele; os termos que ela considera não pertencem forçosamente a uma mesma língua (comparem-se o indo-europeu *\*esti*, o grego *ésti*, o alemão *ist*, o francês *est*). É justamente a sucessão dos fatos diacrônicos e sua multiplicação espacial que cria a diversidade dos idiomas. Para justificar a aproximação de duas formas, é bastante que elas tenham entre si um vínculo histórico, por mais indireto que seja.

Essas oposições não são as mais surpreendentes nem as mais profundas: a antinomia radical entre o fato evolutivo e o fato estático tem por consequência fazer com que todas as noções relativas a um ou a outro sejam, na mesma medida, irredutíveis entre si. Não importa qual dessas noções possa servir para demonstrar tal verdade. Assim é que o "fenômeno" sincrônico nada tem em comum com o diacrônico (ver p. 127), um é uma relação entre elementos simultâneos, o outro, a substituição de um elemento por outro no tempo, um acontecimento. Veremos também, nas pp. 153-154, que as identidades sincrônicas e diacrônicas são duas coisas bastante diferentes: historicamente, a negação francesa *pas* é igual ao substantivo *pas*, "passo", enquanto considerados na língua de hoje, esses dois elementos são perfeitamente distintos. Tais verificações bastariam para fazer-nos compreender a necessidade de não confundir os dois pontos de vista; em parte alguma, porém, ela se manifesta mais evidentemente que na distinção que vamos fazer agora.

## § 6. LEI SINCRÔNICA E LEI DIACRÔNICA

Fala-se correntemente de leis em Linguística; mas os fatos da língua são realmente regidos por leis? E de que natureza podem ser elas? Sendo a língua uma instituição social, pode-se pensar *a priori* que ela esteja regulada por prescrições análogas às que regem as coletividades. Ora, toda lei social apresenta duas características fundamentais: é *imperativa* e é *geral*;

CURSO DE LINGUÍSTICA GERAL

impõe-se e se estende a todos os casos, dentro de certos limites de tempo e de lugar, bem entendido.

As leis da língua respondem a tal definição? Para sabê-lo, a primeira coisa a fazer, segundo o que se acabou de dizer, é separar uma vez mais as esferas do sincrônico e do diacrônico. Há dois problemas que não devemos confundir: falar de lei linguística em geral é querer abraçar um fantasma.

Eis alguns exemplos tomados ao grego e nos quais as "leis" das ditas ordens estão confundidas de propósito.

1. As sonoras aspiradas do indo-europeu se tornaram surdas aspiradas: *dhūmos → thūmós, "sopro de vida"; *bherō → pherō, "levo" etc.
2. O acento nunca vai além da antepenúltima sílaba.
3. Todas as palavras terminam por vogal ou por s, n, r, com exclusão de qualquer outra consoante.
4. O s inicial antes de vogal se transformou em h (espírito rude): *septm (latim septem) → heptá.
5. O m final se transformou em n: *jugom → zugón (cf. latim jugum)[3]
6. As oclusivas finais caíram: *gunaik → gúnai; *epheret → éphere; *epheront → épheron.

A primeira dessas leis é diacrônica: o que era dh se tornou th etc. A segunda exprime uma relação entre a unidade da palavra e o acento, uma espécie de contrato entre dois termos coexistentes: trata-se de uma lei sincrônica. O mesmo acontece com a terceira, pois diz respeito à unidade da palavra e ao seu fim. As leis 4, 5 e 6 são diacrônicas, o que era s se tornou h; o -n substituiu o m; -t, k desapareceram sem deixar vestígio.

Cumpre assinalar, além disso, que 3 é o resultado de 5 e 6: dois fatos diacrônicos criaram um fato sincrônico.

---

[3] Segundo Meillet (*Mém. de la Soc. de Ling.* IX, p. 365 e seguintes) e Gauthiot (*La fin de mot en indo européen*, p. 158 e seguintes), o indo-europeu conhecia somente -n final, não -m; se admitida essa teoria, será suficiente formular assim a lei 5: todo -n final indo-europeu se conservou em grego. Seu valor demonstrativo não será diminuído, pois o fenômeno fonético que contribui para a conservação de um estado antigo é da mesma natureza do que se traduz por uma mudança (ver p. 199) (org.).

## Princípios gerais

Uma vez separadas essas duas categorias de leis, ver-se-á que 2 e 3 não são da mesma natureza que 1, 4, 5 e 6.

A lei sincrônica é geral, mas não é imperativa. Sem dúvida, impõe-se aos indivíduos pela sujeição do uso coletivo (ver p. 114), mas não consideramos aqui uma obrigação relativa às pessoas que falam. Queremos dizer que, *na língua*, força alguma garante a manutenção da regularidade quando ela reina em algum ponto. Simples expressão de uma ordem vigente, a lei sincrônica comprova um estado de coisas; ela é da mesma natureza da que comprova que as árvores de um bosque estão dispostas em xadrez. E a ordem que ela define é precária, precisamente porque não é imperativa. Assim, não existe nada mais regular que a lei que rege o acento latino (lei exatamente comparável à 2); contudo, esse regime acentual não resistiu aos fatores de alteração e cedeu a uma nova lei, a do francês (ver p. 149 *s.*). Em resumo, se se fala de lei em sincronia, é no sentido de ordem, de princípio de regularidade.

A diacronia supõe, ao contrário, um fator dinâmico, pelo qual um efeito é produzido, uma coisa executada. Mas tal caráter imperativo não basta para que se aplique a noção de lei aos fatos evolutivos; não se fala de lei senão quando um conjunto de fatos obedece à mesma regra, e, malgrado certas aparências contrárias, os acontecimentos diacrônicos têm sempre caráter acidental e particular.

No tocante aos fatos semânticos, convencemo-nos imediatamente; se o francês *poutre*, "égua", tomou o significado de "peça de madeira, viga", isso se deveu a causas particulares e não depende de outras mudanças que se puderam produzir ao mesmo tempo; não foi mais que um acidente entre todos os que a história de uma língua registra.

No tocante às transformações sintáticas e morfológicas, a coisa não é tão clara à primeira vista. Em certa época, quase todas as formas do antigo caso sujeito desapareceram em francês; não há nisso um conjunto de fatos que obedecem à mesma lei? Não, pois todos não passam de manifestações múltiplas de um só e mesmo fato isolado. Foi a noção particular de caso sujeito que foi extinta e seu desaparecimento acarretou naturalmente o de toda uma série de formas. Para quem não veja senão o exterior da língua, o fenômeno único se perde na multidão de suas manifestações;

# Curso de Linguística Geral

mas o fenômeno mesmo é único em sua natureza profunda e constitui um acontecimento histórico tão isolado em sua ordem quanto a transformação semântica sofrida por *poutre*; só toma aparência de lei porque se realiza num sistema: é a disposição rigorosa deste que cria a ilusão de que o fato diacrônico obedece às mesmas condições que o sincrônico.

No tocante às transformações fonéticas, por fim, ocorre exatamente o mesmo, e por isso se fala correntemente em leis fonéticas. Verifica-se, com efeito, que a um dado momento, numa dada região, todas as palavras que apresentam uma mesma particularidade fônica são atingidas pela mesma transformação; assim, a lei 1 da página 134 (*\*dhūmos* → grego *thūmós)* abrange todas as palavras gregas que tinham uma sonora aspirada (cf. *\*nebhos* → *néphos*, *\*medhu* → *méthu*, *\*anghō* → *\*ánkhō* etc.); a regra 4 (*\*septm* → *heptá)* se aplica *a serpō* → *hérpo*, *\*sūs* → *hûs*, e a todas as palavras que se iniciam por *s*. Tal regularidade, que por vezes foi contestada, nos parece bem estabelecida; as exceções aparentes não atenuam a fatalidade das transformações dessa natureza, pois elas se explicam seja por leis fonéticas mais especiais (ver o exemplo de *tríkhes : thriksí*, p. 140), seja pela intervenção de fatos de outra ordem (analogia etc.). Nada parece, pois, responder melhor à definição dada da palavra lei. E, no entanto, seja qual for o número de casos em que uma lei fonética se verifica, todos os fatos que ela abrange são somente manifestações de um único fato particular.

A verdadeira questão está em saber se as transformações fonéticas atingem as palavras ou apenas os sons; a resposta não é duvidosa: em *néphos, methu, ánkhō* etc., existe um determinado fonema, uma sonora aspirada indo-europeia, que se transforma em surda aspirada; é o *s* inicial do grego primitivo que se transforma em *h* etc., e cada um desses fatos é isolado, independente de outros fenômenos da mesma ordem, independente também das palavras nas quais se produz[4]. Todas as palavras como

---

[4] Não é mister dizer que os exemplos aqui citados têm um caráter puramente esquemático: a Linguística atual se esforça, com razão, para reduzir séries tão vastas o quanto possível de mudanças fonéticas a um mesmo princípio inicial: é assim que Meillet explica todas as transformações das oclusivas gregas por um enfraquecimento progressivo de sua articulação (ver *Mém. de la Soc. de Ling.* IX, p. 163 e seguintes). É naturalmente a esses fatos gerais, onde ocorram, que se aplicam, em última análise, tais conclusões sobre o caráter das transformações fonéticas (org.).

PRINCÍPIOS GERAIS

tais se encontram naturalmente modificadas em sua matéria fonética, mas isso não nos deve iludir quanto à verdadeira natureza do fonema.

Em que nos baseamos para afirmar que as próprias palavras não entram diretamente em linha de conta nas transformações fonéticas? Na comprovação muito simples de que tais transformações lhes são estranhas, no fundo, e não podem atingi-las em sua essência. A unidade da palavra não é constituída apenas pelo conjunto de seus fonemas; depende de outras características além de sua qualidade material. Suponhamos que uma corda de piano esteja desafinada: todas as vezes em que a toquemos, ao executar uma peça, soará uma nota falsa; mas onde? Na melodia? Certamente que não; não é a melodia que foi afetada; somente o piano é que esteve avariado. Exatamente o mesmo sucede em Fonética. O sistema de nossos fonemas é o instrumento que manejamos para articular as palavras de uma língua; quando um desses elementos se modifica, as consequências poderão ser diversas, mas o fato em si não afeta as palavras, que são, por assim dizer, as melodias do nosso repertório.

Dessarte, os fatos diacrônicos são particulares; a modificação de um sistema se faz pela ação de acontecimentos que não apenas lhe são estranhos (ver p. 126), como também isolados, sem formar sistema entre si.

Em resumo: os fatos sincrônicos, quaisquer que sejam, apresentam certa regularidade, mas não têm nenhum caráter imperativo; os fatos diacrônicos, ao contrário, se impõem à língua, mas nada mais têm de geral.

Em uma palavra, e é aonde queríamos chegar, nem uns nem outros são regidos por leis no sentido definido anteriormente; se, apesar disso, se quiser falar de leis linguísticas, esse termo abrangerá significações inteiramente diferentes, conforme seja aplicado a coisas de uma ou de outra ordem.

## § 7. EXISTE UM PONTO DE VISTA PANCRÔNICO?

Até aqui consideramos a palavra lei no sentido jurídico. Mas haverá talvez, na língua, leis no sentido em que as entendem as ciências físicas e naturais, isto é, relações que se verificam em toda parte e sempre? Numa palavra, não se poderá estudar a língua do ponto de vista pancrônico?

CURSO DE LINGUÍSTICA GERAL

Sem dúvida. Assim, visto que se produziram e se produzirão sempre transformações fonéticas, pode-se considerar esse fenômeno em geral como um dos aspectos constantes da linguagem; é, pois, uma de suas leis. Em Linguística, como no jogo de xadrez (ver p. 130 *ss.)*, existem regras que sobrevivem a todos os acontecimentos. Trata-se, porém, de princípios gerais que existem independentemente dos fatos concretos; quando se fala de fatos particulares e tangíveis, já não há ponto de vista pancrônico. Dessarte, cada alteração fonética, seja qual for ademais a sua extensão, está limitada a um tempo e a um território determinados; nenhuma se efetua em todos os tempos e em todos os lugares: as transformações não existem senão diacronicamente. Esse é justamente um critério pelo qual se pode reconhecer o que é da língua e o que não é. Um fato concreto suscetível de uma explicação pancrônica não lhe poderia pertencer. Seja a palavra francesa *chose*, "coisa": do ponto de vista diacrônico, ela se opõe à palavra latina *causa*, da qual deriva; do ponto de vista sincrônico, se opõe a todos os termos que lhe podem estar associados em francês moderno. Somente os sons da palavra considerados em si mesmos (*šǫz)* dão lugar à observação pancrônica, mas não têm valor linguístico; e mesmo sob o aspecto pancrônico, *šoz*, considerada numa sequência como *ün šǫz admirablǝ,* a "une chose admirable", não é uma unidade, mas uma massa informe, não delimitada por nada; de fato, por que *šǫz,* e não *oza* ou *nšo?* Não é um valor porque não tem sentido. O ponto de vista pancrônico não alcança jamais os fatos particulares da língua.

## § 8. CONSEQUÊNCIAS DA CONFUSÃO ENTRE SINCRÔNICO E DIACRÔNICO

Dois casos podem apresentar-se:

a) A verdade sincrônica parece ser a negação da verdade diacrônica e, vendo as coisas superficialmente, parecerá a alguém que cumpre escolher entre as duas; de fato, não é necessário; uma das verdades não exclui a outra. Se *dépit* significou em francês "desprezo",

PRINCÍPIOS GERAIS

isso não impede que tenha hoje um significado de todo diferente; etimologia e valor sincrônico são coisas distintas. Do mesmo modo, a Gramática tradicional do francês moderno ensina que, em certos casos, o particípio presente é variável e concorda com um adjetivo (cf. "une eau *courante*"), e em outros é invariável (cf. "une personne *courant* dans la rue"). Mas a Gramática histórica nos mostra que não se trata de uma única e mesma forma: a primeira é a continuação do particípio latino (*currentem*), que é variável, enquanto a segunda provém do gerúndio ablativo invariável (*currendō*)[5]. A verdade sincrônica contradiz acaso a verdade diacrônica, e será mister condenar a Gramática tradicional em nome da Gramática histórica? Não, pois isso seria ver a realidade pela metade; não se deve pensar que somente o fato histórico importa e que basta para constituir uma língua. Sem dúvida, do ponto de vista das origens, há duas coisas no particípio *courant*; mas a consciência linguística as aproxima e não reconhece mais que uma: essa verdade é tão absoluta e incontestável quanto a outra.

*b)* A verdade sincrônica concorda de tal modo com a verdade diacrônica que se costuma confundi-las ou julgar supérfluo desdobrá-las. Assim, acredita-se explicar o sentido atual da palavra *père* dizendo que *pater* tinha o mesmo significado. Outro exemplo: o *a* breve latino em sílaba aberta não inicial se transformou em *i:* ao lado de *faciō* tem-se *conficiō*, ao lado de *amīcus* tem-se *inimīcus* etc. Formula-se amiúde a regra dizendo que o *a* de *faciō* se torna *i* em *conficiō* porque não está mais na primeira sílaba. Isso não é exato: jamais o *a* de *faciō* se "tornou" *i* em *conficiō*. Para restabelecer a verdade, é preciso distinguir duas épocas c quatro termos: disse-se inicialmente *faciō-confaciō*; depois, tendo *confaciō* se transformado em *conficiō* e subsistindo *faciō* sem modificação, pronunciou-se *faciō-conficiō*. Seja:

---

[5] Esta teoria, em geral admitida, foi recentemente combatida por E. Lerch (*Das invariable Participium praesenti*, Erlangen, 1913), mas cremos que sem êxito; não havia, pois, razão para suprimir um exemplo que, em todo o caso, conservava seu valor didático (org.).

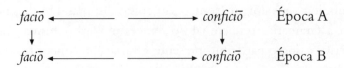

Se uma "transformação" ocorreu, foi entre *confaciō* e *conficiō*; ora, a regra, mal formulada, não mencionava sequer o primeiro termo! Depois, ao lado dessa transformação, naturalmente diacrônica, existe um segundo fato de todo distinto do primeiro e que concerne à oposição puramente sincrônica entre *faciō* e *conficiō*. Querer-se-á dizer que não se trata de um fato, mas de um resultado. Entretanto, é também um fato em sua ordem, e inclusive todos os fenômenos sincrônicos são dessa natureza. O que impede reconhecer o verdadeiro valor da oposição *faciō-conficiō* é que não é muito significativa. Mas considerem-se as duplas *Gast-Gäste, gebe-gibt* e ver-se-á que tais operações são, elas também, resultados fortuitos da evolução fonética, mas que não deixam de constituir, na ordem sincrônica, fenômenos gramaticais essenciais. Como essas duas ordens de fenômenos se acham em todas as partes estreitamente ligadas entre si, uma a condicionar a outra, acaba-se por acreditar que não vale a pena distingui-las; de fato, a Linguística as confundiu durante decênios sem perceber que seu método não era válido.

Tal erro se evidencia deveras em certos casos. Assim, para explicar o grego *phuktós*, poder-se-ia pensar que basta dizer: em grego, *g* ou *kg* se transformaram em *k* diante de consoantes surdas, exprimindo o fato por correspondências sincrônicas como: *phugeîn : phuktós, lékhos : léktron* etc. Tropeça-se, porém, em casos como *tríkhes : thriksí*, nos quais se verifica uma complicação: a "passagem" de *t* a *th*. As formas dessa palavra só se podem explicar historicamente, pela cronologia relativa. O tema primitivo \**thrikh*, seguido da desinência *-si*, deu *thriksí*, fenômeno bastante antigo, idêntico ao que produziu *léktron*, da raiz *lekh-*. Mais tarde, toda aspirada seguida de outra aspirada na mesma palavra se fez oclusiva, e \**thríkhes* se tornou *tríkhes*; *thriksí* escapava naturalmente a essa lei.

## § 9. CONCLUSÕES

Assim, a Linguística se acha aqui diante de sua segunda bifurcação. Foi necessário, primeiro, escolher entre a língua e a fala (ver p. 50); agora, estamos na encruzilhada dos caminhos que conduzem, um à diacronia, outro à sincronia.

Uma vez de posse desse duplo princípio de classificação, pode-se acrescentar que *tudo quanto seja diacrônico na língua não o é senão pela fala*. É na fala que se acha o germe de todas as modificações: cada uma delas é lançada, a princípio, por certo número de indivíduos, antes de entrar em uso. O alemão moderno diz: *ich war, wir waren*, enquanto o antigo alemão, do século XVI, conjugava: *ich was, wir waren* (o inglês diz ainda: *I was, we were)*. Como se efetuou essa substituição de *war* por *was?* Algumas pessoas, influenciadas por *waren*, criaram *war* por analogia; era um fato da fala; essa forma, frequentemente repetida e aceita pela comunidade, tornou-se um fato de língua. Mas todas as inovações da fala não têm o mesmo êxito e, enquanto permanecem individuais, não há por que levá-las em conta, pois o que estudamos é a língua; elas só entram em nosso campo de observação no momento em que a coletividade as acolhe.

Um fato de evolução é sempre precedido de um fato, ou melhor, de uma multidão de fatos similares na esfera da fala; isso em nada debilita a distinção estabelecida anteriormente; esta se acha inclusive confirmada, pois na história de toda inovação encontram-se sempre dois momentos distintos: 1º – aquele em que ela surge entre os indivíduos; 2º – aquele em que se tornou um fato de língua, exteriormente idêntico, mas adotado pela comunidade.

O esquema seguinte mostra a forma racional que deve assumir o estudo linguístico:

$$
\text{linguagem} \begin{cases} \text{língua} \begin{cases} \text{sincronia} \\ \\ \text{diacronia} \end{cases} \\ \text{fala} \end{cases}
$$

Cumpre reconhecer que a forma teórica e ideal de uma ciência nem sempre é a forma que lhe impõem as exigências da prática. Em Linguística, tais exigências são mais imperiosas que em outra parte; elas escusam, em certa medida, a confusão que reina atualmente nessas pesquisas. Mesmo que as distinções aqui estabelecidas fossem admitidas de uma vez por todas, não se poderia talvez impor, em nome desse ideal, uma orientação precisa às investigações.

Assim, no estudo sincrônico do antigo francês, o linguista trabalha com fatos e princípios que nada têm de comum com aqueles que o faria descobrir a história dessa mesma língua, do século XIII ao século XX; em compensação, eles são comparáveis àqueles que revelaria a descrição de uma língua banto atual, do grego ático do ano 400 a. C. ou, enfim, do francês de hoje. É que essas diversas exposições se baseiam em relações semelhantes; se cada idioma forma um sistema fechado, todos supõem certos princípios constantes, que encontramos ao passar de um para outro, porque permanecemos na mesma ordem. Coisa idêntica sucede com o estudo histórico: percorra-se um determinado período do francês (por exemplo, do século XII ao século XX), ou um período do javanês, ou de qualquer outra língua; em toda parte se opera com fatos similares, que bastaria aproximar para estabelecer as verdades gerais de ordem diacrônica. O ideal seria que cada estudioso se dedicasse a uma ou outra de tais pesquisas e abarcasse o maior número possível de fatos nessa ordem; é, porém, muito difícil dominar cientificamente línguas tão diferentes. Por outro lado, cada língua constitui praticamente uma unidade de estudo e nos obriga, pela força das coisas, a considerá-la ora estática ora historicamente. Apesar de tudo, não se deve esquecer que, em teoria, tal unidade é superficial, ao passo que a disparidade dos idiomas oculta uma unidade profunda. Ainda que no estudo de uma língua a observação se aplique ora a um aspecto ora a outro, é absolutamente necessário situar cada fato em sua esfera e não confundir os métodos.

As duas partes da Linguística, assim delimitada, vão-se tornar sucessivamente o objeto do nosso estudo.

A *Linguística sincrônica* se ocupará das relações lógicas e psicológicas que unem os termos coexistentes e que formam sistemas, tais como são percebidos pela consciência coletiva.

A *Linguística diacrônica* estudará, ao contrário, as relações que unem termos sucessivos não percebidos por uma mesma consciência coletiva e que se substituem uns aos outros sem formar sistema entre si.

# SEGUNDA PARTE
# LINGUÍSTICA SINCRÔNICA

CAPÍTULO I
# GENERALIDADES

O objeto da Linguística sincrônica geral é estabelecer os princípios fundamentais de todo sistema idiossincrônico, os fatores constitutivos de todo estado de língua. Muito do que foi exposto nas páginas precedentes pertence antes à sincronia; assim, as propriedades gerais do signo podem ser consideradas parte desta última, embora nos tenham servido para provar a necessidade de distinguir as duas Linguísticas.

À sincronia pertence tudo o que se chama "Gramática geral", pois é somente pelos estados de língua que se estabelecem as diferentes relações que incumbem à Gramática. No que se segue, vamos enfocar apenas alguns princípios essenciais, sem os quais não se poderiam abordar os problemas mais especiais da estática, nem explicar os pormenores de um estado de língua.

De modo geral, é muito mais difícil fazer a Linguística estática que a histórica. Os fatos de evolução são mais concretos; falam mais à imaginação; as relações que neles se observam se estabelecem entre termos sucessivos que são percebidos sem dificuldade; é cômodo e, com frequência, até divertido acompanhar uma série de transformações. Mas a Linguística que se ocupa de valores e relações coexistentes apresenta dificuldades bem maiores.

Na prática, um estado de língua não é um ponto, mas um espaço de tempo, mais ou menos longo, durante o qual a soma de modificações ocorridas é mínima. Pode ser de 10 anos, uma geração, um século e até mais. Uma língua mudará pouco durante um longo intervalo, para sofrer, em seguida, transformações consideráveis em alguns anos. De duas línguas coexistentes num mesmo período, uma pode evoluir muito e outra quase nada; neste último caso, o estudo será necessariamente sincrônico, no outro, diacrônico. Um estado absoluto se define pela ausência de transformações e pela maneira como, apesar de tudo, a língua se transforma, por pouco que seja. Estudar um estado de língua vem a ser, praticamente, desdenhar as transformações pouco importantes, do mesmo modo que os matemáticos desprezam as quantidades infinitesimais em certas operações, tal como no cálculo de logaritmos.

Na História política, distinguem-se a *época*, que é um ponto de tempo, e o *período*, que abarca certa duração. No entanto, o historiador fala da época dos Antoninos, da época das Cruzadas, quando considera um conjunto de caracteres que permaneceram constantes durante esse tempo. Poder-se-ia dizer também que a Linguística estática se ocupa de épocas; mas *estado* é preferível; o começo e o fim de uma época são geralmente marcados por alguma revolução mais ou menos brusca, que tende a modificar o estado de coisas estabelecido. A palavra estado evita fazer crer que ocorra algo semelhante na língua. Ademais, o termo época, justamente por ser tomado à História, faz pensar menos na língua em si que nas circunstâncias que a rodeiam e condicionam; em poucas palavras, evoca antes a ideia do que temos chamado de Linguística externa (ver p. 53).

Além disso, a limitação no tempo não é a única dificuldade que encontramos na definição de um estado de língua; o mesmo problema se coloca a propósito do espaço. Em suma, a noção de estado de língua não pode ser senão aproximativa. Em Linguística estática, como na maior parte das ciências, nenhuma demonstração é possível sem uma simplificação convencional dos dados.

CAPÍTULO II
# AS ENTIDADES CONCRETAS DA LÍNGUA

## § 1. ENTIDADES E UNIDADES. DEFINIÇÕES

Os signos de que a língua se compõe não são abstrações, mas objetos reais (ver pp. 46-47); é deles e de suas relações que a Linguística se ocupa; podem ser chamados *entidades concretas* dessa ciência.

Recordemos, inicialmente, dois princípios que dominam toda a questão:

1º – A entidade linguística só existe pela associação do significante e do significado (ver p. 106 *s.*); se se retiver apenas um desses elementos, ela se desvanece; em lugar de um objeto concreto, tem-se uma pura abstração. A todo momento, corre-se o perigo de não discernir senão uma parte da entidade, crendo-se abarcá-la em sua totalidade; é o que ocorreria, por exemplo, se se dividisse a cadeia falada em sílabas; a sílaba só tem valor em Fonologia. Uma sequência de sons só é Linguística quando é suporte de uma ideia; tomada em si mesma, não é mais que a matéria de um estudo fisiológico.

O mesmo ocorre com o significado se o separamos de seu significante. Conceitos como "casa", "branco", "ver" etc., considerados em si mesmos, pertencem à Psicologia; eles só se tornam entidades linguísticas

## Curso de Linguística Geral

pela associação com imagens acústicas; na língua, um conceito é uma qualidade da substância fônica, assim como uma sonoridade determinada é uma qualidade do conceito.

Comparou-se amiúde essa unidade de duas faces com a unidade da pessoa humana, composta de alma e corpo. A comparação é pouco satisfatória. Poder-se-ia pensar, com mais propriedade, numa composição química, a água por exemplo; é uma combinação de hidrogênio e de oxigênio; tomados separadamente, nenhum desses elementos tem as propriedades da água.

2º – A entidade linguística não está completamente determinada enquanto não esteja *delimitada*, separada de tudo o que a rodeia na cadeia fônica. São essas entidades delimitadas ou *unidades* que se opõem no mecanismo da língua.

À primeira vista, podemos ser tentados a equiparar os signos linguísticos aos signos visuais, que podem coexistir no espaço sem se confundir, e imagina-se que a separação dos elementos significativos pode ser feita do mesmo modo, sem necessidade de nenhuma operação do espírito. A palavra "forma", amiúde usada para designá-los (cf. as expressões "forma verbal", "forma nominal") contribui para nos manter nesse erro. Sabemos, porém, que a cadeia fônica tem, como caráter primário, ser linear (ver p. 110). Considerada em si própria, ela é apenas uma linha, uma tira contínua, na qual o ouvido não percebe nenhuma divisão suficiente e precisa; para isso, cumpre apelar para as significações. Quando ouvimos uma língua desconhecida, somos incapazes de dizer como a sequência de sons deve ser analisada; é que essa análise se torna impossível se se levar em conta somente o aspecto fônico do fenômeno linguístico. Mas quando sabemos que significado e que papel cumpre atribuir a cada parte da sequência, vemos então tais partes se desprenderem umas das outras e a fita amorfa partir-se em fragmentos; ora, essa análise nada tem de material.

Em resumo, a língua não se apresenta como um conjunto de signos delimitados de antemão, dos quais bastasse estudar as significações e a disposição; é uma massa indistinta na qual só a atenção e o hábito nos podem fazer encontrar os elementos particulares. A unidade não tem nenhum caráter fônico especial, e a única definição que se pode dar a ela é a seguinte: *uma porção de sonoridade que, com exclusão do que precede e do que segue na cadeia falada, é significante de um certo conceito.*

## § 2. MÉTODO DE DELIMITAÇÃO

Quem conheça uma língua delimita-lhe as unidades por um método bastante simples, pelo menos em teoria. Consiste ele em colocar-se a pessoa no plano da fala, tomada como documento da língua, e em representá-la por duas cadeias paralelas: a dos conceitos (*a*) e a das imagens acústicas (*b*).

Uma delimitação correta exige que as divisões estabelecidas na cadeia acústica (α, β, γ...) correspondam à cadeia dos conceitos (α', β', γ'...):

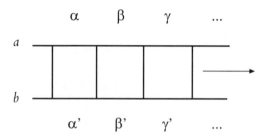

Seja em francês *sižlaprã:* poderei cortar essa sequência após *l* e tomar *sižl* como unidade? Não: basta considerar os conceitos para ver que essa divisão é falsa. A separação em sílabas *siž-la-prã* nada tem de linguístico, *a priori*. As únicas divisões possíveis são: 1º – *si-ž-la-prã* ("si je la prends") e 2º – *si-ž-l-aprã* ("si je l'apprends"), que são determinadas pelo sentido que se dê a essas palavras.

Para verificar o resultado dessa operação e certificar-se de que se trata de fato de uma unidade, é preciso que, ao comparar uma série de frases em que se encontre a mesma unidade, se possa, em cada caso, separá-la do resto do contexto, comprovando que o sentido autoriza a delimitação. Sejam os dois membros de frase: *lafǫrsdüvã* ("la force du vent") e *abudfǫrs* ("à bout de force"); num e no outro, o mesmo conceito coincide com a mesma porção fônica *fǫrs*; trata-se, pois, de uma unidade linguística. Mas em *ilməfǫrsaparle* ("il me force a parler"), *fǫrs* tem um sentido completamente diferente; constitui, portanto, outra unidade.

# § 3. DIFICULDADES PRÁTICAS DA DELIMITAÇÃO

Este método, tão simples em teoria, será de aplicação fácil? Sentimo-nos propensos a acreditá-lo, se partirmos da ideia de que as unidades a serem deslindadas são as palavras: pois que é uma frase senão uma combinação de palavras, e que existe mais fácil de perceber? Assim, para retomar o exemplo anterior, dir-se-á que a cadeia falada *sižlaprã* se divide em quatro unidades que a nossa análise permite delimitar e que são outras tantas palavras: *si-je-l'-apprends*. Entretanto, imediatamente nossa suspicácia desperta quando verificamos que muito se discutiu sobre a natureza das palavras e, refletindo um pouco, vê-se que o que se entende por isso é incompatível com a noção que temos de uma unidade concreta.

Para nos convencermos, basta pensar na palavra *cheval* ("cavalo") e em seu plural *chevaux*. Diz-se correntemente que são duas formas da mesma palavra; todavia, tomadas na sua totalidade, são duas coisas bem diferentes, tanto pelo sentido como pelos sons. Em *mwa*, "mês" ("le *mois de décembre*") e *mwaz* ("un *mois* après")[1] tem-se também a mesma palavra sob dois aspectos distintos, mas não há dúvida de que se trata de uma unidade concreta: o sentido é, em verdade, o mesmo, mas as porções de sonoridades são diferentes. Assim, quando queremos equiparar as unidades concretas a palavras, vemo-nos diante de um dilema: ou bem ignorar a relação, sem dúvida evidente, que une *cheval* a *chevaux*, *mwa* a *mwaz* etc., e dizer que são palavras diferentes; ou, em vez de unidades concretas, contentar-se com a abstração que reúne as diversas formas da mesma palavra. Deve-se procurar a unidade concreta fora da palavra. Além disso, muitas palavras são unidades complexas, nas quais é fácil distinguir subunidades (sufixos, prefixos, radicais); derivados como *desej-oso* e *desdit-oso* se dividem em partes distintas, cada uma das quais com um sentido e um papel evidentes. Inversamente, existem unidades maiores que as palavras: os compostos (*caneta-tinteiro*), as locuções (*por favor*), as formas de flexão (*tem sido*) etc. Essas unidades opõem-se à delimitação, porém, têm as mesmas dificuldades que as palavras propriamente ditas, e é dificílimo

---

[1] No segundo caso, *mois* é pronunciado com o *s* porque antecede vogal; no primeiro, o *s* não é pronunciado porque antecede consoante (N. dos T.).

desenredar, numa cadeia fônica, o jogo das unidades nela contidas e dizer sobre quais elementos concretos uma língua opera.

Sem dúvida, os falantes não conhecem essas dificuldades; tudo o que for significativo num grau qualquer aparece-lhes como um elemento concreto, e eles o distinguem infalivelmente no discurso. Mas uma coisa é sentir esse jogo rápido e delicado de unidades, outra coisa é dar-se conta dele por meio de uma análise metódica.

Uma teoria assaz difundida conclui que as únicas unidades concretas sejam as frases: só falamos por frases, e depois delas extraímos as palavras. Em primeiro lugar, porém, até que ponto pertence a frase à língua (ver pp. 171-172)? Se é coisa exclusiva da fala, não poderia nunca passar por unidade linguística. Admitamos, entretanto, que essa dificuldade seja afastada. Se nós representamos o conjunto de frases suscetíveis de serem pronunciadas, seu caráter mais surpreendente é o de não se assemelharem absolutamente entre si. À primeira vista, sentimo-nos tentados a equiparar a imensa diversidade de frases à diversidade não menor dos indivíduos que compõem uma espécie zoológica; mas trata-se de uma ilusão: nos animais da mesma espécie, os caracteres comuns são muito mais importantes que as diferenças que os separam; entre as frases, ao contrário, é a diversidade que domina, e tão logo se procure o que as une todas através dessa diversidade, deparamos, sem tê-la procurado, a palavra com seus caracteres gramaticais, e caímos nas mesmas dificuldades.

## § 4. CONCLUSÃO

Na maioria dos domínios que são objeto da Ciência, a questão das unidades sequer se esboça: são dadas de começo. Assim, em Zoologia, é o animal que se oferece desde o primeiro instante. A Astronomia opera também com unidades separadas no espaço: os astros; em Química, podem-se estudar a natureza e a composição do bicromato de potássio sem duvidar um só instante de que seja um objeto bem definido.

Quando uma ciência não apresenta unidades concretas imediatamente reconhecíveis, é porque elas não são essenciais. Em História, por

CURSO DE LINGUÍSTICA GERAL

exemplo, é o indivíduo, a época, a nação? Não se sabe, mas que importa? Pode-se fazer obra histórica sem ter elucidado esse ponto.

Mas assim como o jogo de xadrez está todo inteiro na combinação das diferentes peças, também a língua tem o caráter de um sistema baseado completamente na oposição de suas unidades concretas. Não podemos dispensar-nos de conhecê-las, nem dar um passo sem recorrer a elas; e, no entanto, sua delimitação é um problema tão delicado que nos perguntamos se elas, as unidades, existem de fato.

A língua apresenta, pois, esse caráter estranho e surpreendente de não oferecer entidades perceptíveis à primeira vista, sem que se possa duvidar, entretanto, de que existam e que é seu jogo que a constitui. Trata-se, sem dúvida, de um traço que a distingue de todas as outras instituições semiológicas.

CAPÍTULO III
# IDENTIDADES, REALIDADES, VALORES

A constatação que acabamos de fazer nos coloca diante de um problema tanto mais importante quanto, em Linguística estática, qualquer noção primordial depende diretamente da ideia que se faça da unidade, e se confunde inclusive com ela. É o que gostaríamos de mostrar, sucessivamente, a propósito das noções de identidade, de realidade e de valor sincrônico.

*A.* O que é uma *identidade* sincrônica? Não se trata, aqui, da identidade que une a negação francesa *pas* ao latim *passum*; tal identidade é de ordem diacrônica – será estudada em outra parte, p. 241 *s.*; e sim daquela identidade, não menos interessante, em virtude da qual declaramos que duas frases como "je ne sais *pas*" ("eu não sei") e "ne dites *pas* cela" ("não digas isso") contêm o mesmo elemento. Questão ociosa, dir-se-á; há identidade porque nas duas frases a mesma porção de sonoridade (*pas*) está investida da mesma significação. Mas essa explicação é insuficiente, porque, se a correspondência das porções fônicas e dos conceitos prova a identidade (ver anteriormente o exemplo "la *force* du vent": "à bout de *force*), a recíproca não é verdadeira: pode haver identidade sem tal correspondência. Quando, numa conferência, ouvimos repetir diversas vezes a palavra *Senhores!*, temos o sentimento de que se trata, toda vez,

CURSO DE LINGUÍSTICA GERAL

da mesma expressão, e, no entanto, as variações do volume de sopro e da entonação a apresentam, nas diversas passagens, com diferenças fônicas assaz apreciáveis – tão apreciáveis quanto as que servem, aliás, para distinguir palavras diferentes (cf. fr. *pomme*, "maçã", e *paume*, "palma", *goulte*, "gota", *e je goute*, "eu gosto", *fuir*, "fugir", e *fouir*, "cavar" etc.); ademais, esse sentimento de identidade persiste, se bem que do ponto de vista semântico não haja tampouco identidade absoluta entre um *Senhores!* e outro, da mesma maneira por que uma palavra pode exprimir ideias bastante diferentes sem que sua identidade fique seriamente comprometida (cf. "*adotar* uma moda" e "*adotar* uma criança", "a *flor* da macieira" e "a *flor* da nobreza" etc.).

O mecanismo linguístico gira todo ele sobre identidades e diferenças, não sendo estas mais que a contraparte daquelas. O problema das identidades se encontra, pois, em toda parte; mas, por outro lado, ele se confunde parcialmente com o das identidades e das unidades, do qual não passa de uma complicação, aliás fecunda. Esse caráter avulta bem na comparação de alguns fatos tomados de fora da linguagem. Assim, falamos de identidade a propósito de dois expressos "Genebra-Paris, 8h45 da noite", que partem com vinte e quatro horas de intervalo. Aos nossos olhos, é o mesmo expresso, e no entanto, provavelmente, locomotiva, vagões, pessoal, tudo é diferente. Ou então, quando uma rua é arrasada e depois reconstruída, dizemos que é a mesma rua, embora materialmente nada subsista da antiga. Por que se pode reconstruir uma rua de cima a baixo sem que ela deixe de ser a mesma rua? Porque a entidade que a constitui não é puramente material; funda-se em certas condições a que é estranha sua matéria ocasional, por exemplo sua situação relativamente às outras; de modo semelhante, o que faz o expresso é a hora de sua partida, seu itinerário e em geral todas as circunstâncias que o distinguem dos outros expressos. Sempre que se realizem as mesmas condições, obtêm-se as mesmas entidades. E, no entanto, estas não são abstratas, pois uma rua ou um expresso não se concebem fora de sua realização material.

Oponhamos aos casos precedentes, o caso – assaz diferente – de um traje que me tivesse sido roubado e que eu reencontro na loja de um adeleiro. Trata-se de uma entidade material, que reside unicamente na

Linguística sincrônica

substância inerte, o pano, o forro, os aviamentos etc. Outro traje, por parecido que seja ao primeiro, não será o meu. Mas a identidade linguística não é a do traje, é a do expresso e da rua. Cada vez que emprego a palavra *Senhores*, eu lhe renovo a matéria; é um novo ato fônico e um novo ato psicológico. O vínculo entre os dois empregos da mesma palavra não se baseia na identidade material nem na exata semelhança de sentido, mas em elementos que cumprirá investigar e que nos farão chegar bem perto da verdadeira natureza das unidades linguísticas.

B. O que é uma *realidade* sincrônica? Que elementos concretos ou abstratos da língua podem ser assim chamados?

Seja, por exemplo, a distinção entre as partes do discurso: em que repousa a classificação das palavras em substantivos, adjetivos etc.? Faz-se em nome de um princípio puramente lógico, extralinguístico, aplicado de fora à Gramática, como os graus de longitude e de latitude ao globo terrestre? Ou corresponde a algo que tenha seu lugar no sistema da língua e que seja condicionado por ela? Numa palavra, trata-se de uma realidade sincrônica? Esta segunda suposição parece provável, embora se possa defender a primeira. Será que, na frase francesa "ces gants sont *bon marché*" ("estas luvas são baratas") *bon marché* é um adjetivo? Logicamente, tem esse sentido, mas gramaticalmente isso é menos certo, porque *bon marché* não se comporta como um adjetivo (é invariável, não se coloca nunca diante de um substantivo etc.); além disso, compõe-se de duas palavras; ora, justamente a distinção das partes do discurso é que deve servir para classificar as palavras da língua; como pode um grupo de palavras ser atribuído a uma dessas partes? Mas, inversamente, não compreendemos bem a expressão quando dizemos que *bon* é um adjetivo e *marché* um substantivo. Temos, portanto, no caso, uma definição defeituosa ou incompleta; a distinção das palavras em substantivos, verbos, adjetivos etc. não é uma realidade linguística inegável.

Dessarte, a Linguística trabalha incessantemente com conceitos forjados pelos gramáticos, e sem saber se eles correspondem realmente a fatores constitutivos do sistema da língua. Mas como sabê-lo? E se forem fantasmas, que realidade opor-lhes?

CURSO DE LINGUÍSTICA GERAL

Para escapar às ilusões, devemos nos convencer, primeiramente, de que as entidades concretas da língua não se apresentam por si mesmas à nossa observação. Mas se procurarmos apreendê-las, tomaremos contato com o real; partindo daí, poder-se-ão elaborar todas as classificações de que tem necessidade a Linguística para ordenar os fatos de sua competência. Por outro lado, basear tais classificações sobre outra coisa que não sejam entidades concretas – dizer, por exemplo, que as partes do discurso são fatores da língua simplesmente porque correspondem a categorias lógicas – significa esquecer que não existem fatos linguísticos independentes de uma matéria fônica dividida em elementos significativos.

*C.* Por fim, todas as noções versadas não diferem essencialmente daquilo que chamamos de *valores*. Uma nova comparação com o jogo de xadrez no-lo fará compreender (ver p. 130 *s.*). Tomemos um cavalo; será por si só um elemento do jogo? Certamente que não, pois, na sua materialidade pura, fora de sua casa e das outras condições do jogo, não representa nada para o jogador e não se torna elemento real e concreto senão quando revestido de seu valor e fazendo corpo com ele. Suponhamos que, no decorrer de uma partida, essa peça venha a ser destruída ou extraviada: pode-se substituí-la por outra equivalente? Decerto: não somente um cavalo, mas uma figura desprovida de qualquer parecença com ele será declarada idêntica, contanto que se lhe atribua o mesmo valor. Vê-se, pois, que nos sistemas semiológicos, como a língua, nos quais os elementos se mantêm reciprocamente em equilíbrio de acordo com regras determinadas, a noção de identidade se confunde com a de valor, e vice-versa.

Eis por que, em definitivo, a noção de valor recobre as de unidade, de entidade concreta e de realidade. Mas se não existe nenhuma diferença fundamental entre esses diversos aspectos, segue-se que o problema pode ser formulado sucessivamente sob diversas formas. Procure-se determinar a unidade, a realidade, a entidade concreta ou o valor, e isso suscitará sempre a mesma questão central que domina toda a Linguística estática.

Do ponto de vista prático, seria interessante começar pelas unidades, determiná-las e dar-se conta de sua diversidade classificando-as. Cumpriria buscar em que se funda a divisão em palavras – pois a palavra, malgrado a dificuldade que se tem para defini-la, é uma unidade que se impõe ao espírito, algo central no mecanismo da língua; mas isso constitui um assunto que, por si só, bastaria para encher um volume. A seguir, ter-se-iam de classificar as subunidades, depois as unidades maiores etc. Com determinar dessa maneira os elementos que maneja, nossa ciência cumpriria integralmente sua tarefa, pois teria reduzido todos os fenômenos de sua competência ao seu princípio primeiro. Não se pode dizer que os linguistas se tenham jamais colocado diante desse problema central, nem que lhe tenham compreendido a importância e a dificuldade; em matéria de língua, contentaram-se sempre em operar com unidades mal definidas.

Todavia, malgrado a importância capital das unidades, seria preferível abordar o problema pelo aspecto do valor, que é, a nosso ver, seu aspecto primordial.

## CAPÍTULO IV
# O VALOR LINGUÍSTICO

## § 1. A LÍNGUA COMO PENSAMENTO ORGANIZADO NA MATÉRIA FÔNICA

Para compreender por que a língua não pode ser senão um sistema de valores puros, basta considerar os dois elementos que entram em jogo no seu funcionamento: as ideias e os sons.

Psicologicamente, abstração feita de sua expressão por meio das palavras, nosso pensamento não passa de uma massa amorfa e indistinta. Filósofos e linguistas sempre concordaram em reconhecer que, sem o recurso dos signos, seríamos incapazes de distinguir duas ideias de modo claro e constante. Tomado em si, o pensamento é como uma nebulosa em que nada está necessariamente delimitado. Não existem ideias preestabelecidas, e nada é distinto antes do aparecimento da língua.

Perante esse reino flutuante, ofereceriam os sons, por si sós, entidades circunscritas de antemão? Tampouco. A substância fônica não é mais fixa, nem mais rígida; não é um molde a cujas formas o pensamento deve necessariamente acomodar-se, mas uma matéria plástica que se divide, por sua vez, em partes distintas, para fornecer os significantes dos quais o pensamento tem necessidade. Podemos, então, representar o fato linguístico em seu conjunto, isto é, a língua, como uma série de subdivisões contíguas marcadas simultaneamente sobre o plano indefinido das ideias confusas (*A*) e sobre o plano não menos indeterminado dos sons (*B*); é o que se pode representar aproximadamente pelo esquema:

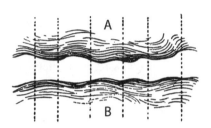

O papel característico da língua diante do pensamento não é criar um meio fônico material para a expressão das ideias, mas servir de intermediário entre o pensamento e o som, em condições tais que uma união conduza necessariamente a delimitações recíprocas de unidades. O pensamento, caótico por natureza, é forçado a precisar-se ao se decompor. Não há, pois, nem materialização de pensamento, nem espiritualização de sons; trata-se, antes, do fato, de certo modo misterioso, de o "pensamento-som" implicar divisões e de a língua elaborar suas unidades constituindo-se entre duas massas amorfas. Imaginemos o ar em contato com uma capa de água: se muda a pressão atmosférica, a superfície da água se decompõe numa série de divisões, vale dizer, de vagas; são essas ondulações que darão uma ideia da união e, por assim dizer, do acoplamento do pensamento com a matéria fônica.

Poder-se-ia chamar à língua o domínio das articulações, tomando essa palavra no sentido definido na p. 42: cada termo linguístico é um pequeno membro, um *articulus*, em que uma ideia se fixa num som e em que um som se torna o signo de uma ideia.

A língua é também comparável a uma folha de papel: o pensamento é o anverso e o som o verso; não se pode cortar um sem cortar, ao mesmo tempo, o outro; assim tampouco, na língua, se poderia isolar o som do pensamento, ou o pensamento do som; só se chegaria a isso por uma abstração cujo resultado seria fazer Psicologia pura ou Fonologia pura.

CURSO DE LINGUÍSTICA GERAL

A Linguística trabalha, pois, no terreno limítrofe em que os elementos das duas ordens se combinam; *essa combinação produz uma forma, não uma substância.*

Estas considerações fazem compreender melhor o que foi dito na p. 108 *s.* sobre o arbitrário do signo. Não só os dois domínios ligados pelo fato linguístico são confusos e amorfos, como a escolha que se decide por tal porção acústica para essa ideia é perfeitamente arbitrária. Se esse não fosse o caso, a noção de valor perderia algo de seu caráter, pois conteria um elemento imposto de fora. Mas, de fato, os valores continuam a ser inteiramente relativos, e eis por que o vínculo entre a ideia e o som é radicalmente arbitrário.

Por sua vez, a arbitrariedade do signo nos faz compreender melhor por que o fato social pode, por si só, criar um sistema linguístico. A coletividade é necessária para estabelecer os valores cuja única razão de ser está no uso e no consenso geral: o indivíduo, por si só, é incapaz de fixar um que seja.

Além disso, a ideia de valor, assim determinada, nos mostra que é uma grande ilusão considerar um termo simplesmente como a união de certo som com um certo conceito. Defini-lo assim seria isolá-lo do sistema do qual faz parte; seria acreditar que é possível começar pelos termos e construir o sistema fazendo a soma deles, quando, pelo contrário, cumpre partir da totalidade solidária para obter, por análise, os elementos que encerra. Para desenvolver essa tese, colocar-nos-emos sucessivamente no ponto de vista do significado ou conceito (§ 2), do significante (§ 3) e do signo total (§ 4).

Não podendo captar diretamente as entidades concretas ou unidades da língua, trabalharemos sobre as palavras. Estas, sem recobrir exatamente a definição da unidade linguística (ver p. 150), dão dela uma ideia pelo menos aproximada, que tem a vantagem de ser concreta; tomá-las-emos, pois, como espécimes equivalentes aos termos reais de um sistema sincrônico, e os princípios obtidos a propósito das palavras serão válidos para as entidades em geral.

## § 2. O VALOR LINGUÍSTICO CONSIDERADO EM SEU ASPECTO CONCEITUAL

Quando se fala do valor de uma palavra, pensa-se geralmente, e antes de tudo, na propriedade que tem de representar uma ideia, e nisso está, com efeito, um dos aspectos do valor linguístico. Mas se assim é, em que difere o valor do que se chama *significação*? Essas duas palavras serão sinônimas? Não o acreditamos, se bem que a confusão seja fácil, visto ser provocada menos pela analogia dos termos do que pela delicadeza da distinção que eles assinalam.

O valor, tomado em seu aspecto conceitual, constitui, sem dúvida, um elemento da significação, e é dificílimo saber como esta se distingue dele, apesar de estar sob sua dependência. É necessário, contudo, esclarecer essa questão, sob pena de reduzir a língua a uma simples nomenclatura (ver pp. 105-106).

Tomemos, inicialmente, a significação tal como se costuma representá-la e tal como nós a representamos na p. 107 *s*. Ela não é, como o indicam as flechas da figura, mais que a contraparte da imagem auditiva. Tudo se passa entre a imagem auditiva e o conceito, nos limites da palavra considerada um domínio fechado existente por si próprio.

Mas eis o aspecto paradoxal da questão: de um lado, o conceito nos aparece como a contraparte da imagem auditiva no interior do signo, e, de outro, esse mesmo signo, isto é, a relação que une seus dois elementos, é também, e de igual modo, a contraparte dos outros signos da língua.

Visto ser a língua um sistema em que todos os termos são solidários e o valor de um resulta somente da presença simultânea de outros, segundo o esquema:

CURSO DE LINGUÍSTICA GERAL

como acontece de o valor, assim definido, se confunda com a significação, vale dizer, com a contraparte da imagem auditiva? Parece impossível assimilar as relações aqui representadas pelas flechas horizontais com aquelas representadas mais anteriormente por flechas verticais. Dito de outro modo – para retomar a comparação da folha de papel que se corta (p. 159) – não vemos por que a relação observada entre diversas porções A, B, C, D etc. há de ser distinta da que existe entre o anverso e o verso de uma mesma porção, seja A/A', B/B' etc.

Para responder a essa pergunta, verifiquemos inicialmente que, mesmo fora da língua, todos os valores parecem estar regidos por esse princípio paradoxal. Eles são sempre constituídos:

1º – por uma coisa *dessemelhante*, suscetível de ser *trocada* por outra cujo valor resta determinar;

2º – por coisas *semelhantes* que se podem *comparar* com aquela cujo valor está em causa.

Esses dois fatores são necessários para a existência de um valor. Dessarte, para determinar o que vale a moeda de cinco francos, cumpre saber: 1º – que se pode trocá-la por uma quantidade determinada de uma coisa diferente, por exemplo, pão; 2º – que se pode compará-la com um valor semelhante do mesmo sistema, por exemplo uma moeda de um franco ou uma moeda de algum outro sistema (um dólar etc.). Do mesmo modo, uma palavra pode ser trocada por algo dessemelhante: uma ideia; além disso, pode ser comparada com algo da mesma natureza: outra palavra. Seu valor não estará então fixado, enquanto nos limitarmos a comprovar que pode ser "trocada" por este ou aquele conceito, isto é, que tem esta ou aquela significação; falta ainda compará-la com os valores semelhantes, com as palavras que se lhe podem opor. Seu conteúdo só é verdadeiramente determinado pelo concurso do que existe fora dela. Fazendo parte de um sistema, está revestida não só de uma significação, como também, e sobretudo, de um valor, e isso é coisa muito diferente.

Alguns exemplos mostrarão que é de fato assim. O português *carneiro* ou o francês *mouton* podem ter a mesma significação que o inglês *sheep*, mas não o mesmo valor, isso por várias razões, em particular porque, ao falar de uma porção de carne preparada e servida à mesa, o inglês diz *mutton*, e não *sheep*. A diferença de valor entre *sheep* e *mouton* ou *carneiro* se deve a que o primeiro tem a seu lado um segundo termo, o que não ocorre com a palavra francesa ou portuguesa.

No interior de uma mesma língua, todas as palavras que exprimem ideias vizinhas se limitam reciprocamente: sinônimos como *recear*, *temer*, *ter medo* só têm valor próprio pela oposição; se *recear* não existisse, todo seu conteúdo iria para os seus concorrentes. Inversamente, existem termos que se enriquecem pelo contato com outros; por exemplo, o elemento novo introduzido em *décrépit* ("un vieillard *décrépit*", ver p. 124 s.) resulta da coexistência de *décrépi* ("un mur *décrépi*"). Assim, o valor de qualquer termo que seja está determinado por aquilo que o rodeia; nem sequer da palavra que significa "sol" se pode fixar imediatamente o valor sem levar em conta o que lhe existe em redor; há línguas em que é impossível dizer "sentar-se ao *sol*".

O que se disse das palavras aplica-se a qualquer termo da língua, por exemplo às entidades gramaticais. Assim o valor de um plural português ou francês não corresponde ao de um plural sânscrito, mesmo que a significação seja muitas vezes idêntica: é que o sânscrito possui três números em lugar de dois (*meus olhos, minhas orelhas, meus braços, minhas pernas* etc. estariam no dual); seria inexato atribuir o mesmo valor ao plural em sânscrito e em português ou francês, pois o sânscrito não pode empregar o plural em todos os casos em que seria uma regra em português ou francês; seu valor, pois, depende do que está fora e ao redor dele.

Se as palavras estivessem encarregadas de representar os conceitos dados de antemão, cada uma delas teria, de uma língua para a outra, correspondentes exatos para o sentido; mas não ocorre assim. O francês diz indiferentemente *louer* (*une maison*) e o português *alugar* para significar dar ou tomar em aluguel, enquanto o alemão emprega dois termos, *mieten* e *vermieten*; não há, pois, correspondência exata de valores. Os verbos *schätzen* e *urteilen* apresentam um conjunto de significações que correspondem, *grosso modo*, às palavras francesas *estimer* e *juger* ("avaliar" e "julgar"); portanto, sob vários aspectos, essa correspondência falha.

A flexão oferece exemplos particularmente notáveis. A distinção dos tempos, que nos é tão familiar, é estranha a certas línguas; o hebraico não conhece sequer a distinção, tão fundamental, entre o passado, o presente e o futuro. O protogermânico não tem forma própria para o futuro; quando se diz que o exprime pelo presente, fala-se impropriamente, pois o valor de um presente não é o mesmo em germânico e nas línguas que têm um futuro a par do presente. As línguas eslavas distinguem regularmente dois aspectos do verbo: o perfectivo representa a ação na sua totalidade, como um ponto, fora de todo devir; o imperfectivo mostra a ação no seu desenvolvimento e na linha do tempo. Essas categorias apresentam dificuldade para um francês ou para um brasileiro, pois suas línguas as ignoram; se elas estivessem predeterminadas, não seria assim. Em todos esses casos, pois, surpreendemos, em lugar de *ideias* dadas de antemão, *valores* que emanam do sistema. Quando se diz que os valores correspondem a conceitos, subentende-se que são puramente diferenciais, definidos não positivamente por seu conteúdo, mas negativamente por suas relações com os outros termos do sistema. Sua característica mais exata é ser o que os outros não são.

Vê-se agora a interpretação real do esquema do signo. Assim:

quer dizer que em português um conceito "julgar" está unido à imagem acústica *julgar*; em poucas palavras, simboliza a significação; mas, bem entendido, esse conceito nada tem de inicial, não é senão um valor determinado por suas relações com outros valores semelhantes, e sem eles a significação não existiria. Quando afirmo simplesmente que uma palavra significa alguma coisa, quando me atenho à associação da imagem acústica com o conceito, faço uma operação que pode, em certa medida, ser exata e dar uma ideia da realidade; mas em nenhum caso exprime o fato linguístico na sua essência e na sua amplitude.

## § 3. O VALOR LINGUÍSTICO CONSIDERADO EM SEU ASPECTO MATERIAL

Se a parte conceitual do valor é constituída unicamente por relações e diferenças com os outros termos da língua, pode-se dizer o mesmo de sua parte material. O que importa na palavra não é o som em si, mas as diferenças fônicas que permitem distinguir essa palavra de todas as outras, pois são elas que levam à significação.

Isso surpreenderá, talvez; mas onde estaria, em verdade, a possibilidade do contrário? Já que não existe imagem vocal que responda melhor que outra àquilo que está incumbida de transmitir, é evidente, mesmo *a priori*, que jamais um fragmento de língua poderá basear-se, em última análise, em outra coisa que não seja sua não coincidência com o resto. *Arbitrário* e *diferencial* são duas qualidades correlativas.

A alteração dos signos linguísticos mostra bem essa correlação; é precisamente porque os termos *a* e *b* são radicalmente incapazes de chegar, como tais, até as regiões da consciência − a qual não percebe perpetuamente mais que a diferença *a/b* − que cada um dos termos fica livre de se modificar conforme leis estranhas à sua função significativa. O genitivo plural tcheco *žen* não é caracterizado por nenhum signo positivo (ver p. 128); todavia, o grupo de formas *žena : žen* funciona do mesmo modo que *žena : ženъ* que a precedeu; é que somente a diferença dos signos está em jogo; *žena* vale unicamente porque é diferente.

Eis um outro exemplo que faz ver melhor ainda o que há de sistemático nesse jogo de diferenças fônicas: em grego, *éphēm* é um imperfeito e *éstēn* um aoristo, embora estejam formados de modo idêntico; é que o primeiro pertence ao sistema do indicativo presente *phēmi*, "eu digo", enquanto não há presente *\*stēmi*; ora, é justamente a relação *phēmi-éphēn* que corresponde à relação entre o presente e o imperfeito (cf. *deíknūmi--edeíknūn*) etc. Esses signos atuam, pois, não por seu valor intrínseco, mas por sua posição relativa.

Ademais, é impossível que o som, elemento material, pertença por si à língua. Ele não é, para ela, mais que uma coisa secundária, matéria que põe em jogo. Todos os valores convencionais apresentam esse caráter

CURSO DE LINGUÍSTICA GERAL

de não se confundir com o elemento tangível que lhes serve de suporte. Assim, não é o metal da moeda que lhe fixa o valor; um escudo, que vale nominalmente cinco francos, contém apenas a metade dessa importância em prata; valerá mais ou menos com esta ou aquela efígie, mais ou menos aquém ou além de uma fronteira política. Isso é ainda mais verdadeiro no que diz respeito ao significante linguístico; em sua essência, este não é de modo algum fônico; é incorpóreo, constituído não por sua substância material, mas unicamente pelas diferenças que separam sua imagem acústica de todas as outras.

Esse princípio é tão essencial que se aplica a todos os elementos materiais da língua, inclusive aos fonemas. Cada idioma compõe suas palavras com base num sistema de elementos sonoros, cada um dos quais forma uma unidade claramente delimitada e cujo número está perfeitamente determinado. Mas o que os caracteriza não é, como se poderia crer, sua qualidade própria e positiva, mas simplesmente o fato de não se confundirem entre si. Os fonemas são, antes de tudo, entidades opositivas, relativas e negativas.

Prova-o a margem de ação de que gozam os falantes para a pronunciação, contanto que os sons continuem sendo distintos uns dos outros. Assim, em francês, o uso geral do *r* uvular (*grasseyé*) não impede que muitas pessoas usem o *r* ápico-alveolar (*roulé*); a língua não fica por isso prejudicada; ela não pede mais que a diferença e só exige, ao contrário do que se poderia imaginar, que o som tenha uma qualidade invariável. Posso até mesmo pronunciar o *r* francês como o *ch* alemão de *Bach*, *doch* etc., enquanto em alemão não poderia empregar o *ch* como *r*, pois essa língua reconhece os dois elementos e deve distingui-los. Do mesmo modo, em russo, não haveria margem para *t* ao lado de *t'* (*t* molhado), pois o resultado seria confundir dois sons diferenciados pela língua (cf. *govorit'*, "falar", e *govorit*, "ele fala"), mas em troca haverá uma liberdade maior do *th* (*t* aspirado), pois esse som não está previsto no sistema de fonemas do russo.

Como se comprova existir idêntico estado de coisas nesse outro sistema de signos que é a escrita, nós o tomaremos como termo de comparação para esclarecer toda a questão. De fato:

1º – os signos da escrita são arbitrários; nenhuma relação existe entre a letra *t* e o som que ela designa;

2º – o valor das letras é puramente negativo e diferencial; assim, a mesma pessoa pode escrever *t* com variantes como:

A única coisa essencial é que esse signo não se confunda em sua escrita com o do *l*, do *d* etc.;

3º – os valores da escrita só funcionam pela sua oposição recíproca dentro de um sistema definido, composto de um número determinado de letras. Esse caráter, sem ser idêntico ao segundo, está estreitamente ligado a ele, pois ambos dependem do primeiro. Como o signo gráfico é arbitrário, sua forma importa pouco, ou melhor, só tem importância dentro dos limites impostos pelo sistema;

4º – o meio de produção do signo é totalmente indiferente, pois não importa ao sistema (isso se deduz também da primeira característica). Quer eu escreva as letras em branco ou preto, em baixo ou alto relevo, com uma pena ou com um cinzel, isso não tem importância para a significação.

## § 4. O SIGNO CONSIDERADO NA SUA TOTALIDADE

Tudo o que precede equivale a dizer que *na língua só existem diferenças*. E mais ainda: uma diferença supõe em geral termos positivos entre os quais ela se estabelece; mas na língua há apenas diferenças *sem termos positivos*. Quer se considere o significado, quer o significante, a língua não comporta ideias nem sons preexistentes ao sistema linguístico, mas somente diferenças conceituais e diferenças fônicas resultantes desse sistema. O que haja de ideia ou de matéria fônica num signo importa menos

CURSO DE LINGUÍSTICA GERAL

do que o que existe ao redor dele nos outros signos. A prova disso é que o valor de um termo pode modificar-se sem que se lhe toque quer no sentido quer nos sons, unicamente pelo fato de um termo vizinho ter sofrido uma modificação (ver p. 163 s.).

Mas dizer que na língua tudo é negativo só é verdade em relação ao significante e ao significado tomados separadamente: desde que consideremos o signo em sua totalidade, achamo-nos perante uma coisa positiva em sua ordem. Um sistema linguístico é uma série de diferenças de sons combinadas com uma série de diferenças de ideias; mas essa confrontação de um certo número de signos acústicos com outras tantas divisões feitas na massa do pensamento engendra um sistema de valores; e é tal sistema que constitui o vínculo efetivo entre os elementos fônicos e psíquicos no interior de cada signo. Conquanto o significado e o significante sejam considerados, cada qual à parte, puramente diferenciais e negativos, sua combinação é um fato positivo; é mesmo a única espécie de fatos que a língua comporta, pois o próprio da instituição linguística é justamente manter o paralelismo entre essas duas ordens de diferenças.

Certos fatos diacrônicos são bastante característicos nesse aspecto: são inúmeros os casos em que a alteração do significante provoca a alteração da ideia e nos quais se vê que, em princípio, a soma das ideias distinguidas corresponde à soma dos signos distintivos. Quando dois termos se confundem por alteração fonética (por exemplo *décrépit* = *decrepitus* e *décrépi* de *crispus*), as ideias tenderão a confundir-se também, por pouco que se prestem a isso. Diferencia-se um termo (por exemplo, em francês *chaise* e *chaire*)? Infalivelmente, a diferença resultante tenderá a se fazer significativa, sem nem sempre consegui-lo na primeira tentativa. Inversamente, toda diferença ideal percebida pelo espírito busca exprimir-se por significantes distintos, e duas ideias que o espírito não mais distingue tendem a se confundir no mesmo significante.

Quando se comparam os signos entre si – termos positivos – não se pode mais falar de diferença; a expressão seria imprópria, pois só se aplica bem à comparação de duas imagens acústicas, por exemplo *pai* e *mãe*, ou de duas ideias, por exemplo a ideia de "pai" e a ideia de "mãe"; dois signos que comportam cada qual um significado e um significante não são

LINGUÍSTICA SINCRÔNICA

diferentes, são somente distintos. Entre eles existe apenas *oposição*. Todo o mecanismo da linguagem, que será tratado mais adiante, se funda em oposições desse gênero e nas diferenças fônicas e conceituais que implicam.

O que é verdadeiro do valor o é também da unidade (ver p. 156). É um fragmento da cadeia falada correspondente a certo conceito; um e outro são de natureza puramente diferencial.

Aplicado à unidade, o princípio de diferenciação pode ser assim formulado: *os caracteres da unidade se confundem com a própria unidade*. Na língua, como em todo sistema semiológico, o que distingue um signo é tudo o que o constitui. A diferença é o que faz a característica, como faz o valor e a unidade.

Outra consequência, bastante paradoxal, desse mesmo princípio: o que se chama comumente de um "fato de gramática" responde, em última análise, à definição de unidade, pois exprime sempre uma oposição de termos; só que tal oposição resulta particularmente significativa; por exemplo, a formação do plural alemão do tipo *Nacht : Nächte*. Cada um dos dois termos confrontados no fato gramatical (o singular sem metafonia e sem *e* final, oposto ao plural com metafonia e -*e*) está constituído por todo um jogo de oposições dentro do sistema; tomados isoladamente, nem *Nacht* nem *Nächte* são nada; logo, tudo é oposição. Dito de outro modo, pode-se expressar a relação *Nacht : Nächte* por uma fórmula algébrica $a/b$ em que $a$ e $b$ não são termos simples, mas resultam cada um de um conjunto de relações. A língua é, por assim dizer, uma álgebra que teria somente termos complexos. Entre as oposições que abarca, há algumas mais significativas que outras; mas unidade e "fato de gramática" são apenas nomes diferentes para designar aspectos diversos de um mesmo fato geral: o jogo das oposições linguísticas. Isso é tão certo que se poderia muito bem abordar o problema das unidades começando pelos fatos de gramática. Apresentando-se uma oposição como *Nacht : Nächte*, perguntaríamos quais são as unidades postas em jogo nessa oposição. São unicamente essas duas palavras ou toda a série de palavras análogas? Ou, então, *a* e *ä*? Ou todos os singulares e todos os plurais etc.?

Unidade e fato de gramática não se confundiriam se os signos linguísticos fossem constituídos por algo mais que diferenças. Mas sendo a

CURSO DE LINGUÍSTICA GERAL

língua o que é, de qualquer lado que a abordemos não lhe encontraremos nada de simples; em toda parte e sempre, esse mesmo equilíbrio de termos complexos que se condicionam reciprocamente. Dito de outro modo, *a língua é uma forma, e não uma substância* (ver p. 160). Nunca nos compenetraremos o bastante dessa verdade, pois todos os erros de nossa terminologia, todas as maneiras incorretas de designar as coisas da língua provêm da suposição involuntária de que haveria uma substância no fenômeno linguístico.

CAPÍTULO V
# RELAÇÕES SINTAGMÁTICAS E RELAÇÕES ASSOCIATIVAS

## § 1. DEFINIÇÕES

Assim, pois, num estado de língua, tudo se baseia em relações; como funcionam elas?

As relações e as diferenças entre termos linguísticos se desenvolvem em duas esferas distintas, cada uma das quais é geradora de certa ordem de valores; a oposição entre essas duas ordens faz compreender melhor a natureza de cada uma. Correspondem a duas formas de nossa atividade mental, ambas indispensáveis para a vida da língua.

De um lado, no discurso, os termos estabelecem entre si, em virtude de seu encadeamento, relações baseadas no caráter linear da língua, que exclui a possibilidade de pronunciar dois elementos ao mesmo tempo (ver p. 110). Estes se alinham um após o outro na cadeia da fala. Tais combinações, que se apoiam na extensão, podem ser chamadas de *sintagmas*[2]. O sintagma se compõe sempre de duas ou mais unidades consecutivas (por exemplo: *re-ler, contra todos; a vida humana; Deus é bom; se fizer bom*

---

[2] É quase inútil observar que o estudo dos *sintagmas* não se confunde com a *sintaxe*; como se verá adiante, p. 183 *ss.*, não é mais que uma parte desse estudo (org.).

CURSO DE LINGUÍSTICA GERAL

*tempo, sairemos* etc.). Colocado num sintagma, um termo só adquire seu valor porque se opõe ao que o precede ou ao que o segue, ou a ambos.

Por outro lado, fora do discurso, as palavras que oferecem algo de comum se associam na memória e assim se formam grupos dentro dos quais imperam relações muito diversas. Assim, a palavra francesa *enseignement* ou a portuguesa *ensino* fará surgir inconscientemente no espírito uma porção de outras palavras (*enseigner, renseigner* etc. ou então *armement, changement*, ou ainda *éducation, apprentissage*)[3]; por um lado ou por outro, todas têm algo de comum entre si.

Vê-se que essas coordenações são de uma espécie bem diferente das primeiras. Elas não têm por base a extensão; sua sede está no cérebro; elas fazem parte desse tesouro interior que constitui a língua de cada indivíduo. Chamá-las-emos *relações associativas*.

A relação sintagmática existe *in praesentia*; repousa em dois ou mais termos igualmente presentes numa série efetiva. Ao contrário, a relação associativa une termos *in absentia* numa série mnemônica virtual.

Desse duplo ponto de vista, uma unidade linguística é comparável a uma parte determinada de um edifício, uma coluna, por exemplo; a coluna se acha, de um lado, numa certa relação com a arquitrave que a sustém; essa disposição de duas unidades igualmente presentes no espaço faz pensar na relação sintagmática; de outro lado, se a coluna é de ordem dórica, ela evoca a comparação mental com outras ordens (jônica, coríntia etc.), que são elementos não presentes no espaço: a relação é associativa.

Cada uma dessas duas ordens de coordenação exige algumas observações particulares.

## § 2. AS RELAÇÕES SINTAGMÁTICAS

Nossos exemplos das páginas 171-172 dão já a entender que a noção de sintagma se aplica não só às palavras, mas aos grupos de palavras, às unidades complexas de toda dimensão e de toda espécie (palavras compostas, derivadas, membros de frase, frases inteiras).

---

[3] No caso da palavra portuguesa *ensino* ou *ensinamento*, as palavras associadas serão *ensinar*, e depois *armamento, desfiguramento* etc., e por fim *educação, aprendizagem* etc. (N. dos T.).

# LINGUÍSTICA SINCRÔNICA

Não basta considerar a relação que une entre si as diversas partes de um sintagma (por exemplo, *contra* e *todos* em *contra todos*, *contra* e *mestre* em *contramestre*); cumpre também levar em conta a que liga o todo com as diversas partes (por exemplo: *contra todos* oposto, de um lado, a *contra*, e de outro a *todos*, ou *contramestre* oposto, de um lado, a *contra* e de outro a *mestre*).

Poder-se-ia fazer aqui uma objeção. A frase é o tipo por excelência de sintagma. Mas ela pertence à fala, e não à língua (ver p. 45); não se segue que o sintagma pertence à fala? Não pensamos assim. É próprio da fala a liberdade das combinações; cumpre, pois, perguntar se todos os sintagmas são igualmente livres.

Há, primeiramente, um grande número de expressões que pertencem à língua; são as frases feitas, nas quais o uso proíbe qualquer modificação, mesmo quando seja possível distinguir, pela reflexão, as partes significativas (cf. francês: *à quoi bon? allons donc!* etc.)[4]. O mesmo, ainda que em menor grau, ocorre com expressões como *prendre la mouche, forcer la main à quelq'un, rompre une lance,* ou ainda: *avoir mal à (la tête), à force de (soins* etc.), *que vous ensemble? pas n'est besoin de...* etc.[5] cujo caráter usual depende das particularidades de sua significação ou de sua sintaxe. Esses torneios não podem ser improvisados; são fornecidos pela tradição. Podem-se também citar as palavras que, embora prestando-se perfeitamente à análise, se caracterizam por alguma anomalia morfológica mantida unicamente pela força de uso (cf. o francês *difficulté* em comparação com *facilite* etc.; *mourrai* em comparação com *dormirai* etc.)[6].

Mas isso não é tudo: cumpre atribuir à língua, e não à fala, todos os tipos de sintagmas construídos sobre formas regulares. Com efeito, como não existe nada de abstrato na língua, esses tipos só existem quando a língua registrou um número suficientemente grande de espécimes. Quando uma palavra como o fr. *indecorable* ou port. *indecorável* surge na fala (ver p. 224), supõe um tipo determinado e este, por sua vez, só é possível pela lembrança de um número suficiente de palavras semelhantes pertencentes à

---

[4]  Exemplos equivalentes em português seriam *de que adianta? com que então* etc. (N. dos T.).

[5]  Que corresponderiam, por exemplo, em português, a expressões como *estar de lua, forçar a mão, quebrar lanças* (em defesa de algo), *ter dó* (de alguém), *à força de* (cuidados etc.), *não se faz mister, dar de mão a* (alguma coisa) etc. (N. dos T.).

[6]  Exemplos equivalentes em português: *dificuldade* comparada com *facilidade, farei* e *poderei*. (N. dos T.).

CURSO DE LINGUÍSTICA GERAL

língua (*imperdoável, intolerável, infatigável* etc.). Sucede exatamente o mesmo com frases e grupos de palavras estabelecidos sobre padrões regulares; combinações como *a terra gira, que te disse* etc. respondem a tipos gerais, que têm, por sua vez, base na língua sob a forma de recordações concretas.

Cumpre reconhecer, porém, que no domínio do sintagma não há limite categórico entre o fato de língua, testemunho de uso coletivo, e o fato de fala, que depende da liberdade individual. Num grande número de casos, é difícil classificar uma combinação de unidades, porque ambos os fatores concorreram para produzi-la e em proporções impossíveis de determinar.

## § 3. AS RELAÇÕES ASSOCIATIVAS

Os grupos formados por associação mental não se limitam a aproximar os termos que apresentem algo em comum; o espírito capta também a natureza das relações que os unem em cada caso e cria com isso tantas séries associativas quantas relações diversas existam. Assim, em *enseignement, enseigner, enseignons* etc. (*ensino, ensinar, ensinemos*), há um elemento comum a todos os termos, o radical; todavia, a palavra *enseignement* (ou *ensino*) se pode achar implicada em uma série baseada em outro elemento comum, o sufixo (cf. *enseignement, armement, changement* etc.; *ensinamento, armamento, desfiguramento* etc.); a associação pode se fundar também apenas na analogia dos significados (*ensino, instrução, aprendizagem, educação* etc.) ou, pelo contrário, na simples comunidade das imagens acústicas (por exemplo enseigne*ment* e juste*ment*, ou ensina*mento* e *lento*)[7]. Por conseguinte, existe tanto comunidade du-

---

[7] Este último caso é raro e pode passar por anormal, pois o espírito descarta naturalmente as associações capazes de perturbar a inteligência do discurso; sua existência, porém, é provada por uma categoria inferior de jogos de palavras que se funda em confusões absurdas que podem resultar do homônimo puro e simples, como quando se diz em francês: "Les musiciens produisent les *sons* et les grainitiers les vendent" [ou, em português, "Os músicos produzem as *notas* e os perdulários as gastam"]. Cumpre distinguir esse caso daquele em que uma associação, embora fortuita, se pode apoiar numa aproximação de ideias (cf. francês *ergot : ergoter*, alemão *blau : durchbläuen*, "moer de pancadas"); trata-se, no caso, de uma interpretação nova de um dos termos do par; são casos de etimologia popular (ver p. 232); o fato é interessante para a evolução semântica, mas do ponto de vista sincrônico cai simplesmente na categoria *ensinar : ensino* mencionada (org.).

pla do sentido e da forma como comunidade de forma ou de sentido, somente. Uma palavra qualquer pode sempre evocar tudo quanto seja suscetível de ser-lhe associado de uma maneira ou de outra.

Enquanto um sintagma suscita em seguida a ideia de uma ordem de sucessão e de um número determinado de elementos, os termos de uma família associativa não se apresentam nem em número definido nem numa ordem determinada. Se associarmos *desej-oso, calor-oso, medr-oso* etc., ser-nos-á impossível dizer antecipadamente qual será o número de palavras sugeridas pela memória ou a ordem em que aparecerão. Um termo dado é como o centro de uma constelação, o ponto para onde convergem outros termos coordenados cuja soma é indefinida (ver a figura a seguir).

Entretanto, desses dois caracteres da série associativa, ordem indeterminada e número indefinido, somente o primeiro se verifica sempre; o segundo pode faltar. É o que acontece num tipo característico desse gênero de agrupamento, os paradigmas de flexão. Em latim, em *dominus, domini, domino* etc., temos certamente um grupo associativo formado por um elemento comum, o tema nominal *domin-*; a série, porém, não é indefinida como a de *enseignement, changement* etc.; o número desses casos é determinado, pelo contrário, sua sucessão não está ordenada especialmente, e é por um ato puramente arbitrário que o gramático os agrupa de uma maneira, e não de outra; para a consciência de quem fala, o nominativo não é absolutamente o primeiro caso da declinação, e os termos poderão surgir nesta ou naquela ordem, conforme a ocasião.

CAPÍTULO VI
# MECANISMO DA LÍNGUA

## § 1. AS SOLIDARIEDADES SINTAGMÁTICAS

O conjunto de diferenças fônicas e conceituais que constitui a língua resulta, pois, de duas espécies de comparações; as aproximações são ora associativas, ora sintagmáticas; os agrupamentos de uma e de outra espécie são, em grande medida, estabelecidos pela língua; é esse conjunto de relações usuais que a constitui e que lhe preside o funcionamento.

A primeira coisa que nos chama a atenção nessa organização são as suas *solidariedades sintagmáticas:* quase todas as unidades da língua dependem seja do que as rodeia na cadeia falada, seja das partes sucessivas de que elas próprias se compõem.

A formação de palavras é quanto basta para demonstrá-lo. Uma unidade como *desejoso* se decompõe em duas subunidades (*desej-oso*), mas não se trata de duas partes independentes simplesmente juntadas uma à outra (*desej + oso*). Trata-se de um produto, uma combinação de dois elementos solidários, que só têm valor pela sua ação recíproca numa unidade superior (*desej × oso*). O sufixo, considerado isoladamente, é inexistente; o que lhe confere seu lugar na língua é uma série de termos usuais tais como *calor--oso*, *duvid-oso* etc. Por sua vez, o radical não é autônomo; ele só existe pela combinação com um sufixo; no francês *roul-is*, o elemento *roul-* não é nada sem o sufixo que o segue[8]. O todo vale pelas suas partes, as partes valem também em virtude de seu lugar no todo, e eis por que a relação sintagmática da parte com o todo é tão importante quanto a das partes entre si.

Esse é um princípio geral, que se verifica em todos os tipos de sintagma enumerados anteriormente, na p. 172 *s.*; trata-se sempre de unidades mais vastas, compostas elas próprias de unidades mais restritas, umas e outras mantendo um relação de solidariedade recíproca.

A língua apresenta, em verdade, unidades independentes, sem relação sintagmática, quer com suas próprias partes, quer com outras unidades. Equivalentes de frases tais como *sim, não, obrigado* etc. são bons exemplos disso. Mas esse fato, de resto excepcional, não basta para comprometer o princípio geral. Via de regra, não falamos por signos isolados, mas por grupos de signos, por massas organizadas, que são elas próprias signos. Na língua, tudo se reduz a diferenças, mas tudo se reduz também a agrupamentos. Esse mecanismo, que consiste num jogo de termos sucessivos, se assemelha ao funcionamento de uma máquina cujas peças tenham todas uma ação recíproca, se bem que estejam dispostas numa só dimensão.

## § 2. FUNCIONAMENTO SIMULTÂNEO DE DUAS FORMAS DE AGRUPAMENTO

Entre os agrupamentos sintáticos assim constituídos, existe um vínculo de interdependência; eles se condicionam reciprocamente. Com efeito, a coordenação no espaço contribui para criar coordenações associativas, e estas, por sua vez, são necessárias para a análise das partes do sintagma.

Seja o composto *des-fazer*. Podemos representá-lo numa faixa horizontal que corresponde à cadeia falada:

---

[8] Na palavra portuguesa *bond-ade*, por exemplo, o elemento *bond* não significa nada sem o sufixo que o acompanha (N. dos T.).

Mas simultaneamente, e sobre outro eixo, existe no subconsciente uma ou mais séries associativas compreendendo unidades que têm um elemento comum com o sintagma, por exemplo:

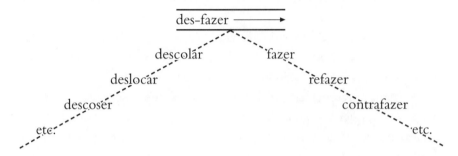

De igual maneira, se o latim *quadruplex* é um sintagma, é porque se apoia em duas séries associativas:

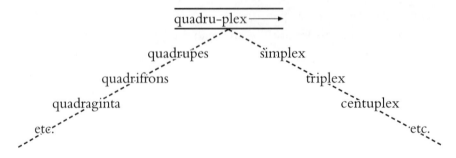

É na medida em que essas outras formas flutuam em derredor de *refazer* ou de *quadruplex* que essas duas palavras podem ser decompostas em subunidades ou, dito de outro modo, são sintagmas. Assim, *desfazer* não seria analisável se outras formas contendo *des* ou *fazer* desaparecessem da língua; não seria mais que uma unidade simples e suas duas partes não poderiam mais opor-se uma à outra.

De pronto compreendemos o jogo desse duplo sistema no discurso.

Nossa memória tem em reserva todos os tipos de sintagmas mais ou menos complexos, de qualquer espécie ou extensão que possam existir, e no momento de empregá-los fazemos intervir os grupos associativos para fixar nossa escolha. Quando alguém diz *vamos!*, pensa inconsciente-

## LINGUÍSTICA SINCRÔNICA

mente em diversos grupos de associação em cuja interseção se encontra o sintagma *vamos!* Este figura, por um lado, na série *vai! vão!*, e é a oposição de *vamos!* com essas formas que determina a escolha; por outro lado, *vamos!* evoca a série *subamos! comamos!* etc., em cujo interior é escolhida pelo mesmo procedimento; em cada série, sabemos o que é mister variar para obter a diferenciação própria da unidade buscada. Mude-se a ideia a exprimir, e outras oposições serão necessárias para fazer aparecer outro valor; diremos por exemplo *vão!* ou *subamos!*

Por conseguinte, não basta dizer, colocando-se num ponto de vista positivo, que se toma *vamos!* porque significa o que se quer exprimir. Na realidade, a ideia invoca não uma forma, mas todo um sistema latente, graças ao qual se obtêm as oposições necessárias à constituição do signo. Este não teria, por si só, nenhuma significação própria. O dia em que não houvesse mais *vai! vão!* em face de *vamos!* cairiam certas oposições e o valor de *vamos!* estaria mudado *ipso facto*.

Esse princípio se aplica aos sintagmas e às frases de todos os tipos, mesmo os mais complexos. No momento em que pronunciamos a frase "que *lhe* disse?" (a você), fazemos variar um elemento num tipo sintagmático latente, por exemplo "que *te* disse?" – "que *nos* disse" etc., e é por isso que nossa escolha se fixa no pronome *lhe*. Assim, nessa operação, que consiste em eliminar mentalmente tudo quanto não conduza à diferenciação requerida no ponto exigido, os agrupamentos associativos e os tipos sintagmáticos estão ambos em jogo.

Inversamente, esse procedimento de fixação e de escolha governa as mínimas unidades e até mesmo os elementos fonológicos, quando estão revestidos de um valor. Não pensamos somente em casos como o francês *pɔtit* (escrito "petite") em face de *pɔti* (escrito "petit"), ou o latim *dominī* em face de *dominō* etc., em que a diferença repousa, por acaso, num simples fonema, mas no fato mais característico e mais delicado de que um fonema desempenha por si só um papel no sistema de um estado de língua. Se, por exemplo, em grego *m*, *p*, *t* etc. não podem nunca figurar no fim de uma palavra, isso equivale a dizer que sua presença ou sua ausência em tal lugar conta na estrutura da palavra e na da frase. Ora, em todos os casos desse gênero, o som isolado, como todas as outras unidades, será escolhido ao cabo de uma oposição mental dupla: assim, no grupo imaginário *anma*, o som *m* está em oposição sintagmática com aqueles

CURSO DE LINGUÍSTICA GERAL

que o circundam e em oposição associativa com todos os que o espírito possa sugerir. Por exemplo:

*a n m a*

*v*

*d*

## § 3. O ARBITRÁRIO ABSOLUTO E O ARBITRÁRIO RELATIVO

O mecanismo da língua pode ser apresentado sob outro ângulo particularmente importante.

O princípio fundamental da arbitrariedade do signo não impede distinguir, em cada língua, o que é radicalmente arbitrário, vale dizer, imotivado, daquilo que só o é relativamente. Apenas uma parte dos signos é absolutamente arbitrária; em outras, intervém um fenômeno que permite reconhecer graus no arbitrário sem suprimi-lo: *o signo pode ser relativamente motivado*.

Assim, *vinte é* imotivado, mas *dezenove* não o é no mesmo grau, porque evoca os termos dos quais se compõe e outros que lhe estão associados, por exemplo, *dez, nove, vinte e nove, dezoito, setenta* etc.; tomados separadamente, *dez* e *nove* estão nas mesmas condições que *vinte*, mas *dezenove* apresenta um caso de motivação relativa. O mesmo acontece com *pereira*, que lembra a palavra simples *pera* e cujo sufixo *-eira* faz pensar em *cerejeira, macieira* etc.; nada de semelhante ocorre com *freixo, eucalipto* etc. Comparem-se ainda, em francês, *berger* ("pastor"), completamente imotivado, e *vacher* ("vaqueiro"), relativamente motivado; assim também os pares *geôle* e *cachot, hache* e *coupcret, concierge* e *portier, jadis* e *autrefois, souvent* e *fréquemment, aveugle* e *boiteux, sourd* e *bossu, second* e *deuxième*, alemão *Laub* e francês *feuillage*, francês *métier* e alemão *Handwerk*. O plural inglês *ships*, "barcos", lembra, por sua formação, toda a série *flags, birds, books* etc., ao passo que *men*, "homens", *sheep*, "carneiros", não lembra nada. Em grego, *dōsō*, "eu darei", exprime a ideia de futuro por um signo que desperta a associação de *lúsō, stésō, túpsō* etc., enquanto *eîmi*, "eu irei" está completamente isolado.

180

## LINGUÍSTICA SINCRÔNICA

Não é esta a ocasião de averiguar os fatores que condicionam, em cada caso, a motivação; mas esta é sempre tanto mais completa quanto a análise sintagmática seja mais fácil e o sentido das subunidades mais evidente. Com efeito, se existem elementos formativos transparentes, como *-eira* em *pereira*, em comparação com *cerej-eira*, *maci-eira* etc., outros há cuja significação é turva ou inteiramente nula; assim, até que ponto o sufixo *-ot* corresponde a um elemento de sentido em *cachot?* Relacionando palavras como fr. *coutelas*, *fatras*, *platras*, *canevas*, tem-se o vago sentimento de que *-as* é um elemento formativo próprio dos substantivos, sem que se possa defini-lo mais exatamente. Além disso, mesmo nos casos mais favoráveis, a motivação não é nunca absoluta. Não somente os elementos de um signo motivado são arbitrários (cf. *dez* e *nove* em *dezenove*), como também o valor do termo total jamais iguala a soma dos valores das partes; *per* × *eira* não é igual a *per* + *eira* (ver p. 176).

Quanto ao fenômeno em si, ele se explica pelos princípios enunciados no parágrafo precedente: a noção do relativamente motivado implica: 1º – a análise do termo dado, portanto, uma relação sintagmática; 2º – a evocação de um ou vários termos, portanto, uma relação associativa. Isso não é senão o mecanismo em virtude do qual um termo qualquer se presta à expressão de uma ideia. Até aqui, as unidades não nos apareceram como valores, vale dizer, como os elementos de um sistema, e nós as consideramos sobretudo nas suas oposições; agora reconhecemos as solidariedades que as vinculam; são de ordem associativa e de ordem sintagmática; são elas que limitam o arbitrário. *Dezenove* é associativamente solidário de *dezoito*, *dezessete* etc. e sintagmaticamente de seus elementos *dez* e *nove* (ver pp. 176-177). Essa dupla relação lhe confere uma parte de seu valor.

Tudo que se refira à língua enquanto sistema exige, a nosso ver, que a abordemos desse ponto de vista, de que pouco cuidam os linguistas: a limitação do arbitrário. É a melhor base possível. Com efeito, todo o sistema da língua repousa no princípio irracional da arbitrariedade do signo que, aplicado sem restrições, conduziria à complicação suprema; o espírito, porém, logra introduzir um princípio de ordem e de regularidade em certas partes da massa dos signos, e esse é o papel do relativamente motivado. Se o mecanismo da língua fosse inteiramente racional, poderíamos estudá-lo em si mesmo; mas como não passa de uma correção parcial

CURSO DE LINGUÍSTICA GERAL

de um sistema naturalmente caótico, adota-se o ponto de vista imposto pela natureza mesma da língua, estudando esse mecanismo como uma limitação do arbitrário.

Não existe língua em que nada seja motivado; quanto a conceber uma em que tudo o fosse, isso seria impossível por definição. Entre os dois limites extremos – mínimo de organização e mínimo de arbitrariedade –, encontram-se todas as variedades possíveis. Os diversos idiomas encerram sempre elementos das duas ordens – radicalmente arbitrários e relativamente motivados –, mas em proporções as mais variáveis, e isso constitui um caráter importante, que pode entrar em linha de conta na sua classificação.

Num certo sentido – que cumpre não extremar, mas que torna palpável uma das formas dessa oposição –, poder-se-ia dizer que as línguas em que a imotivação atinge o máximo são mais *lexicológicas*, e aquelas em que se reduz ao mínimo, mais *gramaticais*. Não que "léxico" e "arbitrário", de um lado, "gramática" e "motivação relativa", do outro, sejam sempre sinônimos; mas existe algo de comum no princípio. São como dois polos entre os quais se move todo o sistema, duas correntes em que se reparte o movimento da língua: a tendência a empregar o instrumento lexicológico, o signo imotivado e a preferência concedida ao instrumento gramatical, isto é, à regra de construção.

Ver-se-ia, por exemplo, que o inglês concede um lugar muito mais considerável ao imotivado que o alemão; mas o tipo do ultralexicológico é o chinês, ao passo que o indo-europeu e o sânscrito são espécimes do ultragramatical. No interior de uma mesma língua, todo o movimento da evolução pode ser assinalado por uma passagem contínua do motivado ao arbitrário e do arbitrário ao motivado; esse vaivém tem amiúde como resultado alterar sensivelmente as proporções dessas duas categorias de signos. Assim, o francês se caracteriza, em relação ao latim, entre outras coisas, por um enorme acréscimo do arbitrário: enquanto em latim *inimīcus* lembra *in-* e *amīcus* e se motiva por eles, em francês *ennemi* não se motiva por nada; ingressou no arbitrário absoluto, que é, aliás, a condição essencial do signo linguístico. Comprovaríamos tal mutação em centenas de exemplos: cf. *constāre* (*stāre*): fr. *coûter* (port. *custar*); *fábrica* (*faber*): fr. *forge* (port. *forja*); *magister* (*magis*): *maître* (port. *mestre*); *berbīcārius* (*berbix*): fr. *berger* etc. Essas transformações dão uma fisionomia toda peculiar ao francês.

CAPÍTULO VII
# A GRAMÁTICA E SUAS SUBDIVISÕES

## § 1. DEFINIÇÕES: DIVISÕES TRADICIONAIS

A Linguística estática ou descrição de um estado de língua pode ser chamada de *Gramática*, no sentido muito preciso e ademais usual que se encontra em expressões como "gramática do jogo de xadrez", "gramática da Bolsa" etc., em que se trata de um objeto complexo e sistemático, que põe em jogo valores coexistentes.

A Gramática estuda a língua como um sistema de meios de expressão; quem diz gramatical diz sincrônico e significativo, e como nenhum sistema está a cavaleiro de várias épocas ao mesmo tempo, não existe, para nós, "Gramática histórica"; aquilo a que se dá tal nome não é, na realidade, mais que a Linguística diacrônica.

Nossa definição não concorda com aquela, mais restrita, que dela se dá geralmente. É, com efeito, à *morfologia* e à *sintaxe* reunidas que se convencionou chamar de Gramática, ao passo que a *lexicologia* ou ciência das palavras foi dela excluída.

Mas, em primeiro lugar, tais divisões correspondem à realidade? Estão em harmonia com os princípios que acabamos de formular?

CURSO DE LINGUÍSTICA GERAL

A morfologia trata das diversas categorias de palavras (verbos, substantivos, adjetivos, pronomes etc.) e das diferentes formas de flexão (conjugação, declinação). Para separar esse estudo da sintaxe, alega-se que esta tem por objeto as funções próprias das unidades linguísticas, ao passo que a morfologia só se ocupa de sua forma; ela se contenta, por exemplo, com dizer que o genitivo do grego *phúlax*, "guardião", é *phúlakos*, e a sintaxe ensina o emprego dessas duas formas.

Tal distinção é, porém, ilusória: a série de formas do substantivo *phúlax* só se torna paradigma de flexão pela comparação das funções associativas às diferentes formas; reciprocamente, essas funções só se justificam na morfologia se cada uma delas corresponder a um signo fônico determinado. Uma declinação não é nem uma lista de formas nem uma série de abstrações lógicas, mas uma combinação dessas duas coisas (ver p. 147): formas e funções são solidárias, e é difícil, para não dizer impossível, separá-las. Linguisticamente, a morfologia não tem objeto real e autônomo; não pode constituir uma disciplina distinta da sintaxe.

Por outro lado, será lógico excluir a lexicologia da Gramática? À primeira vista, as palavras, tais como estão registradas no dicionário, não parecem dar ocasião ao estudo gramatical, que se limita geralmente às relações existentes entre as unidades. Mas logo em seguida verifica-se que grande número dessas relações pode ser expresso tão bem por palavras como por meios gramaticais. Assim, em latim *fīo* e *faciō* se opõem da mesma maneira que *dīcor* e *dīcō*, formas gramaticais de uma mesma palavra; em russo, a distinção do perfectivo e do imperfectivo se faz gramaticalmente em *sprosit'* : *sprášivat'*, "pedir", e lexicologicamente em *skazát'* : *govorit'*, "dizer". Atribuem-se geralmente as preposições à Gramática; no entanto, a locução preposicional *em consideração a* é essencialmente lexicológica, de vez que a palavra *consideração* nela figura com seu sentido próprio. Se se compara o grego *peítho* : *peithomai* com o port. *persuado* : *obedeço*, comprova-se que a oposição é expressa gramaticalmente no primeiro caso e lexicologicamente no segundo. Muitas relações expressas em certas línguas por casos ou preposições são expressas, em outras, por compostos, já mais próximos das palavras propriamente ditas (port. *reino dos Céus* e alem. *Himmerleich*), ou por derivados (port. *moinho de vento* e polonês *wiatr-ak*), ou, finalmente, por palavras simples (fr. *bois de chau-ffage* e russo *drová*, fr. *bois de construction* e russo *lyês*). A alternância de palavras simples e de locuções compostas, no interior de uma mesma língua (cf. *considerar* e *tomar em consideração, vingar-se* e *tomar vingança de*), é igualmente muito frequente.

Vê-se, portanto, que do ponto de vista da função, o fato lexicológico pode confundir-se com o fato sintático. Por outro lado, toda palavra que não seja uma unidade simples e irredutível não se distingue essencialmente de um membro de frase, de um fato de sintaxe; a disposição das subunidades que a compõem obedece aos mesmos princípios fundamentais que a formação dos grupos de palavras.

Em resumo, as divisões tradicionais da Gramática podem ter sua utilidade prática, mas não correspondem a distinções naturais e não estão unidas por nenhum vínculo lógico. A Gramática só se pode edificar sobre um princípio diferente e superior.


## § 2. DIVISÕES RACIONAIS

A interpenetração da morfologia, da sintaxe e da lexicologia se explica pela natureza, no fundo idêntica, de todos os fatos de sincronia. Não pode haver entre eles nenhum limite traçado de antemão. Somente a distinção estabelecida entre as relações sintagmáticas e as relações associativas sugere um modo de classificação que se impõe por si mesmo, o único que se pode pôr como base do sistema gramatical.

Tudo o que compõe um estado de língua pode ser reduzido a uma teoria dos sintagmas e a uma teoria das associações. Primeiramente, certas partes da Gramática tradicional parecem agrupar-se sem esforço em uma ou outra dessas ordens: a flexão é evidentemente uma forma típica da associação das formas no espírito do falante; por outro lado, a sintaxe, vale dizer, segundo a definição mais corrente, a teoria dos agrupamentos de palavras, entra na sintagmática, pois esses agrupamentos supõem sempre pelo menos duas unidades distribuídas no espaço. Nem todos os fatos da sintagmática se classificam na sintaxe, mas todos os fatos de sintaxe pertencem à sintagmática.

# CURSO DE LINGUÍSTICA GERAL

Qualquer ponto de Gramática mostraria a importância de estudar cada questão desse duplo ponto de vista. Assim, a noção de palavra coloca dois problemas distintos, segundo a consideremos associativamente ou sintagmaticamente; o adjetivo fr. *grand* oferece, no sintagma, uma dualidade de formas (*grã garsõ*, "*grand garçon*", e *grãt ãfã*, "*grand enfant*"), e associativamente outra dualidade (masc. *grã*, "*grand*", fem. *grãd*, "grande").

Seria necessário poder reduzir dessa maneira cada fato à sua ordem, sintagmática ou associativa, e coordenar toda a matéria da Gramática sobre esses dois eixos naturais; somente essa repartição mostraria o que cumpre mudar nos quadros usuais da Linguística sincrônica. Semelhante tarefa não pode evidentemente ser levada a cabo aqui, onde nos limitamos a propor os princípios mais gerais.

CAPÍTULO VIII
# PAPEL DAS ENTIDADES ABSTRATAS EM GRAMÁTICA

Há um tema importante que ainda não foi tocado e que mostra justamente a necessidade de examinar toda a questão gramatical dos dois pontos de vista distinguidos. Trata-se das entidades abstratas em Gramática. Consideremo-las primeiramente sob o aspecto associativo.

Associar duas formas não é somente sentir que elas oferecem algo de comum; é também distinguir a natureza das relações que regem as associações. Assim, as pessoas têm consciência de que a relação que une *ensinar* a *ensinamento* ou *julgar* a *julgamento* não é a mesma que a que vem entre *ensinamento* e *julgamento* (ver. pp. 173-174 s.). É por aí que o sistema das associações se relaciona com o da Gramática. Pode-se dizer que a soma das classificações conscientes e metódicas feita pelo gramático que estuda um estado de língua sem fazer intervir a história deve coincidir com a soma das associações, conscientes ou não, postas em jogo na fala. São elas que fixam em nosso espírito as famílias de palavras, os paradigmas de flexão, os elementos formativos: radicais, sufixos, desinências etc. (ver p. 244 s.).

Mas a associação delimita tão somente elementos materiais? Não, sem dúvida; já sabemos que ela aproxima palavras ligadas apenas pelo sentido (cf. *ensinamento, aprendizagem, educação* etc.); o mesmo deve

# Curso de Linguística Geral

acontecer em Gramática: sejam os três genitivos latinos: *domin-ī*, *rēg-is*, *ros-ārum*; os sons das três desinências não oferecem nenhuma analogia que dê lugar à associação; mas elas estão, no entanto, associadas pelo sentimento de um valor comum que dita um emprego idêntico; isso basta para criar a associação na ausência de todo suporte material, e é assim que a noção de genitivo em si adquire um lugar na língua. É por via de um procedimento muito semelhante que as desinências de flexão *-us -ī -ō* etc. (*dominus, dominī, dominō* etc.) estão unidas na consciência e despertam as noções mais gerais de caso e de desinência casual. Associações da mesma ordem, mas mais amplas ainda, ligam todos os substantivos, todos os adjetivos etc., e fixam a noção das partes do discurso.

Todas essas coisas existem na língua, mas a título de *entidades abstratas*; seu estudo é difícil porque não se pode saber exatamente se a consciência das pessoas que falam vai sempre tão longe quanto as análises do gramático. O essencial, porém, é que *as entidades abstratas repousam sempre, em última análise, em entidades concretas*. Nenhuma análise gramatical é possível sem uma série de elementos materiais que lhe sirvam de substrato, e é sempre a esses elementos que cumpre voltar, no fim de contas.

Coloquemo-nos agora no ponto de vista sintagmático. O valor de um grupo está amiúde ligado à ordem de seus elementos. Analisando um sintagma, o falante não se limita a distinguir-lhe as partes; observa também entre elas certa ordem de sucessão. O sentido do português *desej-oso* ou do latim *signi-fer* depende do lugar respectivo das subunidades: não se poderia dizer *oso-desejo* ou *fer-signum*. Um valor pode, inclusive, não ter qualquer relação num elemento concreto (como *-oso* ou *-fer*) e resultar apenas da ordenação dos termos; se, por exemplo, em francês os dois grupos *je dois* e *dois-je* têm significações diferentes ("eu devo" e "devo eu?"), isso não se deve senão à ordem das palavras. Uma língua exprime às vezes, pela sucessão dos termos, uma ideia que outra exprimirá por um ou diversos termos concretos; o inglês, no tipo sintagmático *gooseberry wine*, "vinho de groselhas", *gold watch*, "relógio de ouro" etc. exprime pela ordem pura e simples dos termos relações que o francês ou o português moderno assinalam por preposições; por sua vez, o francês moderno expressa a noção de complemento direto unicamente pela posição do

LINGUÍSTICA SINCRÔNICA

substantivo após o verbo transitivo (cf. *je cueille une fleur*, "eu colho uma flor"), ao passo que o latim e outras línguas o fazem pelo emprego do acusativo, caracterizado por desinências especiais etc.

Todavia, se a ordem das palavras é incontestavelmente uma entidade abstrata, não é menos verdadeiro que deve sua existência tão somente às unidades concretas que a contêm e que correm numa só dimensão. Seria errôneo crer que há uma sintaxe incorporal fora dessas unidades materiais distribuídas no espaço. Em inglês, *the man I have seen* ("o homem que vi") nos mostra um tipo de sintaxe que parece representada por zero, ao passo que o francês ou o português o exprimem por *que*. Mas é justamente a comparação com a sintaxe francesa ou portuguesa que produz essa ilusão de que o nada possa exprimir algo; em realidade, as unidades materiais, alinhadas numa certa ordem, criam por si sós esse valor. Fora de uma soma de termos concretos, seria impossível raciocinar acerca de um caso de sintaxe. Ademais, pelo simples fato de que se compreenda um complexo linguístico (por exemplo, as palavras inglesas citadas), tal sequência de termos constitui a expressão adequada do pensamento.

Uma unidade material existe somente pelo sentido, pela função de que se reveste; esse princípio é particularmente importante para o conhecimento das unidades restritas, porque nos sentimos inclinados a crer que existam em virtude de sua pura materialidade; por exemplo, que *amar* deve sua existência unicamente aos sons que o compõem. Inversamente – como se acaba de ver –, um sentido, uma função só existem pelo suporte de alguma forma material; se formulamos esse princípio a propósito de sintagmas mais extensos ou tipos sintáticos, foi porque é-se induzido a ver neles abstrações imateriais planando acima dos termos da frase. Esses dois princípios, com se completar, concordam com nossas afirmações relativas à delimitação das unidades (ver p. 148).

TERCEIRA PARTE
# LINGUÍSTICA DIACRÔNICA

CAPÍTULO I
# GENERALIDADES

A Linguística diacrônica estuda não mais as relações entre os termos coexistentes de um estado de língua, mas entre termos sucessivos que se substituem uns aos outros no tempo.

Com efeito, a imobilidade absoluta não existe (ver p. 116 s.); todas as partes da língua estão submetidas à mudança; a cada período corresponde uma evolução mais ou menos considerável. Esta pode variar de rapidez e de intensidade sem que o princípio mesmo seja enfraquecido; o rio da língua corre sem interrupção; que seu curso seja tranquilo ou caudaloso é consideração secundária.

É bem verdade que essa evolução ininterrupta é-nos amiúde encoberta pela atenção concedida à língua literária; esta, como se verá na p. 258 s., se superpõe à língua vulgar, vale dizer, à língua natural, e está submetida a outras condições de existência. Uma vez formada, permanece em geral bastante estável, e tende a permanecer idêntica a si própria; sua dependência da escrita lhe assegura garantias especiais de conservação. Não é ela, portanto, que nos pode mostrar até que ponto são variáveis as línguas naturais desligadas de toda regulamentação literária.

A Fonética, e toda a Fonética, constitui o primeiro objeto da Linguística diacrônica; com efeito, a evolução dos sons é incompatível com

## Curso de Linguística Geral

a noção de estado; comparar fonemas ou grupos de fonemas com o que foram anteriormente equivale a estabelecer uma diacronia. A época antecedente pode ser mais ou menos próxima; mas quando uma e outra se confundem, a Fonética deixa de intervir; só resta a descrição dos sons de um estado de língua, e compete à Fonologia levá-la a cabo.

O caráter diacrônico da Fonética concorda, muito bem, com o princípio de que nada do que seja fonético é significativo ou gramatical, no sentido lato do termo (ver pp. 50-51). Para fazer a história dos sons de uma palavra, pode-se ignorar-lhe o sentido, considerando-lhe apenas o invólucro material, e cortar frações fônicas sem perguntar se elas têm significação; investigar-se-á, por exemplo, o que aconteceu em grego ático com o grupo -*ewo*-, que não significa nada. Se a evolução de uma língua se reduzisse à dos sons, a oposição dos objetos próprios às duas partes da Linguística seria de pronto evidente; ver-se-ia claramente que diacrônico equivale a não gramatical, assim como sincrônico a gramatical.

Mas não existirão sons que se transformem com o tempo? As palavras mudam de significação, as categorias gramaticais evoluem; veem-se algumas desaparecer com as formas que serviam para exprimi-las (por exemplo, o dual em latim). E se todos os fatos de sincronia associativa e sintagmática tem sua história, como manter a distinção absoluta entre diacronia e sincronia? Isso se torna muito difícil desde que se saia da Fonética pura.

Assinalemos, todavia, que muitas mudanças tidas por gramaticais se resolvem em mudanças fonéticas. A criação do tipo gramatical do alemão *Hand* : *Hände*, que substitui *hant* : *hanti* (ver p. 125), explica-se inteiramente por um fato fonético. É outrossim um fato fonético que está na base do tipo de compostos *Springbrunnen*, *Reitschule* etc.; em antigo alto alemão, o primeiro elemento não era verbal, mas substantivo; *beta-hūs* queria dizer "casa de oração"; entretanto, como a vogal final caiu foneticamente (*beta* → *bet*- etc.), estabeleceu-se um contato semântico com o verbo (*beten* etc.) e *Bethaus* acabou por significar "casa para orar".

Algo muito parecido se produziu nos compostos que o antigo germânico formava com a palavra *lich*, "aparência exterior" (cf. *mannolich*, "que tem a aparência de um homem", *redolich*, "que tem a aparência da razão"). Hoje, num grande número de adjetivos (cf. *verzseihlich*, *glaublich* etc.), *-lich* se tornou um sufixo comparável ao de *perdo-ável*, *inacredit-ável* etc., e, ao mesmo tempo, a interpretação do primeiro elemento mudou; não se percebe mais um substantivo, mas uma raiz verbal; é que, num certo número de casos, pela queda da vogal final do primeiro elemento (por exemplo, *redo* → *red-*) este foi assimilado a uma raiz verbal (*red-* de *reden*).

Assim, em *glaublich*, *glaub-* é aproximado mais de *glauben* que de *Glaube* e, malgrado a diferença do radical, *sichtlich* é associado a *sehen*, e não mais a *Sicht*.

Em todos esses casos, e em muitos outros semelhantes, a distinção das duas ordens continua a ser clara; cumpre-nos lembrar dela para não afirmarmos inconsideradamente que estamos a fazer gramática histórica, quando na realidade estamos nos movendo sucessivamente no domínio diacrônico, estudando a mudança fonética, e no domíno sincrônico, examinando as consequências que dela resultam.

Tal restrição, porém, não apaga todas as dificuldades. A evolução de um fato de gramática qualquer, grupo associativo ou tipo sintagmático, não é comparável à de um som. Não é simples, decompõe-se numa porção de fatos particulares, dos quais somente uma entra na Fonética. Na gênese de um tipo sintagmático como o futuro português *tomar ei*, que se tornou *tomarei*, distinguem-se no mínimo dois fatos, um psicológico – a síntese dos dois elementos do conceito –, e outro fonético e dependente do primeiro – a redução dos dois acentos do grupo a um só (*tomár êi* – *tomarêi*).

A flexão do verbo forte germânico (tipo alemão moderno *geben*, *gab*, *gegeben* etc., cf. grego *lípo*, *élipon*, *léloipa* etc.) se funda em grande parte no jogo metafônico das vogais radicais. Essas alternâncias (ver p. 212 *s*.), cujo sistema era bastante simples na origem, resultam sem dúvida de um fato puramente fonético; entretanto, para que tais oposições assumam tamanha importância funcional, foi mister que o sistema primitivo da flexão se simplificasse por uma série de processos diversos: desaparecimento das variedades múltiplas do presente e dos matizes que se lhes atribuía; desaparecimento do imperfeito, do futuro e do aoristo; eliminação da reduplicação do perfeito etc. Essas alterações, que não têm nada de essen-

# Curso de Linguística Geral

cialmente fonéticas, reduziram a flexão verbal a um grupo restrito de formas, em que as alternâncias radicais adquiriram um valor significativo de primeira ordem. Pode-se afirmar, por exemplo, que a oposição *e* : *a* é mais significativa em *geben* : *gab* do que a oposição *e* : *o* no grego *leípō* : *léloipa*, devido à ausência de reduplicação no perfeito alemão.

Se, pois, a Fonética intervém as mais das vezes por um lado qualquer na evolução, ela não pode explicá-la inteiramente; uma vez eliminado o fator fonético, encontra-se um resíduo que parece justificar a ideia "de uma história da Gramática"; é nisso que reside a verdadeira dificuldade; a distinção – que deve ser mantida – entre o diacrônico e o sincrônico, exigiria explicações delicadas, incompatíveis com o quadro deste curso[1].

No que se segue, estudaremos sucessivamente as mudanças fonéticas, a alternância e o fato de analogia, para terminar com algumas palavras acerca da etimologia popular e da aglutinação.

---

[1] A essa razão didática e exterior, se acrescenta talvez uma outra: F. de Saussure não abordou nunca nas suas lições a linguística da fala (ver p. 50 *s.*). Lembre-se que um uso novo começa sempre por uma série de fatos individuais (ver p. 141). Poder-se-ia admitir que o autor recusasse a estes o caráter de fatos gramaticais, no sentido de que um ato isolado é forçosamente estranho à língua e ao seu sistema, o qual só depende do conjunto dos hábitos coletivos. Na medida em que os fatos pertençam à fala, não passam de maneiras especiais, e de todo ocasionais, de utilizar o sistema estabelecido. Não é senão no momento em que uma inovação, repetida com frequência, se grava na memória e entra no sistema, que ela tem o efeito de transtornar o equilíbrio dos valores, e que a língua se encontra *ipso facto* e espontaneamente mudada. Poder-se-ia aplicar à evolução gramatical aquilo que se disse nas pp. 126 e 154-155 da evolução fonética: seu evolver é exterior ao sistema, pois este jamais é percebido na sua evolução; encontramo-lo transformado de momento a momento. Este ensaio de explicação é, aliás, uma simples sugestão de nossa parte (org.).

CAPÍTULO II
# AS MUDANÇAS FONÉTICAS

## § 1. SUA REGULARIDADE ABSOLUTA

Vimos nas páginas 136 e 137 que a mudança fonética não afeta as palavras, e sim os sons. O que se transforma é um fonema; sucesso isolado, como todos os sucessos diacrônicos, mas que tem por consequência alterar de maneira idêntica todas as palavras em que figure o fonema em questão; é nesse sentido que as mudanças fonéticas são absolutamente regulares.

Em alemão, todo $\bar{\imath}$ se tornou *ei*, depois *ai*: *wīn, trīben, līhen, zīt* deram *Wein, treiben, leihen, Zeit*; todo *ū* se tornou *au*: *hūs, zūn, rūch* → *Haus, Zaun, Rauch*; assim também *ṻ* se converteu em *eu*: *hüsir* → *Häuser* etc. Pelo contrário, o ditongo *ie* passou a $\bar{\imath}$, que se continua a escrever *ie*: cf. *biegen, lieb, Tier*. Paralelamente, todos os *uo* se transformaram em *ū*: *muot* → *Mut* etc. Todo *z* (ver p. 70) deu *s* (escrito *ss*): *wazer* → *Wasser*, *fliezen* → *fliessen* etc. Todo *h* interior desapareceu de entre vogais: *līhen*, *schen* → *leien, seen* (escritos *leihen, sehen*). Todo *w* se transformou em *v* labiodental (escrito *w*): *wazer* → *wasr* (*Wasser*).

Em francês, todo *l* molhado se tornou *y* (*yod*): *piller, bouillir* se pronunciam *piye, buyr* etc.

CURSO DE LINGUÍSTICA GERAL

Em latim, o que era *s* intervocálico aparece como *r* numa outra época: *\*genesis*, *\*asēna* → *generis*, *arēna* etc.

Qualquer mudança fonética, vista sob a sua verdadeira luz, confirmará a perfeita regularidade dessas transformações.

## § 2. CONDIÇÕES DAS MUDANÇAS FONÉTICAS

Os exemplos precedentes já mostram que os fenômenos fonéticos, longe de serem sempre absolutos, estão na maioria das vezes ligados a condições determinadas: dito de outro modo, não é a espécie fonológica que se transforma, mas o fonema tal como se apresenta em certas condições de contexto, de acentuação etc. É assim que *s* se converteu em *r* em latim somente entre vogais e em algumas outras posições; no mais, ele subsiste (cf. *est*, *senex*, *equos*).

As mudanças absolutas são extremamente raras; amiúde, só parecem absolutas pelo caráter oculto ou muito geral da condição. Assim, em alemão, $\bar{\imath}$ se torna *ei*, *ai*, mas somente em sílaba tônica; o $k_1$ indo-europeu se torna *h* em germânico (cf. indo-europeu $k_1$ *olsom*, latim *collum*, alemão *Hals*), mas a mudança não se produz depois de *s* (cf. grego *skótos* e gótico *skadus*, "sombra").

Ademais, a divisão das mudanças em absolutas e condicionais repousa numa visão superficial das coisas; é mais racional falar, como se começa a fazer cada vez mais, de fenômenos fonéticos *espontâneos* e *combinatórios*. São espontâneos quando são produzidos por uma causa interna, e combinatórios quando resultam da presença de um ou de vários outros fonemas. Assim, a passagem do *o* indo-europeu ao *a* germânico (cf. gótico *skadus*, alemão *Hals* etc.) é um fato espontâneo. As mutações consonânticas ou "*Lautverschiebungen*" do germânico são o tipo da mudança espontânea; assim, o $k_1$ indo-europeu se torna *h* em protogermânico (cf. latim *collum* e gótico *hals*), o protogermânico *t*, conservado em inglês, se torna *z* (pronunciado *ts*) em alto alemão (cf. gótico *taihun*, inglês *ten*, alemão *zehn*). Ao contrário, a passagem do latim *ct*, *pt* ao italiano *tt* (cf. *factum* → *fatto*, *captīvum* → *cattivo*) é um fato combinatório, uma vez que o primeiro elemento foi assimilado ao segundo. A metafonia alemã se deve também a uma causa externa, a presença de *i* na sílaba seguinte: enquanto *gast* não muda, *gasti* dá *gesti*, *Gäste*.

Notemos, num e no outro caso, que o resultado não entra em questão e que não importa se houver ou não mudança. Se, por exemplo, compararmos o gótico *fiskes* com o latim *piscis* e o gótico *skadus* com o grego *skótos*, verificamos no primeiro caso persistência do *i*, e no outro, passagem do *o* a *a*; desses dois sons, o primeiro permaneceu sem mudança, o segundo mudou – o essencial, porém, é que eles agiram por si próprios.

Se um fato fonético é combinatório, é sempre condicional; mas quando é espontâneo, não é necessariamente absoluto, pois pode ser condicionado negativamente pela ausência de certos fatores de mudança. Assim, o $k_2$ indo-europeu se torna espontaneamente *qu* em latim (cf. *quattuor, inquilīna* etc.), mas não é necessário que seja seguido, por exemplo, por *o* ou *u* (cf. *cotīdie, colō, secundus* etc.). De igual modo, a persistência do *i* indo-europeu no gótico *fiskes* etc. está ligada a uma condição: é mister que não seja seguido de *r* ou *h*, caso em que se torna *e*, escrito *ai* (cf. *wair* = latim *vir*, e *maihstus* = alemão *Mist*).

## § 3. QUESTÕES DE MÉTODO

As fórmulas que exprimem os fenômenos devem levar em conta as distinções precedentes, sob pena de apresentá-los sob uma falsa luz.

Eis alguns exemplos dessas inexatidões.

De acordo com a antiga formulação da lei de Verner, "em germânico, todo *þ* não inicial mudou-se para *đ* se fosse seguido de acento": cf., de um lado, \**faþer* ➔ \**fađer* (alemão *Vater*), \**liþumé* ➔ \**liđumé* (alemão *litten*), de outro, \**þris* (alemão *drei*), \**brōþer* (alemão *Bruder*), \**liþo* (alemão *leide*), em que o *þ* subsiste. Essa fórmula atribui o papel ativo ao acento e introduz uma cláusula restritiva para *þ* inicial. Em realidade, o fenômeno é muito diferente: em germânico, como em latim, *þ* tendia a sonorizar-se espontaneamente no interior da palavra; somente o acento colocado na vogal precedente o pôde impedir. Assim, tudo se

CURSO DE LINGUÍSTICA GERAL

inverte: o fato é espontâneo, não combinatório, e o acento é um obstáculo, em vez de ser a causa provocadora. Cumpre dizer: "Todo *þ* interior se tornou *đ*, a menos que o acento colocado sobre a vogal precedente se opusesse a isso."

Para distinguir bem o que é espontâneo e o que é combinatório, cumpre analisar as fases da transformação e não tomar o resultado mediato pelo resultado imediato. Assim, para explicar o rotacismo (cf. latim *\*genesis* → *generis*), constitui inexatidão dizer que o *s* se tornou *r* entre duas vogais, pois o *s*, não tendo som laríngeo, não pôde nunca dar *r* em primeira instância. Em realidade, há dois atos: o *s* se torna *z* por mudança combinatória; mas o *z*, como não foi mantido no sistema fônico do latim, foi substituído pelo som muito próximo *r*, e essa mudança é espontânea. Assim, por um erro grave, confundia-se num só fenômeno dois fatos díspares; o erro consiste, por um lado, em tomar o resultado mediato pelo imediato (*s* → *r* em vez de *z* → *r*) e, de outro, em considerar o fenômeno total como combinatório, quando na verdade não o é senão em sua primeira parte. É como se se dissesse que em francês *e* se tornou *a* diante de nasal. Na realidade, ocorreu sucessivamente mudança combinatória, nasalização de *e* por *n* (cf. latim *ventum* → francês *vẽnt*, latim *fĕmina* → francês *femǝ, fẽmǝ,* e depois mudança espontânea de *ẽ* em *ã* (cf. *vãnt, fãmǝ*, atualmente *vã, fam*). Em vão se objetaria que isso só pode ter ocorrido diante de consoante nasal; não se trata de saber por que *e* se nasalizou, mas somente se a transformação de *ẽ* em *ã* é espontânea ou combinatória.

O mais grave erro de método que recordamos aqui, embora não se relacione com os princípios expostos anteriormente, consiste em formular uma lei fonética no presente, como se os fatos que abrange existissem de uma vez para sempre, em vez de nascerem e morrerem numa porção do tempo. É o caos, porque assim se suprime toda sucessão cronológica dos acontecimentos. Já insistimos nesse ponto na p. 140 *s.*, ao analisar os fenômenos sucessivos que explicam a dualidade *tríkhes : thriksí*. Quando se diz: "*s* se torna *r* em latim", dá-se a entender que o rotacismo é inerente à natureza da língua e fica-se embaraçado diante de exceções como *causa, rīsus* etc. Somente a fórmula: "*s* intervocálico

200

se tornou *r* em latim numa certa época" autoriza a pensar que no momento em que *s* passava a *r*, *causa*, *rīsus* etc. não tinham *s* intervocálico e estavam ao abrigo da mudança; com efeito, dizia-se ainda *caussa*, *rīssus*. É por uma razão análoga que cumpre dizer: "*ā* se torna *e* em dialeto jônico (cf. *mátēr*, *métēr* etc.), pois sem isso não se saberia que fazer de formas como *pâsa*, *phāsi* etc. (que eram ainda *pansa*, *phansi* etc., na época da mudança).

## § 4. CAUSAS DAS MUDANÇAS FONÉTICAS

A investigação dessas causas é um dos problemas mais difíceis da Linguística. Propuseram-se diversas explicações, nenhuma das quais aclara de todo a questão.

I. Disse-se que a raça teria predisposições que traçariam de antemão a direção das mudanças fonéticas. Existe aí uma questão de Antropologia comparada: o aparelho fonatório varia de uma raça para outra? Não, não mais que de um indivíduo para outro; um negro transplantado desde seu nascimento para a França fala o francês tão bem quanto os indígenas. Ademais, quando se utilizam expressões como "o órgão italiano" ou "a boca dos germanos não admite isso", arrisca-se a transformar em caráter permanente um fato puramente histórico; trata-se de um erro comparável ao que formula um fenômeno fonético no presente; pretender que o órgão jônico é contrário ao *ā* longo e o muda em *ē* é tão falso quanto dizer: *ā* "se torna" *ē* em jônico.

O órgão jônico não tinha repugnância alguma em pronunciar o *ā*, pois o admitia em certos casos. Não se trata, portanto, de uma incapacidade antropológica, mas de uma mudança nos hábitos articulatórios. Da mesma maneira, o latim, que não conservara o *s* intervocálico (\**genesis* → *generis*), reintroduziu-o um pouco mais tarde (cf. *rīssus* → *rīsus*); essas mudanças não indicam uma disposição permanente do órgão latino.

Existe, sem dúvida, uma direção geral dos fenômenos fonéticos, numa época dada, num povo determinado; as monotongações dos ditongos em francês moderno são manifestações de uma mesma e única

###### Curso de Linguística Geral

tendência; encontrar-se-ão, porém, correntes análogas gerais na história política, sem que seu caráter puramente histórico seja posto em dúvida e sem que nele se veja uma influência direta da raça.

II. Consideram-se com frequência as mudanças fonéticas como uma adaptação às condições do solo e do clima. Certas línguas do Norte acumulam as consoantes, certas línguas do Meio-Dia fazem emprego mais amplo das vogais, de onde seu som harmonioso. O clima e as condições de vida podem bem influenciar a língua, mas o problema se complica tão logo se entra no pormenor: assim, ao lado dos idiomas escandinavos, tão carregados de consoantes, os dos lapões e dos finlandeses são mais vocálicos que o próprio italiano. Observar-se-á também que a acumulação de consoantes no alemão atual constitui, em muitos casos, um fato assaz recente, devido a quedas de vogais postônicas; que certos dialetos do Meio-Dia da França têm menor aversão que o francês do Norte pelos grupos consonânticos; que o sérvio apresenta tantas consoantes quanto o russo moscovita etc.

III. Fez-se intervir a lei do menor esforço, que substituiria duas articulações por uma só, ou uma articulação difícil por outra mais cômoda. Essa ideia, diga-se o que se disser, merece exame: ela pode elucidar a causa do fenômeno em certa medida, ou indicar pelo menos a direção em que cumpre investigar.

A lei do menor esforço parece explicar um certo número de casos: assim, a passagem da oclusiva à aspirante (latim *habēre* → francês *avoir*), a queda de massas enormes de sílabas finais em muitas línguas, os fenômenos de assimilação (por exemplo *ly* → *ll*, \**alyos* → gr. *állos*, *tn* → *nn*, \**atnos* → lat. *annus*), a monotongação de ditongos, que não passa de uma variedade da assimilação (por exemplo, *ai-ẹ*, francês *maizõn* → *mẹzõ*, "*maison*") etc.

Só que se poderiam mencionar outros tantos casos em que se passa exatamente o contrário. À monotongação se pode opor, por exemplo; a mudança de *i u ü* alemão em *ei au eu*. Se se pretende que o abreviamento eslavo de *ā, ē* em *ă, ĕ* é devida ao menor esforço, cumpre então pensar que o fenômeno inverso apresentado pelo alemão (*făter* → *Vāter*, *gĕben* → *gēben*) é devido ao maior esforço. Se se tem a sonora como mais fácil de pronunciar que a surda (cf. *opera* → prov., port. *obra*), o inverso deve necessitar de um esforço maior, e no entanto o espanhol passou de *z* a *x*

LINGUÍSTICA DIACRÔNICA

(cf. *hixo*, "filho", escrito *hijo*) e o germânico mudou *b d g* em *p t k*. Se a perda da aspiração (cf. indo-europeu *\*bherō* → germânico *beran*) é considerada uma diminuição do esforço, que dizer do alemão, que a coloca onde ela não existia (*Tanne, Pute* etc., pronunciados *Thanne, Phute*)?

Essas observações não pretendem refutar a solução proposta. De fato, não se pode determinar, para cada língua, o que seja mais fácil ou mais difícil de pronunciar. Se é verdade que o abreviamento corresponde a um menor esforço no sentido da duração, é igualmente verdade que as pronunciações negligenciadas caem e recaem na sílaba longa e que a breve exige maior vigilância. Assim, ao supor predisposições diferentes, podem-se apresentar dois fatos opostos com a mesma cor. Igualmente, no ponto em que o *k* se tornou *ts* (cf. lat. *cēdere* → ital. *cedere*), parece, considerando-se apenas os termos extremos da mudança, que houve um aumento de esforço; a impressão, porém, seria talvez outra se se restabelecesse a cadeia: *k* se torna *k'* palatal pela assimilação à vogal seguinte; depois *k'* passa a *ky*; a pronunciação não se torna mais difícil; dois elementos enredados em *k'* foram claramente diferenciados: depois de *ky*, passa-se sucessivamente a *ty*, *tχ'*, *tš*, cada vez com esforço menor.

Haveria aí um vasto estudo a fazer, o qual, para ser completo, deveria considerar simultaneamente o ponto de vista fisiológico (questão da articulação) e o ponto de vista psicológico (questão da atenção).

IV. Uma explicação bem acolhida há já alguns anos atribui as mudanças de pronunciação à nossa educação fonética na infância. É ao cabo de muitos tateios, tentativas e retificações que a criança chega a pronunciar o que ouve em torno de si; nisso estaria o germe das mudanças; certas inexatidões não corrigidas predominariam no indivíduo e se fixariam na geração que cresce. Nossos filhos pronunciam frequentemente *t* por *k*, sem que nossas línguas apresentem em sua história mudança fonética correspondente; o mesmo não acontece, porém, com outras deformações; assim, em Paris, muitas crianças pronunciam *fl'eur*, *bl'anc* com *l* palatal; ora, em italiano, é por um processo análogo que *florem* passou a *fl'ore* e depois a *fiore*.

Tais verificações merecem toda a atenção, mas deixam o problema intacto; com efeito, não se vê por que convém a uma geração reter tais inexatidões com exclusão de outras semelhantes, sendo todas igualmente

CURSO DE LINGUÍSTICA GERAL

naturais; com efeito, a escolha de pronúncias viciosas aparece como puramente arbitrária, e não se percebe bem a razão delas. Outrossim, por que o fenômeno logrou ocorrer desta vez e não de outras?

Tal observação se aplica, aliás, a todas as causas precedentes, se se lhes admitir a ação; a influência do clima, a predisposição da raça, a tendência ao menor esforço existem de maneira permanente ou durável; por que agem elas de maneira intermitente, ora em um ponto ora em outro do sistema fonológico? Um sucesso histórico deve ter uma causa determinante; não nos é dito o que vem, em cada caso, a desencadear uma mudança cuja causa geral existia há muito tempo. Eis o ponto difícil de esclarecer.

V. Busca-se, por vezes, uma dessas causas determinantes no estado geral da nação num dado momento. As línguas atravessam algumas épocas mais movimentadas que outras: pretende-se relacioná-las com os períodos agitados da história exterior e descobrir, dessarte, um vínculo entre a instabilidade política e a instabilidade linguística; isso feito, acredita-se poder aplicar às mudanças fonéticas as conclusões concernentes à língua em geral. Observa-se, por exemplo, que os mais graves transtornos do latim, na sua passagem para as línguas românicas, coincidem com a época assaz revolta das invasões. Para não se perder, cumpre ao investigador aferrar-se a duas distinções:

*a*) A estabilidade política não influi na língua da mesma maneira que a instabilidade; não existe entre elas nenhuma reciprocidade. Quando o equilíbrio político retarda a evolução da língua, trata-se de uma causa positiva, conquanto exterior, ao passo que a instabilidade, cujo efeito é inverso, só pode agir negativamente. A imobilidade, a fixação relativa de um idioma, pode provir de fatos exteriores à língua (influência de uma corte, da escola, de uma academia, da escrita etc.), que, por sua vez, são positivamente favorecidos pelo equilíbrio social e político. Ao contrário, se algum transtorno exterior sobrevindo ao estado da nação precipita a evolução linguística, é porque a língua volta simplesmente ao estado de liberdade, no qual segue seu curso regular. A imobilidade do latim na época clássica se deve a fatos exteriores e não pode comparar-se com as

LINGUÍSTICA DIACRÔNICA

mudanças que sofreu mais tarde, pois elas se produziram por si mesmas, na ausência de certas condições exteriores.

*b*) Cogita-se aqui apenas dos fenômenos fonéticos, e não de toda espécie de modificações da língua. Compreender-se-á que as mudanças gramaticais dependem dessa ordem de causas; os fatos de gramática se atêm sempre ao pensamento por algum lado e sofrem mais facilmente o contragolpe dos transtornos exteriores, os quais têm repercussão mais imediata sobre o espírito. Mas nada autoriza a admitir que às épocas agitadas da história de uma nação correspondam evoluções precipitadas dos sons de um idioma.

De resto, não se pode citar nenhuma época, mesmo entre aquelas em que a língua se encontra numa imobilidade factícia, que não tenha conhecido nenhuma mudança fonética.

VI. Recorreu-se também à hipótese do "substrato linguístico anterior": certas transformações seriam devidas a uma população indígena absorvida pelos invasores. Assim, a diferença entre a língua de *oc* e a língua de *oïl* corresponderia a uma proporção diferente do elemento céltico autóctone nas duas partes da Gália; aplicou-se também essa teoria às diversidades dialetais do italiano, que se reduziram, de acordo com as regiões, a influências ligurianas, etruscas etc. Mas, primeiramente, essa hipótese supõe circunstâncias que raramente se encontram; ademais, é mister precisar: quer-se dizer que, adotando a nova língua, as populações anteriores nela introduziram algo de seus hábitos fônicos? Isso é admissível e bastante natural; mas se se recorre novamente aos fatores imponderáveis da raça etc., recaímos nas obscuridades assinaladas anteriormente.

VII. Uma última explicação – que mal merece tal nome – assimila as mudanças fonéticas às mudanças da moda. Mas estas, ninguém as explicou; sabe-se somente que dependem das leis de imitação que preocupam deveras os psicólogos. Todavia, se semelhante explicação não resolve o problema, tem a vantagem de fazê-lo ingressar em outro mais vasto: o princípio das mudanças fonéticas seria puramente psicológico. Mas onde está o ponto de partida da imitação? Eis o mistério, quer das mudanças fonéticas, quer das mudanças da moda.

205

## § 5. A AÇÃO DAS MUDANÇAS FONÉTICAS É ILIMITADA

Se se procura avaliar o efeito dessas mudanças, vê-se prontamente que é ilimitado e incalculável, vale dizer, não se pode prever onde elas se deterão. É pueril acreditar que a palavra só se possa transformar até certo ponto, como se houvesse nela alguma coisa que pudesse preservá-la. Esse caráter das modificações fonéticas se deve à qualidade arbitrária do signo linguístico que não tem nenhum vínculo com a significação.

Pode-se bem comprovar que, num dado momento, os sons de uma palavra sofreram alterações e em que medida, mas seria impossível dizer de antemão até que ponto ela se tornou ou se tornará irreconhecível.

O germânico fez passar o indo-europeu *aiwon (cf. lat. aevom) a *aiwan, *aiwa, *aiw, como todas as palavras que apresentam o mesmo final; a seguir, *aiw se tornou, no antigo alemão, ew, como todas as palavras que encerram o grupo aiw; depois, como todo w final se converte em o, teve-se $\bar{e}o$; por sua vez, $\bar{e}o$ passou a eo, io, de acordo com outras regras igualmente gerais; io deu em seguida ie, je, para chegar, em alemão moderno, a $j\bar{e}$ (cf. "das schönste, was ich je gesehen habe").

Considerando-se tão somente o ponto de partida e o ponto de chegada, a palavra atual não encerra mais nenhum de seus elementos primitivos; entretanto, cada etapa, considerada isoladamente, é absolutamente segura e regular; ademais, cada uma delas está limitada no seu efeito, mas o conjunto dá a impressão de uma soma ilimitada de modificações. Poder-se-iam fazer as mesmas verificações no latim calidum, comparando-o primeiramente, sem transição, com o que se tornou em francês moderno ($\check{s}o$, escrito "chaud"), e depois restabelecendo as etapas: calidum, calidu, caldu, cald, calt, tsalt, tšaut, šaut, šot, šo. Compare-se ainda o latim vulgar *waidanju → $g\tilde{e}$ (escrito "gain"), minus – $mw\tilde{e}$ (escrito "moins"), hoc illī → wi (escrito "oui").

O fenômeno fonético é, outrossim, ilimitado e incalculável no sentido de que afeta qualquer espécie de signo, sem fazer distinção entre um adjetivo, um substantivo etc., entre um radical, um sufixo, uma desinência etc. Isso tem de ser assim a priori, pois se a Gramática interviesse, o fenômeno fonético se confundiria com o fato sincrônico, coisa radicalmente impossível. Isso é o que se pode chamar de caráter cego das evoluções de sons.

Dessarte, em grego, *s* caiu após *n* não somente em *khānses*, "gansos", *mēnses*, "mês" (de onde *khênes*, *mênes*), em que não tinham valor gramatical, mas também nas formas verbais do tipo *etensa*, *ephansa* etc. (de onde *éteina*, *éphēna* etc.) em que servia para caracterizar o aoristo. Em meio alto alemão as vogais postônicas ĭ ă ĕ ŏ assumiram o timbre uniforme *e* (*gibil* → *Giebel*, *meistar* → *Meister*), se bem que a diferença de timbre caracterizasse várias desinências; é assim que o acusativo singular *boton* e o genitivo e dativo singulares *boten* se confundiram em *boten*.

Portanto, se os fenômenos fonéticos não são detidos por limite algum, devem trazer uma perturbação profunda ao organismo gramatical. É sob esse aspecto que iremos agora considerá-los.

CAPÍTULO III
# CONSEQUÊNCIAS GRAMATICAIS DA EVOLUÇÃO FONÉTICA

## § 1. RUPTURA DO VÍNCULO GRAMATICAL

Uma primeira consequência do fenômeno fonético é a de romper o vínculo gramatical que une dois ou vários termos. Assim, ocorre que uma palavra não seja mais sentida como derivada da outra. Exemplos:

```
mansiō      —    *mansiōnāticus
maison    ||     ménage
```

A consciência linguística via outrora em *mansiōnāticus* o derivado de *mansiō*; depois, as vicissitudes fonéticas os separaram. De igual modo:

```
              (vervēx   —    vervēcārius)
lat. pop.    berbīx    —    berbīcārius
              brebis  ||     berger
```

Essa separação tem naturalmente um contragolpe no valor: é assim que, em certos falares locais, *berger* chega a significar especialmente "guardião de bois".

LINGUÍSTICA DIACRÔNICA

Dois outros exemplos:

| | | |
|---|---|---|
| *Grātiānopolis* | — | *grātiānopolitānus* |
| *Grenoble* | \|\| | *Grésivaudan* |

| | | |
|---|---|---|
| *decem* | — | *undecim* |
| *dix* | \|\| | *onze* |

Um caso análogo é o do gótico *bītan*, "morder" — *bitum*, "mordemos (pretérito) — *bitr*, "mordente, amargo"; em consequência da mudança *t* ➔ *ts* (*z*), de um lado, e da conservação do grupo *tr*, de outro, o germânico ocidental fez: *bīzan, bizum* \|\| *bitr*.

A evolução fonética rompe, outrossim, a relação normal que existia entre duas formas flexionadas de uma mesma palavra. Assim, *comes — comiten* se torna, no antigo francês, *cuens* \|\| *comte, barō — barōnem* ➔ *ber* \|\| *baron, presbiter — presbiterum* ➔ *prestre* \|\| *provoire*.

Outras vezes, é uma desinência que se cinde em duas. O indo-europeu caracterizava todos os acusativos singulares por uma mesma final -$m^2$ (\**ek$_1$*, *wom*, \**owim*, \**podm*, \**māterm* etc.). Em latim, não ocorreu nenhuma mudança radical nesse particular; mas em grego o tratamento muito diferente da nasal soante e consoante criou duas séries distintas de formas: *híppon, ó(w)in: póda, mātera*. O acusativo plural apresenta um fato assaz parecido (cf. *híppous* e *pódas*).

## § 2. OBLITERAÇÃO DA COMPOSIÇÃO DAS PALAVRAS

Outro efeito gramatical da mudança fonética consiste em que as partes distintas de uma palavra, que contribuíam para fixar-lhe o valor, deixam de ser analisáveis: a palavra se torna um todo indivisível. Exemplos: o francês *ennemi* (cf. lat. *in-imīcus – amīcus*), em latim *perdere* (cf. mais antigo *per-dare – dare*), *amiciō* (por \**ambjaciō – jaciō*), em alemão *Drittel* (por *drit-teil – teil*).

---

[2] Ou -*n*? Cf. p. 134, nota.

Vê-se, ademais, que esse caso leva ao do parágrafo precedente: se, por exemplo, *ennemi* é inanalisável, isso equivale a dizer que não se pode mais aproximá-lo, como *in-imīcus* do simples *amīcus*; a fórmula

| | | |
|---|---|---|
| *amīcus* | — | *inimicus* |
| *ami* | \|\| | *ennemi* |

é em tudo comparável a

| | | |
|---|---|---|
| *mansiō* | — | *mansiōnāticus* |
| *maison* | \|\| | *ménage* |

Cf. também: *decem – undecim: dix* \|\| *onze*.

As formas simples *hunc, hanc, hac* etc., do latim clássico, que remontam a *hon-ce, han-ce, hā-ce*, conforme o mostram as formas epigráficas, são o resultado da aglutinação do pronome com a partícula -*ce*; podia-se, outrora, aproximar *hon-ce* etc., de *ec-ce*; mais tarde, porém, tendo -*e* caído foneticamente, isso não foi mais possível; o que equivale a dizer que não se distinguem mais os elementos de *hunc, hanc, hāc* etc.

A evolução fonética começa por perturbar a análise antes de torná-la de todo impossível. A flexão nominal indo-europeia oferece um exemplo desse caso.

O indo-europeu declinava nom. sing. *$pod$-s*, ac. *$pod$-m*, dat. *$pod$-ai*, loc. *$pod$-i*, nom. pl. *$pod$-es*, ac. *$pod$-ns* etc.; a flexão de *$ek_1wos$* foi, a princípio, exatamente paralela: *$ek_1wo$-s*, *$ek_1wo$-m*, *$ek_1wo$-ai*, *$ek_1wo$-i*, *$ek_1wo$-es*, *$ek_1wo$-ns* etc. Nessa época, destacava-se tão facilmente *$ek_1wo$-* quanto *$pod$-*. Mais tarde, porém, as contrações vocálicas modificam esse estado: dat. *$ek_1wōi$*, loc. *$ek_1woi$*, nom. pl. *$ek_1wōs$*. A partir desse momento, a clareza do radical *$ek_1wo$-* ficou comprometida e a análise é induzida a engano. Mais tarde ainda, novas mudanças, tal como a diferenciação dos acusativos (ver p. 209), apagam os últimos traços do estado primitivo. Os contemporâneos de Xenofonte tinham provavelmente a impressão de que o radical era *hipp-* e de que as desinências eram vocálicas (*hipp-os* etc.), de onde a separação absoluta dos tipos *$ek_1wo$-s* e *$pod$-s*. No domínio da flexão, como em outros, tudo quanto perturbe a análise contribui para afrouxar os vínculos gramaticais.

## § 3. NÃO EXISTEM PARELHAS FONÉTICAS

Nos dois casos examinados nos parágrafos 1 e 2, a evolução separa radicalmente dois termos unidos gramaticalmente na origem. Esse fenômeno poderia dar lugar a um grave erro de interpretação.

Quando se comprova a identidade relativa do baixo latim *barō* : *barōnem* e a disparidade do ant. fr. *ber* : *baron*, não se sente a gente tentada a dizer que uma só e mesma unidade primitiva (*bar-*) se desenvolveu em duas direções divergentes e produziu duas formas? Não, pois um mesmo elemento não pode ser submetido simultaneamente e num mesmo lugar a duas transformações diferentes: isso seria contrário à própria definição da mudança fonética. Por si mesma, a evolução dos sons não tem a virtude de criar duas formas em lugar de uma.

Eis as objeções que se podem fazer à nossa tese; suporemos que sejam introduzidas por exemplos:

*Collocāre*, dir-se-á, deu *coucher* e *colloquer* em francês. Não, somente *coucher*; *colloquer* não passa de um empréstimo erudito da palavra latina (cf. *rançon* e *rédemption* etc.).

Mas *cathedra* não deu *chaire* e *chaise*, duas palavras autenticamente francesas? Na realidade, *chaise* é uma forma dialetal. O falar parisiense mudava *r* intervocálico em *z*; dizia, por exemplo: *pèse*, *mèse*, por *père*, *mère*; o francês literário reteve apenas dois espécimes dessa pronúncia local: *chaise* e *bésicles* (parelha de *béricles*, procedente de *béryl*). O caso é exatamente comparável ao do picardo *rescapé*, que passou para o francês comum e que contrasta assim extemporaneamente com *réchappé*. Se se tem, lado a lado, *cavalier* e *chevalier*, *cavalcade* e *chevauchée*, é porque *cavalier* e *cavalcade* foram tomados de empréstimo ao italiano. Trata-se, no fundo, do mesmo caso que *calidum*, que deu em francês *chaud* e em italiano *caldo*. Em todos esses exemplos, trata-se de empréstimos.

Se agora se pretende que o pronome latino *me* é representado em francês por duas formas: *me* e *moi* (cf. "il *me* voit" e "c'est *moi* qu'il voit"), responderemos: Foi o lat. *mē* átono que se tornou *me*; *mē* acentuado deu *moi*; ora, a presença ou ausência do acento depende, não de leis fonéticas que fizeram com que *mē* passasse a *me* e *moi*, mas do papel dessa palavra na frase; trata-se de uma dualidade gramatical. De igual modo, em

# Curso de Linguística Geral

alemão, *ur-* permaneceu *-ur* com o acento e se tornou *er-* em posição pretônica (cf. *úrlaub*: *erlaúben*); mas esse jogo acentual está, por sua vez, ligado aos tipos de composição em que entrava *ur-*, e por conseguinte a uma condição gramatical e sincrônica. Por fim, para voltar ao nosso exemplo do começo, as diferenças de forma e de acento que apresenta a parelha *bárō* : *barónem* são evidentemente anteriores à mudança fonética.

De fato, não se registram parelhas fonéticas em parte alguma. A evolução dos sons não faz mais que acentuar as diferenças existentes antes dela. Em toda parte que tais diferenças não se devem a causas exteriores, como é o caso dos empréstimos, supõem dualidades gramaticais e sincrônicas absolutamente estranhas ao fenômeno fonético.

## § 4. A ALTERNÂNCIA

Em duas palavras como *maison*: *ménage*, sentimo-nos pouco tentados a procurar o que faz a diferença dos termos, seja porque os elementos diferenciais (*-ezõ* e *-en-*) se prestam mal à comparação, seja porque nenhuma outra parelha apresenta oposição paralela. Mas, em frequentes vezes, os dois termos vizinhos diferem apenas por um ou dois elementos fáceis de distinguir, e essa mesma diferença se repete regularmente numa série de parelhas paralelas; trata-se, então, do mais vasto e do mais ordinário dos fatos gramaticais em que as mudanças fonéticas desempenham um papel: chama-se *alternância*.

Em francês, todo ŏ latino situado em sílaba aberta se tornou *eu* com o acento ou *ou* em posição pretônica; daí parelhas como *pouvons*: *peuvent*, *oeuvre* : *ouvrier*, *nouveau* : *neuf* etc., nas quais se distingue sem esforço um elemento regular de diferença de variação. Em latim, o rotacismo faz alternar *gerō* com *gestus*, *oneris* com *onus*, *maeror* com *maestus* etc. Em germânico, sendo o *s* tratado diferentemente conforme o lugar do acento, tem-se, em alto alemão médio, *ferliesen* : *ferloren*, *kiesen* : *gekoren*, *friesen* : *gefroren* etc. A queda do *e* indo-europeu se reflete em alemão moderno nas posições *beissen* : *biss*, *leiden* : *litt*, *reiten* : *ritt* etc.

Em todos esses exemplos, é o elemento radical que é afetado; não é preciso dizer que todas as partes da palavra podem apresentar oposições semelhantes. Nada mais comum, por exemplo, do que um prefixo que aparece sob formas diversas segundo a natureza da inicial do radical (cf. grego *apo-didōmi : ap-érchomai*, francês *inconnu : inutile*). A alternância indo-europeia e: o, que deve, no fim das contas, remontar a uma causa fonética, se encontra num grande número de elementos sufixais (grego *hippos : hippe, phér-o-men : phér-e-te, gén-os : gén-e-os* por *\*gén-es-os* etc.). O antigo francês tem um tratamento especial para o *a* latino acentuado após palatais; de onde uma alternância *e : ie* em várias desinências (cf. *chant-er : jug-ier, chant-é : jug-ié, chan-tez : jug-ier* etc.).

A alternância pode, portanto, ser assim definida: uma correspondência entre dois sons ou grupos de sons determinados, que se permutam regularmente entre duas séries de formas coexistentes.

Assim como o fenômeno fonético não explica por si só as parelhas, é fácil ver que não é a causa única nem a causa principal da alternância. Quando se diz que em latim *nov-* se tornou, por mudança fonética, *neuv-* e *nouv-* (*neuve* e *nouveau*), forja-se uma mudança imaginária e se negligencia uma dualidade sincrônica preexistente; a posição diferente de *nov-* em *nov-us* e em *nov-ellus* é, a um só tempo, anterior à mudança fonética e eminentemente gramatical (cf. *barō : barōnem*). Essa dualidade se encontra na origem de toda alternância e a torna possível. O fenômeno fonético não rompeu uma unidade; não fez senão tornar mais sensível, pela separação dos sons, uma oposição de termos coexistentes. É um erro, partilhado por numerosos linguistas, acreditar que a alternância seja de ordem fonética, simplesmente porque os sons lhe formam a matéria, e porque suas alterações intervém na gênese. De fato, quer a tomemos em seu ponto de partida ou em seu ponto de chegada, ela pertence sempre à gramática e à sincronia.

## § 5. AS LEIS DE ALTERNÂNCIA

Serão as alternâncias redutíveis a leis, e de que natureza são tais leis?

Seja a alternância *e: i*, tão frequente em alemão moderno: tomando-se globalmente todos os casos, e de mistura (*geben : gibt, Feld : Gefilde, Wetter : wittern, helfen : Hilfe, sehen : Sicht* etc.), não se pode formular nenhum prin-

# CURSO DE LINGUÍSTICA GERAL

cípio geral. Mas se dessa massa se extrai a parelha *geben : gibt* para opô-la a *schelten : schilt, helfen : hilft, nehmen : nimmt* etc., percebe-se que tal alternância coincide com uma distinção de tempo, de pessoa etc.; em *lang : Länge, stark : Stärke, hart : Härte* etc., a oposição assaz semelhante *a : e* está ligada à formação de substantivos por meio de adjetivos, em *Hand : Hände, Gast : Gäste* etc., à formação do plural, e dessarte de todos os casos, tão frequentes, que os germanistas compreendem sob o nome de *Ablaut* (veja-se ainda *finden : fand*, ou *finden : Fund, binden : band* ou *binden : Bund, schiessen : schuss, fliessen : floss : Fluss* etc.). O *Ablaut*, ou variação vocálica radical coincidente com uma oposição gramatical, é um exemplo capital da alternância; todavia, não se distingue do fenômeno geral por nenhum caráter particular.

Vê-se que alternância está distribuída, de ordinário, entre diversos termos de maneira regular, e que coincide com uma oposição importante de função, de categoria, de determinação. Pode-se falar de leis gramaticais de alternância; essas leis, porém, não são mais que um resultado fortuito dos fatos fonéticos que lhes deram nascimento. Por criarem tais fatos uma oposição fônica regular entre duas séries de termos que apresentam uma oposição de valor, o espírito se apossa dessa diferença material para torná-la significativa e para fazê-la portadora da diferença conceitual (ver p. 126 s.). Como todas as leis sincrônicas, estas são simples princípios de disposição, sem força imperativa. É bastante incorreto dizer, como se costuma fazer, que o *a* de *Nacht* se converte em *ä* no plural *Nächte*; isso dá a ilusão de que de um para o outro termo intervém uma transformação regulada por um princípio imperativo. Na realidade, o que temos no caso é uma simples oposição de formas resultante da evolução fonética. É verdade que a analogia, de que trataremos em seguida, pode criar novas parelhas que oferecem a mesma diferença fônica (cf. *Kranz : Kränze* sobre *Gast : Gäste* etc.). A lei parece então aplicar-se a uma regra que governa o uso a ponto de modificá-lo. Mas cumpre não esquecer que, na língua, tais permutações estão à mercê de influências analógicas contrárias, e isso basta para assinalar que as regras dessa ordem são sempre precárias e respondem inteiramente à definição de lei sincrônica.

Pode acontecer assim que a condição fonética que provocou a alternância esteja ainda manifesta. Dessarte, as parelhas citadas anteriormente

Linguística diacrônica

tinham, no antigo alto alemão, a forma *geban* : *gibt*, *feld* : *gafildi* etc. Nessa época, quando o radical era seguido de um *i*, aparecia ele próprio com um *i* em lugar de *e*, ao passo que apresentava *e* em todos os outros casos. A alternância latina *faciō* : *conficiō*, *amīcus* : *inimīcus*, *facilis* : *difficilis* etc. está igualmente ligada a uma condição fônica que os falantes teriam exprimido assim: o *a* de uma palavra do tipo *faciō*, *amīcus* etc., alterna com *i* nas palavras da mesma família em que esse *a* se encontre em sílaba interior.

Todavia, essas oposições fônicas sugerem exatamente as mesmas observações que todas as leis gramaticais: são sincrônicas; quem se esquecer disso está arriscado a cometer o erro de interpretação já assinalado na p. 139. Diante de uma parelha como *faciō* : *conficiō*, é mister evitar confundir a relação entre esses termos coexistentes com a que vincula os termos sucessivos do fato diacrônico (*confaciō* → *conficiō*). Se existe tendência a fazê-lo, é que a causa da diferenciação fonética está ainda visível nessa parelha; sua ação, todavia, pertence ao passado, e, para os falantes, não há mais que uma simples oposição sincrônica.

Tudo isso confirma o que foi dito do caráter estritamente gramatical da alternância. Para designá-la, utilizou-se o termo, aliás bastante correto, de permutação; será melhor, porém, evitá-lo, precisamente porque foi amiúde aplicado à mudança fonética, pelo que suscita uma falsa ideia de movimento onde não existe mais que um estado.


## § 6. A ALTERNÂNCIA E O VÍNCULO GRAMATICAL

Vimos como a evolução fonética, com mudar a forma das palavras, teve o efeito de romper os vínculos gramaticais que podem uni-las. Mas isso não é verdadeiro senão para as parelhas isoladas, tais como *maison*: *ménage*, *Teil*: *Drittel* etc. Desde que se trate de alternância, já não acontece o mesmo.

É evidente, em primeiro lugar, que toda oposição fônica um pouco regular de dois elementos tende a estabelecer um vínculo entre eles. *Wetter* é instintivamente associado com *wittern*, porque se está habituado a ver *e* alternar com *i*. Com mais forte razão, quando os falantes sentem que uma

215

CURSO DE LINGUÍSTICA GERAL

oposição fônica está regida por uma lei geral, essa correspondência habitual se impõe à sua atenção e contribui para estreitar o vínculo gramatical, mais que para afrouxá-lo. É assim que o *Ablaut* alemão (ver p. 214) acentua a percepção da unidade radical através das variações vocálicas.

O mesmo acontece com as alternâncias não significativas, mas ligadas a uma condição puramente fônica. O prefixo *re-* em francês (*reprendre, regagner, retoucher* etc.) se reduz a *r-* diante de vogal (*rouvrir, racheter* etc.). De igual modo, o prefixo *in-*, muito vivo malgrado a origem erudita, aparece nas mesmas condições sob duas formas distintas: *ẽ* (em *inconnu, indigne, invertébré* etc.) e *in-* (em *inavouable, inutile, inesthétique* etc.). Essa diferença não rompe absolutamente a unidade de concepção, de vez que sentido e função são concebidos como idênticos e que a língua está fixada nos casos em que empregará uma ou outra forma.

CAPÍTULO IV
# A ANALOGIA

## § 1. DEFINIÇÃO E EXEMPLOS

Do que procede, resulta que o fenômeno fonético é um fator de perturbação. Em toda parte em que não cria alternância, contribui para afrouxar os vínculos gramaticais que unem as palavras entre si; a soma das formas é inutilmente aumentada por ele; o mecanismo linguístico se obscurece e se complica à medida que as irregularidades nascidas da mudança fonética predominem sobre as formas agrupadas em tipos gerais; por outros termos, na medida em que o arbitrário absoluto predomine sobre o arbitrário relativo (ver pp. 181-182).

Felizmente, o efeito dessas transformações é contrabalançado pela analogia. É dela que relevam as modificações normais do aspecto exterior de palavras que não sejam de natureza fonética.

A analogia supõe um modelo e sua imitação regular. *Uma forma analógica é uma forma feita à imagem de outra ou de outras, segundo uma regra determinada.*

Assim, o nominativo latino *honor* é analógico. A princípio se disse *honōs : honōsem*, depois, por rotacismo do *s*, *honōs : honōrem*. O radical tinha, desde então, uma forma dupla; tal dualidade foi eliminada pela

## CURSO DE LINGUÍSTICA GERAL

nova forma *honor*, criada sobre o modelo de *orator: oratorem* etc., por um procedimento que estudaremos logo e que reduzimos desde já ao cálculo da quarta proporcional:

$$\bar{o}r\bar{a}t\bar{o}rem : \bar{o}r\bar{a}tor = hon\bar{o}rem : x$$
$$x = honor$$

Vê-se, pois, que para contrabalançar a ação diversificante da mudança fonética (*honōs : honōrem*), a analogia unificou novamente as formas e restabeleceu a regularidade (*honor : honōrem*).

Em francês se disse durante longo tempo: *il preuve, nos prouvons, ils preuvent*. Hoje, diz-se *il prouve, ils prouvent*, formas que não se podem explicar foneticamente: *il aime* remonta ao latim *amat*, ao passo que *nous aimons* é analógico de *amons*; dever-se-ia dizer também *amable* em lugar *aimable*. Em grego, o *s* desapareceu entre duas vogais: -*eso*- se fez -*eo*- (cf. *géneos* por *\*genesos*). Todavia, encontra-se esse *s* intervocálico no futuro e no aoristo de todos os verbos com vogais: *lū́sō, élūsa* etc. É que a analogia das formas do tipo *túpsō, étupsa*, em que o *s* não caía, conserva a lembrança do futuro e do aoristo em *s*. Em alemão, enquanto *Gast : Gäste*, *Balg : Bälge* etc. são fonéticos, *Kranz: Kränze* (antes *kranz: kranza*), *Hals: Hälse* (antes *halsa*) etc. são devidos à imitação.

A analogia se exerce em favor da regularidade e tende a unificar os processos de formação e de flexão. Mas ela tem seus caprichos: ao lado de *Kranz: Kränze* etc. tem-se *Tag: Tage, Salz: Salze* etc., que resistiram, por uma razão ou outra, à analogia. Por conseguinte, não se pode dizer de antemão até onde irá a imitação de um modelo, nem quais são os tipos destinados a provocá-la. Dessarte, não são sempre as formas mais numerosas que desencadeiam a analogia. No perfeito grego, a par do ativo *pépheuga, pépheugas, pephéugamen* etc., toda a voz média se conjuga sem *a: péphugmai, pephúgmetha* etc., e a língua de Homero nos mostra que esse *a* faltava antigamente ao plural e ao dual do ativo (cf. homérico *ídmen, éïkton* etc.). A analogia partiu unicamente da primeira pessoa do singular do ativo e alcançou quase todo o paradigma do perfeito do indicativo. Esse caso é notável, outrossim, porque aqui a analogia une ao

LINGUÍSTICA DIACRÔNICA

radical um elemento -*a*-, flexional na origem, de onde *pepheúga-men*; o inverso – o elemento radical unido ao sufixo – é, como o veremos na p. 228 *s.*, muito mais frequente.

Amiúde, duas ou três palavras bastam para criar uma forma geral, uma desinência, por exemplo; em alto alemão antigo, os verbos fracos do tipo *habēn, lobōn* etc. têm um -*m* na primeira pessoa singular do presente: *habēm, lobōm*; esse -*m* remonta a alguns verbos análogos aos verbos em -*mi* do grego: *bim, stām, gēm, tuom*, que, por si sós, impuseram tal terminação a toda a flexão fraca. Assinalemos que aqui a analogia não apagou uma diversidade fonética, mas generalizou um modo de formação.

## § 2. OS FENÔMENOS ANALÓGICOS NÃO SÃO MUDANÇAS

Os primeiros linguistas não compreenderam a natureza do fenômeno da analogia, a que chamavam "falsa analogia". Eles acreditavam que, ao inventar *honor*, o latim se "havia enganado" sobre o protótipo *honōs*. Para eles, tudo quanto se afasta da ordem dada é uma irregularidade, infração de uma forma ideal. É que, por uma ilusão muito característica da época, via-se no estudo original da língua algo de superior e de perfeito; não se perguntava se semelhante estado fora precedido de outro. Toda liberdade tomada com relação à língua constituía, pois, uma anomalia. Foi a escola dos neogramáticos que pela primeira vez atribuiu à analogia seu verdadeiro lugar, mostrando que ela, juntamente com as mudanças fonéticas, é o grande fator da evolução das línguas, o processo pelo qual estas passam de um estado de organização a outro.

Mas qual é a natureza dos fenômenos analógicos? Serão eles, como comumente se acredita, mudanças?

Todo fato analógico é um drama de três personagens: 1° – o tipo transmitido, legítimo, hereditário (por exemplo, *honōs*); 2° – o concorrente (*honor*); 3° – uma personagem coletiva, constituída pelas formas que criaram esse concorrente (*honōrem, ōrātor, ōrātōrem* etc.). Considera-se habitualmente *honor* como uma modificação, um "metaplasmo" de *honōs*; é desta última palavra que teria tirado a maior parte de sua substância. Ora, a única forma que nada teve a ver com a geração de *honor* foi precisamente *honōs*!

Pode-se ilustrar o fenômeno pelo esquema:

FORMAS TRANSMITIDAS        FORMA NOVA

*honōs*  
(que não entra      *honōrem*  
em linha de conta)    *ōrātor, ōrātōrem* etc.    $\longrightarrow$   *honor*  
                (grupo gerador)

Como se vê, trata-se de um "paraplasmo", da instalação de um concorrente a par da forma tradicional, de uma criação, enfim. Enquanto a mudança fonética nada introduz de novo sem antes anular o que a precedeu (*honōrem* substitui *honōsem*), a forma analógica não acarreta necessariamente o desaparecimento daquela a que vem duplicar. *Honor* e *honōs* coexistiram durante certo tempo e era possível usar uma pela outra. Entretanto, como repugna à língua manter dois significantes para uma só ideia, as mais das vezes a forma primitiva, menos regular, cai em desuso e desaparece. É esse resultado que faz crer numa transformação: uma vez terminada a ação analógica, o estado antigo (*honōs* : *honōrem*) e o novo (*honor* : *honōrem*) estão, em aparência, na mesma oposição que a que resulta da evolução dos sons. Todavia, no momento em que nasce *honor*, nada mudou, pois não se substitui nada; o desaparecimento de *honōs* não é mais uma mudança, de vez que se trata de um fenômeno independente do primeiro. Onde quer que se possa acompanhar a marcha dos sucessos linguísticos, vê-se que a inovação analógica e a eliminação da forma antiga são duas coisas distintas e que em parte alguma se surpreende uma transformação.

Tão alheio ao caráter da analogia é substituir uma forma por outra que vemos, amiúde, produzir formas que não substituem nada. Em alemão, pode-se tirar um diminutivo em *-chen* de qualquer substantivo de sentido concreto; se uma forma *Elefantchen* se introduzisse na língua, não suplantaria nada de preexistente. De igual modo, em francês, sobre o modelo de *pension*: *pensionnaire*, *réaction*: *réactionnaire* etc., qualquer pessoa pode criar *interventionnaire* ou *répressionaire*, com o significado de "em favor da intervenção", "em favor da repressão". Esse processo é evidentemente o mesmo que aquele que acabamos de ver engendrando *honor*: ambos reclamam a mesma fórmula:

$$réaction : réactionnaire = repression : x$$
$$x = répressionnaire$$

e num e no outro caso não há o menor pretexto para falar de mudança; *répresssionnaire* não substitui nada. Outro exemplo: de um lado, ouve-se dizer analogicamente em francês *finaux* por *finals*, o qual passa a ser mais regular; de outro, qualquer pessoa poderia formar o adjetivo *firmamental* e dar-lhe um plural *firmamentaux*. Pode-se dizer que em *finaux* há mudança e em *firmamentaux* criação? Nos dois casos, há criação. Sobre o modelo de *mur: emmurer*, fez-se *tour: entourer* e *jour: ajourer* (em "un travail *ajouré*"); esses derivados, relativamente recentes, nos aparecem como criações. Mas se observo que, numa época anterior, possuía-se *entorner* e *ajorner*, construídos sobre *torn* e *jorn*, deveria eu mudar de opinião e declarar que *entourer* e *ajourer* são modificações dessas palavras mais antigas? Por conseguinte, a ilusão da "mudança" analógica advém do fato de estabelecer-se uma relação com um termo suplantado pelo novo: trata-se, porém, de um erro, pois as formações qualificadas de mudanças (tipo *honor*) são da mesma natureza que aquelas a que chamamos criações (tipo *répressionnaire*).

## § 3. A ANALOGIA, PRINCÍPIO DAS CRIAÇÕES DA LÍNGUA

Se, depois de ter mostrado o que a analogia não é, nós a estudarmos de um ponto de vista positivo, de pronto se evidencia que seu princípio se confunde muito simplesmente com o das criações linguísticas em geral. Qual é esse princípio?

A analogia é de ordem psicológica; isso, porém, não basta para distinguir os fenômenos fonéticos, pois esses podem ser também considerados

CURSO DE LINGUÍSTICA GERAL

psicológicos (ver p. 205). Cumpre ir mais longe e dizer que a analogia é de ordem gramatical; ela supõe a consciência e a compreensão de uma relação que une as formas entre si. Enquanto a ideia nada representa no fenômeno fonético, sua intervenção se faz necessária em matéria de analogia.

Na passagem fonética do *s* intervocálico a *r*, em latim (cf. *honōsem* → *honōrem*), não vemos intervir a comparação de outras formas nem o sentido da palavra: é o cadáver da forma *honōsem* que passa a *honōrem*. Ao contrário, para explicar o aparecimento de *honor* em face de *honōs*, cumpre invocar outras formas, como o mostra a fórmula da quarta proporcional:

$$\bar{o}r\bar{a}t\bar{o}rem : \bar{o}r\bar{a}tor = hon\bar{o}rem : x$$
$$x = honor$$

e essa combinação não teria nenhuma razão de ser se o espírito não lhe associasse, por seus sentidos, as formas que a compõem.

Por conseguinte, tudo é gramatical na analogia; acrescentemos, porém, imediatamente, que a criação, que lhe constitui o fim, só pode pertencer, de começo, à fala; ela é a obra ocasional de uma pessoa isolada. É nessa esfera, e à margem da língua, que convém surpreender primeiramente o fenômeno. Cumpre, entretanto, distinguir duas coisas: 1° – a compreensão da relação que une as formas geradoras entre si; 2° – o resultado sugerido pela comparação, a forma improvisada pelo falante para a expressão do pensamento. Somente esse resultado pertence à fala.

A analogia nos ensina, portanto, uma vez mais, a separar a língua da fala (ver p. 50 *s.*); ela nos mostra a segunda como dependente da primeira e nos faz tocar com o dedo o jogo do mecanismo linguístico, tal como descrito na p. 178 *s.* Toda criação deve ser precedida de uma comparação inconsciente dos materiais depositados no tesouro da língua, em que as formas geradoras se alinham de acordo com suas relações sintagmáticas e associativas.

Dessarte, uma parte toda do fenômeno se realiza antes que se veja aparecer a forma nova. A atividade contínua da língua, a decompor unidades que lhe são dadas, contém em si não somente todas as possibilidades de um falar conforme ao uso, mas também todas as possibilidades das formações analógicas. É, pois, um erro acreditar que o processo gerador

222

## Linguística diacrônica

só se produza no momento em que surge a criação; seus elementos já estão dados. Uma palavra que eu improvise, como *in-decor-ável*, já existe em potência na língua; encontramos-lhe todos os elementos em sintagmas como *decor-ar, decor-ação*: *perdo-ável, manej-ável*: *in-consciente, in-sensato* etc., e sua realização na fala é um fato insignificante em comparação com a possibilidade de formá-la.

Em resumo, a analogia, considerada em si mesma, não passa de um aspecto do fenômeno de interpretação, uma manifestação da atividade geral que distingue as unidades para utilizá-las em seguida. Eis por que dizemos que é inteiramente gramatical e sincrônica.

Esse caráter da analogia sugere duas observações que confirmam nossas concepções acerca do arbitrário absoluto e do arbitrário relativo (ver p. 180):

1° – Poder-se-iam classificar as palavras de acordo com sua capacidade relativa de engendrar outras, segundo sejam elas próprias mais ou menos decomponíveis. As palavras simples são, por definição, improdutivas (cf. *carta, árvore, raiz* etc.). *Carteiro* não foi engendrado por *carta*; foi criado pelo modelo de *prisioneiro*: *prisão* etc. Do mesmo modo, *encartar* deve sua existência à analogia com *enfaixar, enquadrar, encapuzar* etc., que contêm *faixa, quadro, capuz* etc[3].

Existem, pois, em toda língua, palavras produtivas e palavras estéreis, mas a proporção de umas e outras varia. Isso se reduz, em suma, à distinção feita na p. 182 entre as línguas "lexicológicas" e as línguas "gramaticais". Em chinês, em sua maioria, as palavras são indecomponíveis; ao contrário, numa língua artificial, são quase todas analisáveis. Um esperantista tem inteira liberdade de construir, sobre uma raiz dada, palavras novas.

2° – Assinalamos, na p. 218, que toda criação analógica pode ser representada como uma operação análoga ao cálculo da quarta proporcional. Muito amiúde, essa fórmula é utilizada para explicar o próprio fenômeno, ao passo que lhe procuramos a razão de ser na análise e na reconstrução dos elementos fornecidos pela língua.

---

[3] O exemplo do texto original – em vez de *carta, carteiro, encartar* – era *magasin, magasinier, emmagasiner* (N. dos T.).

Existe um conflito entre essas duas concepções. Se a quarta proporcional é uma explicação suficiente, para que a hipótese de uma análise dos elementos? Para formar *indecorável*, não há nenhuma necessidade de extrair-lhe os elementos (*in-de-corável*), basta tomar o conjunto e colocá-lo na equação:

$$perdoar : imperdoável etc. = decorar : x$$
$$x = indecorável$$

De igual modo, não se supõe no falante uma operação complicada, muito semelhante a análise consciente do gramático. Num caso como *Krantz*: *Kränze*, feito sobre *Gast*: *Gäste*, a decomposição parece menos provável que a quarta proporcional, pois o radical do modelo é ora *Gast-*, ora *Gäst-*; teve-se simplesmente de referir a *Kranze* um caráter fônico de *Gäste*.

Qual dessas teorias corresponde à realidade? Assinalamos, em primeiro lugar, que o caso de *Kranz* não exclui necessariamente a análise. Verificamos a existência de alternâncias em raízes e em prefixos (ver p. 213), e o sentimento de uma alternância pode bem existir ao lado de uma análise positiva.

Essas duas concepções opostas se refletem em duas doutrinas gramaticais diferentes. Nossas gramáticas europeias operam com a quarta proporcional; elas explicam, por exemplo, a formação de um pretérito alemão partindo de palavras completas; dizem aos alunos: sobre o modelo de *setzen*: *setzte* formem o pretérito de *lachen* etc. Ao contrário, a Gramática hindu estudaria num capítulo determinado as raízes (*setz-*, *lach-* etc.), em outro as terminações do pretérito (*-te* etc.); daria os elementos resultantes da análise, e os alunos teriam de recompor as palavras completas. Em todo dicionário sânscrito, os verbos estão classificados na ordem que lhes consigna a raiz.

Conforme a tendência dominante de cada grupo linguístico, os teóricos da Gramática se inclinarão para um ou outro desses métodos.

O latim antigo parece favorecer o procedimento analítico. Eis uma prova manifesta. A quantidade não é a mesma em *făctus* e *āctus*, malgrado *făciō* e *ăgō*; cumpre supor que *āctus* remonta a *\*ăgtos* e atribuir o alongamento da vogal à sonora seguinte; essa hipótese é plenamente confirmada pelas línguas românicas; a oposição *spĕciō* : *spĕctus* contra *tĕgo* : *tēctus* se reflete em francês em *dépit* (= *despĕctus*) e *toit* (*tēctum*); cf. *confĭciō*: *confĕctus* (francês *confit*) contra *rĕgō*: *rēctus dīrēctus* → francês *droit*). Mas *\*agtos*, *\*tegtos*, *\*regtos* não foram herdadas do indo-europeu, que dizia certamente *\*ăktos*, *\*tĕktos* etc.; foi o latim pré-histórico que as introduziu, apesar da dificuldade que existe em pronunciar uma sonora antes de uma surda. Isso só pode ter ocorrido em razão de uma forte consciência das unidades radicais *ag-* e *teg-*. O latim antigo tinha, portanto, em alto grau, o sentimento das peças da palavra (radicais, sufixos etc.) e de sua combinação. É provável que nossas línguas modernas não o tenham de maneira tão aguda, mas parece que o alemão o tem mais que o francês (ver p. 247 *s.*).

CAPÍTULO V
# ANALOGIA E EVOLUÇÃO

## § 1. COMO UMA INOVAÇÃO ANALÓGICA ENTRA NA LÍNGUA

Nada entra na língua sem ter sido antes experimentado na fala, e todos os fenômenos evolutivos têm sua raiz na esfera do indivíduo. Esse princípio, já enunciado na p. 141, se aplica muito particularmente às inovações analógicas. Antes que *honor* se torne um concorrente suscetível de substituir *honōs*, foi preciso que uma primeira pessoa o improvisasse, que outras a imitassem e o repetissem, até que se impusesse ao uso.

Não é mister que todas as inovações analógicas tenham essa boa fortuna. A todo instante, encontramos combinações sem futuro, que a língua provavelmente não adotará. A linguagem das crianças está cheia delas, porque as crianças conhecem mal o uso e ainda não lhe estão sujeitas; as crianças francesas dizem *viendre* por *venir*, *mouru* por *mort* etc. Mas também a linguagem dos adultos as oferece. Assim, muitas pessoas substituem, em francês, *trayait* por *traisait* (que, ademais, se lê em Rousseau). Todas essas inovações são, em si, perfeitamente regulares; explicam-se da mesma maneira que as que a língua aceitou; assim, *viendre* se funde na proporção:

$$\textit{éteindrai} : \textit{éteindre} = \textit{viendrai} : x$$
$$x = \textit{viendre}$$

e *traisait* foi criado sobre o modelo de *plaire*; *plaisait* etc.

A língua retém somente uma parte mínima das criações da fala; mas as que duram são bastante numerosas para que se possa ver, de uma época a outra, a soma das formas novas dar ao vocabulário e à gramática uma fisionomia inteiramente diversa.

Todo o capítulo precedente mostra claramente que a analogia não poderia ser, por si só, um fator de evolução; não é menos verdadeiro que tal substituição constante de formas antigas por novas constitui um dos aspectos mais surpreendentes da transformação das línguas. Cada vez que uma criação se instala de modo definitivo e elimina sua concorrente, existe verdadeiramente algo criado e algo abandonado, e nesse sentido a analogia ocupa um lugar preponderante na teoria da evolução.

É nesse ponto que gostaríamos de insistir.

## § 2. AS INOVAÇÕES ANALÓGICAS, SINTOMAS DE MUDANÇAS DE INTERPRETAÇÃO

A língua não cessa de interpretar e de decompor as unidades que lhe são dadas. Mas como acontece que essa interpretação varie constantemente de uma geração a outra?

Cumpre pesquisar a causa dessa mudança na massa enorme de fatores que ameaçam sem cessar a análise adotada num estado de língua. Lembraremos alguns deles.

O primeiro e o mais importante é a mudança fonética (ver cap. II). Com tornar certas análises ambíguas e outras impossíveis, ela modifica as condições da desarticulação, e com isso lhe altera os resultados, donde provêm deslocamento dos limites das unidades e modificação de sua natureza. Veja-se o que foi dito, na p. 194 *s.*, acerca de compostos como *beta-hūs* e *redo-lich*, e na p. 210, acerca da flexão nominal em indo-europeu.

Mas não existe somente o fato fonético. Existe também a aglutinação, de que trataremos mais adiante, e que tem por efeito reduzir à unidade uma combinação de elementos; em seguida, toda espécie de circunstâncias exteriores à palavra, mas suscetíveis de modificar-lhe a análise. Com efeito, como esta resulta de um conjunto de comparações, é evidente que depende, a cada instante, do campo associativo do termo. Assim, o superlativo indo-europeu *swād-is-to-s* continha dois sufixos independentes: *is-*, assinalando a ideia de comparativo (exemplo lat. *mag--is*), e *-to-*, que designava o lugar determinado de um objeto numa série (cf. grego *trí-to-s*, "terceiro"). Esses dois sufixos se aglutinaram (cf. grego *hḗd-isto-s*, ou melhor *hḗd-ist-os*). Mas, por sua vez, essa aglutinação foi grandemente favorecida por um fato estranho ao superlativo: os comparativos em *is-* caíram em desuso, suplantados pelas formações em *-jos*; como *-is-* não era mais reconhecido como elemento autônomo, deixou de ser distinguido em *-isto-*.

Assinalemos, de passagem, que há uma tendência geral de diminuir o elemento radical em proveito do elemento formativo, sobretudo quando o primeiro termina por vogal. É assim que, em latim, o sufixo *-tāt-* (*vēri--tāt-em*, por *\*vēro-tāt-em*, cf. grego *deinó-tēt-a*) se assenhoreou do *i* do tema, de onde a análise *vēr-itāt-em*; de igual modo, *Rōmā-nus*, *Albā-nus* (cf. *aēnus* por *\*aes-no-s*) se tornam *Rōm-ānus* etc.

Ora, qualquer que seja a origem dessas mudanças de interpretação, revelam-se sempre pelo aparecimento de formas analógicas. Com efeito, se as unidades vivas, sentidas pelos falantes, a um momento dado, podem por si sós dar origem a formações analógicas, reciprocamente toda repartição determinada de unidades supõe a possibilidade de o seu uso estender-se. A analogia é, pois, a prova peremptória de que um elemento formativo existe num momento dado como unidade significativa. *Merīdiōnālis* (Lactâncio) por *merīdiālis* mostra que se dividia *septentri--ōnālis*, *regi-ōnālis*, e para mostrar que o sufixo *-tāt-* havia aumentado de um elemento *i* tomado de empréstimo ao radical basta alegar *celer-itātem*; *pāg-ānus*, formado sobre *pāg-us*, basta para mostrar como os latinos analisavam *Rōm-ānus*; a análise de *redlich* (p. 194 *s.*) é confirmada pela existência de *sterblich*, formado com uma raiz verbal etc.

LINGUÍSTICA DIACRÔNICA

Um exemplo particularmente curioso mostrará como a analogia trabalha de época para época com novas unidades. Em francês moderno, *somnolent* é analisado *somnol-ent*, como se fosse um particípio presente; a prova disso é que existe um verbo *somnoler*. Mas em latim dividia-se *somno-lentus*, como *succu-lentus* etc., e mais antigamente ainda, *somn-olentus* ("que cheira a sono", de *olēre*, como *vīn-olentus*, "que cheira a vinho").

Por conseguinte, o efeito mais sensível e mais importante da analogia é o de substituir as antigas formações, irregulares e caducas, por outras mais normais, compostas de elementos vivos.

Sem dúvida, as coisas não se passam sempre assim simplesmente: a ação da língua é obstada por uma infinidade de hesitações, de aproximações, de semianálises. Em nenhum momento um idioma possui um sistema perfeitamente fixo de unidades. Pense-se no que foi dito na p. 210 acerca da flexão de *ekwos* em face de *pods*. Essas análises imperfeitas deram origem, por vezes, a criações analógicas turvas. As formas indo-europeias *geus-etai*, *gus-tos*, *gus-tis* permitem destacar uma raiz *geus-gus*, "gostar"; mas em grego o *s* intervocálico cai, e a análise de *geúomai*, *geustós* fica perturbada; resulta disso uma flutuação e se destaca tanto *geus-* como *geu-*; por sua vez, a analogia testemunha essa flutuação, e veem-se mesmo bases em *eu-* assumirem tal *s* final (exemplo: *pneu-*, *pneûma*, adjetivo verbal *pneus-tós*).

Entretanto, mesmo nesses tateios, a analogia exerce uma ação sobre a língua. Assim, conquanto não seja por si mesma um fato de evolução, ela reflete, de momento para momento, as mudanças sobrevindas na economia da língua e as consagra por novas combinações. Ela é a colaboradora eficaz de todas as forças que modificam sem cessar a arquitetura de um idioma, e a esse título constitui um possante fator de evolução.

## § 3. A ANALOGIA, PRINCÍPIO DE RENOVAÇÃO E DE CONSERVAÇÃO

Sentimo-nos por vezes tentados a perguntar se a analogia tem verdadeiramente a importância que lhe concedem os desenvolvimentos prece-

CURSO DE LINGUÍSTICA GERAL

dentes, e se possui ação tão extensa quanto a das mudanças fonéticas. De fato, a história de cada língua permite descobrir um formigueiro de fatos analógicos acumulados uns sobre os outros, e, tomados em bloco, esses contínuos reajustes desempenham um papel considerável na evolução da língua, mais considerável, inclusive, que o das mudanças de sons.

Mas uma coisa interessa particularmente ao linguista: na massa enorme dos fenômenos analógicos que representam alguns séculos de evolução, quase todos os elementos são conservados; somente se distribuem de forma diversa. As inovações da analogia são mais aparentes que reais. A língua é um traje coberto de remendos feitos de seu próprio tecido. Quatro quintos do francês são indo-europeus, se se pensa na substância de que se compõem suas frases, ao passo que as palavras transmitidas na sua totalidade, sem mudança analógica, da língua-mãe ao francês moderno, caberiam no espaço de uma página (por exemplo: *est* = *esti*, os nomes dos números, certos vocábulos como *ours*, *nez*, *père*, *chien* etc.). A imensa maioria das palavras constitui, de um modo ou de outro, combinações novas de elementos fônicos arrancados a formas mais antigas. Nesse sentido, pode-se dizer que a analogia, precisamente porque utiliza sempre a matéria antiga para as suas inovações, é eminentemente conservadora.

Mas ela não age menos profundamente como fator de conservação pura e simples; pode-se dizer que intervém não somente quando materiais preexistentes se distribuem em novas unidades, mas também quando as formas permanecem idênticas a si mesmas. Nos dois casos, trata-se do mesmo processo psicológico. Para dar-se conta desse processo, basta lembrar que seu princípio é no fundo idêntico ao do mecanismo da língua (ver pp. 221-222).

O latim *agunt* se transmitiu quase intacto desde a época pré-histórica (quando se dizia *agonti*) até o limiar da época romana. Durante esse intervalo, as gerações sucessivas o retomaram sem que nenhuma forma concorrente viesse suplantá-lo. A analogia não teve nada a ver com essa conservação? Pelo contrário, a estabilidade de *agunt* é tão obra sua quanto qualquer inovação. *Agunt* se enquadra num sistema; é solidário de formas como *dīcunt*, *legunt* etc. e de outras como *agimus*, *agitis* etc. Sem essa vizinhança, teria muitas possibilidades de ser substituído por

Linguística diacrônica

uma forma composta de novos elementos. O que se transmitiu não foi *agunt*, mas *ag-unt*; a forma não muda, porque *ag-* e *-unt* se verificavam regularmente em outras séries, e foi esse cortejo de formas associadas que preservou *agunt* ao longo do caminho. Compare-se ainda *sex-tus*, que se apoia também em séries compactas: de um lado, *sex, sex-āginta* etc., do outro *quar-tus, quin-tus* etc.

Por conseguinte, as formas se mantêm porque são refeitas analogicamente sem cessar; uma palavra é simultaneamente compreendida como unidade e como sintagma e perdura enquanto seus elementos não mudam. Inversamente, sua existência só é comprometida na medida em que tais elementos caiam em desuso. Veja-se o que ocorre em francês com *dites* e *faites*, que correspondem diretamente ao latim *dic-itis, fac-itis*, mas que não têm mais ponto de apoio na flexão verbal atual; a língua procura substituí-las; ouve-se dizer *disez, faisez*, sobre o modelo de *plaisez, lisez* etc. e essas novas desinências são já usuais na maioria dos compostos (*contredisez* etc.).

As únicas formas sobre as quais a analogia não tem poder nenhum são naturalmente as palavras isoladas, tais como os nomes próprios, especialmente os nomes de lugares (cf. *Paris, Genève, Agen* etc.), que não permitem nenhuma análise e por conseguinte nenhuma interpretação de seus elementos; nenhuma criação concorrente surgiu a par deles.

Assim, a conservação de uma forma pode dever-se a duas causas exatamente opostas: o isolamento completo ou o estreito enquadramento num sistema que, tendo permanecido intacto em suas partes essenciais, vem-lhe constantemente em socorro. É no domínio intermediário das formas insuficientemente sustentadas por sua vizinhança que a analogia inovadora pode manifestar seus efeitos.

Todavia, quando se trata da conservação de uma forma composta de vários elementos, ou de uma redistribuição da matéria linguística em novas construções, o papel da analogia é imenso; é sempre ela que está em jogo.

CAPÍTULO VI
# A ETIMOLOGIA POPULAR

Acontece-nos por vezes estropiar palavras cuja forma e cujo sentido nos são pouco familiares, e às vezes o uso consagra tais deformações. Assim, o antigo francês *coute-pointe* (de *coute*, variante de *couette*, "cobertura", e *pointe*, particípio passado de *poindre*, "picar") mudou para *courte-pointe*, como se se tratasse de um composto do adjetivo *court* e do substantivo *pointe*. Essas inovações, por extravagantes que sejam, não se fazem completamente ao acaso; são tentativas de explicar aproximativamente uma palavra embaraçante relacionando-a com algo conhecido.

Deu-se a esse fenômeno o nome de etimologia popular. À primeira vista, ela não se distingue da analogia. Quando uma pessoa, esquecendo a existência de *surdité*, cria analogicamente a palavra *sourdité*, o resultado é o mesmo que, tendo ela compreendido mal *surdité*, a tivesse deformado pela lembrança do adjetivo *sourd*; e a única diferença seria então que as construções da analogia são racionais, ao passo que a etimologia popular procede um pouco ao acaso e não leva senão a despropósitos.

Entretanto, essa diferença, que concerne apenas aos resultados, não é essencial. A diversidade de natureza é mais profunda; para fazer ver em que consiste, comecemos por dar alguns exemplos dos principais tipos de etimologia popular.

Existe, em primeiro lugar, o caso em que a palavra recebe uma interpretação nova, sem que sua forma mude. Em alemão, *durchbläuen*, "moer de pancadas", remonta etimologicamente a *bliuwan*, "fustigar"; todavia, a palavra é associada a *blau* ("azul") devido às equimoses produzidas pelas pancadas. Na Idade Média, o alemão tomou emprestado do francês *aventure*, de que fez regularmente *abentüre*, depois *Abenteuer*; sem deformar a palavra, foi ela associada com *Abend* ("o que se conta no serão"), de tal maneira que no século XVIII se escrevia *Abendteuer*. O antigo francês *soufraite*, "privação" (= *suffracta*, de *subfrangere*) deu o adjetivo *souffreteux*, que hoje é relacionado com *souffrir*, com o qual não tem nada de comum. *Lais* é o substantivo verbal de *laisser*; atualmente, porém, vê-se nele o de *léguer* e se escreve *legs*; existem mesmo pessoas que pronunciam *leg-s*; isso poderia levar a pensar que já existisse, no caso, uma mudança de forma resultante de interpretação nova; trata-se, contudo, de uma influência da forma escrita, por via da qual se queria, sem mudar a pronúncia, acentuar a ideia que se tinha da origem da palavra. O mesmo acontece com a palavra *homard*, tomada de empréstimo ao antigo nórdico *humarr* (cf. dânes *hummer*), que recebeu um *d* final por analogia com as palavras francesas em -*ard*; somente que aqui o erro de interpretação posto em relevo pela ortografia incide no final da palavra, que foi confundido com um sufixo usual (cf. *bavard* etc.).

Mais comumente, entretanto, deforma-se a palavra para acomodá-la aos elementos que se acreditam reconhecer nela; é o caso de *choucroute* (de *Sauerkraut*); em alemão, *dromedārius* se tornou *Trampeltier*, "o animal que pateia"; o composto é novo, mas encerra palavras que já existiam, *trampeln* e *Tier*. O antigo alto alemão fez do latim *margarita mari-greoz*, "calhau do mar", combinando duas palavras já conhecidas.

Eis um caso particularmente instrutivo: o latim *carbunculus*, "carvãozinho", deu em alemão *Karfunkel* (por associação com *funkeln*, "cintilar") e em francês *escarboucle*, ligado a *boucle*. *Calfeter, calfetrer* se tornou *calfeutrer* por influência de *feutre*. O que impressiona à primeira vista, nesses exemplos, é que cada um deles encerra, a par de um elemento inteligível existente em outras palavras, uma parte que não representa nada de antigo (*Kar-, escar-, cal-*). Mas seria um erro acreditar que haja, nesses elementos, uma parte de criação, algo que tenha surgido a propósito do fenômeno; o contrário é a verdade: trata-se de fragmentos que a interpretação não soube atingir; são, se se quiser, etimologias populares que ficaram a meio caminho. *Karfunkel* está no mesmo caso de *Abenteuer* (se se admitir que *-teuer* é um resíduo que ficou sem explicação); é comparável também a *homard*, em que *hom-* não corresponde a nada.

Por conseguinte, o grau de deformação não cria diferenças essenciais entre as palavras maltratadas pela etimologia popular; têm todas o caráter de serem interpretações puras e simples de formas incompreendidas por formas conhecidas.

Vê-se, desde logo, em que a etimologia se assemelha à análise e em que difere dela.

Os dois fenômenos têm apenas uma característica em comum: num e no outro, utilizam-se elementos significativos fornecidos pela língua; quanto ao restante, porém, são diametralmente opostos. A analogia supõe sempre o esquecimento da forma anterior; na base da forma analógica *il traisait* (ver pp. 226-227), não há nenhuma análise da forma antiga *il trayait*; o esquecimento dessa forma é inclusive necessário para que sua rival apareça. A analogia nada tira da substância dos signos que substitui. Contrariamente, a etimologia popular se reduz a uma interpretação da forma antiga; a recordação desta, mesmo confusa, é o ponto de partida da deformação que sofre. Assim, num caso é a recordação, no outro o esquecimento, que está na base da análise, e essa diferença é capital.

A etimologia popular não age, pois, senão em condições particulares, e não atinge mais que as palavras raras, técnicas ou estrangeiras, que as pessoas assimilam imperfeitamente. A analogia, ao contrário, é um fato absolutamente geral, que pertence ao funcionamento normal da língua. Esses dois fenômenos, tão semelhantes por certos lados, se opõem na sua essência; devem ser cuidadosamente distinguidos.

CAPÍTULO VII
# A AGLUTINAÇÃO

## § 1. DEFINIÇÃO

A par da analogia, cuja importância acabamos de destacar, outro fator intervém na produção de unidades novas: a aglutinação.

Nenhum outro modo de formação entra seriamente em linha de conta: o caso das onomatopeias (ver p. 109) e o das palavras forjadas inteiramente por um indivíduo sem intervenção da analogia (por exemplo, *gás*), ou sequer da etimologia popular, têm importância mínima ou nula.

A aglutinação consiste em que dois ou mais termos originariamente distintos, mas que se encontram frequentemente em sintagma no seio da frase, se soldem numa unidade absoluta dificilmente analisável. Tal é o processo aglutinativo: *processo*, dizemos, e não *procedimento*, pois esta última palavra implica uma vontade, uma intenção, e a ausência de vontade é justamente um caráter essencial da aglutinação.

Eis alguns exemplos. Em francês, disse-se a princípio *ce ci* em duas palavras, e mais tarde *ceci*: palavra nova, conquanto sua matéria e seus elementos constitutivos não tenham mudado. Comparem-se também: francês *tous jours* → *toujours, au jour d'hui* → *aujourd'hui, dès jà* → *dejà*, *vert jus* → *verjus*. A aglutinação pode também soldar as subunidades de uma palavra, como vimos na p. 227 *s.*, a propósito do superlativo indo-europeu *swād-is-to-s* e do superlativo grego *hḗd-isto-s*.

Observando mais de perto, distinguem-se três fases nesse fenômeno:

1º – A combinação de vários termos num sintagma, comparável a todos os outros.

2º – Aglutinação propriamente dita, ou seja, a síntese dos elementos do sintagma numa unidade nova. Essa síntese se faz por si própria, em virtude de uma tendência mecânica: quando um conceito composto é expresso por uma sequência de unidades significativas muito usual, o espírito, tomando por assim dizer um atalho, renuncia à análise e aplica o conceito em bloco ao grupo de signos, que se torna então uma unidade simples.

3º – Todas as outras mudanças suscetíveis de assimilarem sempre mais o grupo antigo a uma palavra simples: unificação do acento (*vért-jús* → *verjús*), mudanças fonéticas especiais etc.

Pretendeu-se, com frequência, que essas mudanças fonéticas e acentuais (3) precediam as mudanças sobrevindas no domínio da ideia (2) e que era mister explicar a síntese semântica pela aglutinação e a síntese materiais; a coisa não é provavelmente assim: o que aconteceu foi, antes, que se percebeu uma só ideia em *vert jus*, *tous jours* etc., de que se fizeram palavras simples, e seria um erro inverter a relação.


## § 2. AGLUTINAÇÃO E ANALOGIA

O contraste entre a analogia e a aglutinação é surpreendente:

1º – Na aglutinação, duas ou mais unidades se confundem numa só por síntese (por exemplo, *encore*, de *hanc horam*), ou então duas subunidades não formam mais que uma (cf. *hḗd-isto-s*, de *swād-is-to-s*). Pelo contrário, a analogia parte de unidades inferiores para delas fazer uma unidade superior. Para criar *pāg-ānus*, uniu um radical *pāg-* a um sufixo *-ānus*.

2º – A aglutinação opera unicamente na esfera sintagmática; sua ação incide num grupo dado; não considera outra coisa. Ao contrário, a analogia faz apelo às séries associativas tanto quanto aos sintagmas.

LINGUÍSTICA DIACRÔNICA

3º – A aglutinação não oferece, sobretudo, nada de voluntário, nada de ativo; já o dissemos: trata-se de um simples processo mecânico, em que a juntura se faz por si só. Ao contrário, a analogia é um procedimento que supõe análises e combinações, uma atividade inteligente, uma intenção.

Empregam-se amiúde os termos *construção* e *estrutura* a propósito da formação das palavras; esses termos, porém, não têm o mesmo sentido conforme se apliquem à aglutinação ou à analogia. No primeiro caso, lembram a cimentação lenta de elementos que, em contato num sintagma, sofreram uma síntese, que pode ir até o completo apagamento de suas unidades originais. No caso da analogia, pelo contrário, construção quer dizer disposição obtida de um só golpe, num ato de fala, pela reunião de certo número de elementos tomados de empréstimo a diversas séries associativas.

Vê-se o quanto importa distinguir entre os dois modos de formação. Assim, em latim, *possum* não é mais que a soldadura de duas palavras *potis sum*, "eu sou dono": é um aglutinado; ao contrário, *signifer*, *agrícola* etc. são produtos da analogia, construções feitas sobre modelos fornecidos pela linguagem. É unicamente às criações analógicas que cumpre reservar os termos de *compostos* e *derivados*[4].

É frequentemente difícil dizer se uma forma analisável nasceu por aglutinação ou se surgiu como construção analógica. Os linguistas discutiram interminavelmente acerca das formas *es-mi*, *es-ti*, *ed-mi* etc., do indo-europeu. Foram os elementos *es-*, *ed-* etc., numa época muito recuada, palavras verdadeiras, aglutinadas a seguir com outras: *mi*, *ti* etc., ou então resultam *es-mi*, *es-ti* etc. de combinações com elementos

---

[4] Isso equivale a dizer que esses dois fenômenos combinam sua ação na história da língua; a aglutinação, porém, sempre tem precedência, e é quem fornece modelos à analogia. Assim, o tipo de compostos que deu em grego *hippó-dromo-s* etc. nasceu por aglutinação parcial numa época do indo-europeu em que as desinências eram desconhecidas (*ekwo dromo* equivalia então a um composto inglês como *country house*); mas foi a analogia que fez dela uma formação produtiva antes da soldadura absoluta dos elementos. O mesmo se passou com o futuro francês (*je ferai* etc.), nascido em latim vulgar da aglutinação do infinito com o presente do verbo *habēre* (*facere habeō* = "tenho de fazer"). Assim, é pela intervenção da analogia que a aglutinação cria tipos sintáticos e trabalha em prol da Gramática; deixada entregue a si mesma, ela leva a síntese dos elementos até a unidade absoluta e não produz senão palavras indecomponíveis e improdutivas (tipo *bane horam* → *encore*), vale dizer: ela trabalha em prol do léxico (org.).

CURSO DE LINGUÍSTICA GERAL

extraídos de outras unidades complexas da mesma ordem, o que faria remontar a aglutinação a uma época anterior à formação das desinências em indo-europeu? À falta de testemunhos históricos, a questão é provavelmente insolúvel.

Somente a História no-lo pode dizer. Todas as vezes que ela permite afirmar que um elemento simples foi outrora dois ou vários elementos da frase, está-se diante de uma aglutinação: assim, o latim *hunc*, que remonta a *hom ce* (*ce* é atestado epigraficamente). Mas quando falta a informação histórica, é bem difícil determinar o que seja aglutinação e o que resulta da analogia.

CAPÍTULO VIII
# UNIDADES, IDENTIDADES E REALIDADES DIACRÔNICAS

A Linguística opera com unidades que existem segundo o encadeamento sincrônico. Tudo o que acabamos de dizer prova que, numa sucessão diacrônica, não existem elementos delimitados de uma vez para sempre, como se poderia representar pelo gráfico:

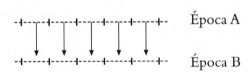

Ao contrário, de um momento a outro, eles se distribuem de forma diversa, em virtude de sucessos dos quais a língua é o teatro, pelo que responderiam melhor à figura:

Isso resulta de tudo quanto dissemos a propósito das consequências da evolução fonética, da analogia, da aglutinação etc.

CURSO DE LINGUÍSTICA GERAL

Quase todos os exemplos citados até agora pertencem à formação das palavras; eis agora um outro exemplo tomado à sintaxe. O indo-europeu não conhecia as preposições; as relações que estas indicam eram exemplificadas por numerosos casos, providos de grande força significativa. Não existiam tampouco verbos compostos por meio de preverbos, mas apenas partículas, palavrinhas que se acrescentavam à frase para precisar e matizar a ação do verbo. Assim, nada que correspondesse ao latim *īre ob mortem*, "ir diante da morte", nem a *obīre mortem*; ter-se-ia de dizer *īre mortem ob*. Esse é ainda o estado do grego primitivo: 1° – *óreos bainō káta*; *óreos bainō* significa por si só "eu venho da montanha", tendo o genitivo o valor do ablativo: *káta* acrescenta o matiz "descendo". Numa outra época, teve-se 2° – *katà óreos bainō*, em que *katà* desempenha o papel de preposição, ou ainda 3° – *kata-bainō óreos*, por aglutinação do verbo e da partícula, que se tornou preverbo.

Verificam-se aqui dois ou três fenômenos distintos, mas que repousam todos numa interpretação das unidades: 1° – criação de uma nova espécie de palavras, as preposições, e isso por simples deslocamento das unidades recebidas. Uma ordem particular, indiferente à origem, devida talvez a uma causa fortuita, permitiu um novo agrupamento: *kata*, a princípio independente, se une com o substantivo *óreos*, e esse conjunto se une a *bainō* para servir-lhe de complemento; 2° – aparecimento de um novo tipo verbal (*katabainō*); trata-se de um outro agrupamento psicológico, favorecido também por uma distribuição especial das unidades e consolidado pela aglutinação; 3° – como consequência natural: debilitamento do sentido da desinência do genitivo (*óre-os*); caberá a *katà* exprimir a ideia essencial que o genitivo antes expressava por si só: a importância da desinência *-os* diminui proporcionalmente. Seu desaparecimento futuro está em germe no fenômeno.

Nos três casos, trata-se, pois, de uma nova repartição das unidades. É a mesma substância com outras funções; pois – coisa de notar – nenhuma mudança fonética interveio para provocar um ou outro desses deslocamentos. Por outro lado, se bem que a matéria não tenha variado, não se deve acreditar que tudo se passe no domínio do sentido: não existe fenômeno de sintaxe sem a união de uma determinada cadeia de conceitos com uma determinada cadeia de unidades fônicas (ver p. 189), e foi justamente essa relação que se modificou. Os sons subsistem, mas as unidades significativas não são mais as mesmas.

Dissemos nas pp. 114-115 que a alteração do signo é um deslocamento de relação entre o significante e o significado. Essa definição se aplica não somente à alteração dos termos do sistema, mas também à evolução do próprio sistema; o fenômeno diacrônico, em sua totalidade, não é outra coisa.

Entretanto, uma vez que tenhamos comprovado um determinado deslocamento das unidades sincrônicas, estaremos longe de nos ter dado conta do que se passou na língua. Existe um problema da *unidade diacrônica* em si: consiste em perguntar, a propósito de cada acontecimento, qual o elemento submetido diretamente à ação transformadora. Já encontramos um problema desse gênero no tocante às mudanças fonéticas (ver p. 136); estas atingem somente o fonema isolado, ao passo que a palavra, enquanto unidade, lhe é estranha. Como existe toda sorte de sucessos diacrônicos, ter-se-á de resolver uma grande quantidade de questões análogas; e as unidades que forem delimitadas nesse domínio não corresponderão necessariamente às do domínio sincrônico. De conformidade com o princípio firmado na primeira parte, a noção de unidade não pode ser a mesma nas duas ordens. Em todo caso, não será completamente elucidada enquanto não tiver sido estudada em seus dois aspectos, o estático e o evolutivo. Somente a solução do problema da unidade diacrônica nos permitirá ultrapassar as aparências do fenômeno de evolução e atingir-lhe a essência. Aqui, como na sincronia, o conhecimento das unidades é indispensável para distinguir o que é ilusão do que é realidade (ver p. 155 *s.*).

Outra questão, particularmente delicada, é a da *identidade diacrônica*. Com efeito, para que eu possa dizer que uma unidade persistiu idêntica a si mesma, ou que, persistindo como unidade distinta, mudou de forma ou de sentido – pois todos estes casos são possíveis –, cumpre que eu saiba em que me baseio para afirmar que um elemento tomado a uma época – por exemplo, a palavra francesa *chaud* – é a mesma coisa que um elemento tomado a outra época – por exemplo, o latim *calidum*.

A essa pergunta, responder-se-á, sem dúvida, que *calidum* teve de converter-se regularmente em *chaud* pela ação das leis fonéticas, e que, por conseguinte, *chaud* = *calidum*. É o que se chama uma identidade fonética. O mesmo acontece com *sevrer* e *sēparāte*; dir-se-á, ao contrário, que *fleurir* não é a mesma coisa que *florēre* (que teria dado *flouroir*) etc.

Esse gênero de correspondência parece, à primeira vista, recobrir a noção de identidade diacrônica em geral. Mas, de fato, é impossível que o som dê conta, por si só, da identidade. Tem-se, sem dúvida, razão em dizer que o latim *mare* deve aparecer em francês sob a forma de *mer* porque todo *a* se tornou *e* em certas condições, porque o *e* átono final cai etc.; afirmar, porém, que são essas relações $a \rightarrow e$, $e \rightarrow zero$ que constituem a identidade é inverter os termos, pois é, ao contrário, em nome da correspondência *mare : mer* que eu julgo que o *a* se tornou *e*, que o *e* final cai etc.

Se duas pessoas pertencentes a regiões diferentes da França dizem, uma *se fâcher*, outra se *fôcher*, a diferença é assaz secundária em comparação com os fatos gramaticais que permitem reconhecer, nessas duas formas distintas, uma única e mesma unidade de língua. Ora, a identidade diacrônica de duas palavras tão diferentes quanto *calidum* e *chaud* significa simplesmente que se passou de uma a outra por meio de uma série de identidades sincrônicas na fala, sem que jamais o vínculo que as une tenha sido rompido pelas transformações fonéticas sucessivas. Eis por que pudemos dizer, nas páginas 153-154, que é tão interessante saber como *Senhores!* repetido diversas vezes em seguida num discurso é idêntico a si mesmo, quanto saber por que, em francês, *pas* (negação) é idêntico a *pas* (substantivo) ou, o que vem a dar na mesma, por que *chaud* é idêntico a *calidum*. O segundo problema não é, com efeito, mais que um prolongamento e uma complicação do primeiro.

# APÊNDICES DAS SEGUNDA E TERCEIRA PARTES

## A. ANÁLISE SUBJETIVA E ANÁLISE OBJETIVA

A análise das unidades da língua, feita a todos os instantes pelas pessoas que falam, pode ser chamada de análise *subjetiva*; cumpre evitar confundi--la com a *análise objetiva*, fundada na História. Numa forma como o grego *hippos*, o gramático distingue três elementos: uma raiz, um sufixo e uma desinência (*hipp-o-s*); o grego não percebia mais que dois (*hipp-os*, ver p. 210). A análise objetiva vê quatro subunidades em *amābās (am-ā-bā-s)*; os latinos dividiam *amā-bā-s*; é mesmo provável que considerassem *-bās* como um todo flexional oposto ao radical. Nas palavras francesas *entier* (lat. *in-teger*, "intato"), *enjant* (lat. *in-fans*, "que não fala"), *enceinte* (lat. *in-cincta* "sem cintura"), o historiador destacará um prefixo comum *en-*, idêntico ao *in-* privativo do latim; a análise subjetiva dos falantes a ignora totalmente.

O gramático se sente amiúde tentado a ver erros nas análises espontâneas da língua; em verdade, a análise subjetiva não é mais falsa que a "falsa analogia" (ver p. 219). A língua não se engana; seu ponto de vista é diferente, eis tudo. Não existe medida comum entre a análise dos falantes

CURSO DE LINGUÍSTICA GERAL

e a do historiador, se bem que ambos usem o mesmo procedimento: a confrontação das séries que apresentam um mesmo elemento. Uma e outra estão justificadas, e cada qual conserva seu valor próprio; em última instância, porém, a dos falantes é a única que importa, pois está fundada diretamente nos fatos de língua.

A análise histórica não passa de uma forma derivada. Ela consiste, no fundo, em projetar num plano único as construções de diferentes épocas. Como a decomposição espontânea, visa a conhecer as subunidades que entram numa palavra, só que faz a síntese de todas as divisões operadas no curso do tempo, com vistas a atingir a mais antiga. A palavra é como uma casa cuja disposição interior e destinação tivessem sido alteradas em várias ocasiões. A análise objetiva soma e superpõe essas distribuições sucessivas; entretanto, para os que ocupam a casa, nunca existe mais que uma análise. A análise *hípp-o-s*, examinada anteriormente, não é falsa, porquanto foi a consciência dos falantes que a estabeleceu; é simplesmente "anacrônica"; pertence a uma outra época que não aquela em que toma a palavra. Esse *hípp-o-s* não contradiz o *hípp-os* do grego clássico, mas cumpre não julgá-lo da mesma maneira. Isso equivale a formular mais uma vez a distinção radical entre diacrônico e sincrônico. E permite, ademais, resolver uma questão de método ainda pendente em Linguística. A escola antiga dividia as palavras em raízes, temas, sufixos etc. e dava a essas distinções um valor absoluto. Lendo Bopp e seus discípulos, acreditar-se-ia que os gregos tinham trazido consigo, desde um tempo imemorial, uma bagagem de raízes e sufixos, e que se dedicavam a confeccionar suas palavras ao falar, que *patér*, por exemplo, era para eles raiz *pa* + sufixo *ter*, que *dōsō*, em sua boca, representava a soma de *dō* + *so* + uma desinência pessoal etc.

Cumpria, necessariamente, reagir contra tais aberrações, e a palavra de ordem, muito justa, dessa reação, foi: observar o que se passa nas línguas de hoje, na linguagem de todos os dias, e não atribuir aos períodos antigos da língua nenhum processo, nenhum fenômeno que não seja verificável atualmente. E como, mais amiúde, a língua viva não permite surpreender análises como as que fazia Bopp, os neogramáticos, firmes em seu princípio, declararam que raízes, temas, sufixos etc. são puras abstrações de nosso espírito e que, se se faz uso deles, é unicamente por

LINGUÍSTICA DIACRÔNICA

comodidade de exposição. Mas se não há justificação para o estabelecimento dessas categorias, por que estabelecê-las? E quando são estabelecidas, em nome do que se declara que uma divisão como *hípp-o-s*, por
exemplo, é preferível a outra como *hípp-os*?

A escola nova, após ter reconhecido os defeitos da antiga doutri-
na, o que era fácil, contentou-se em rejeitar a teoria, ao passo que, na
prática, ficava como que embaraçada por um aparato científico que,
apesar de tudo, não podia dispensar. Quando se raciocina sobre essas
"abstrações", vê-se a parte de realidade que representam, e um corre-
tivo muito simples basta para dar a tais artifícios do gramático um sentido legítimo e exato. Foi o que tentamos fazer ao mostrar que, uni-
da por um vínculo interior à análise subjetiva da língua viva, a análise
objetiva tem um lugar legítimo e determinado no método linguístico.


## B. A ANÁLISE SUBJETIVA
## E A DETERMINAÇÃO DAS SUBUNIDADES

Em matéria de análise, só podemos, portanto, estabelecer um método e formular definições depois de nos termos situado no plano sincrônico. É o que gostaríamos de mostrar por meio de algumas observações
acerca das partes da palavra: prefixos, raízes, radicais, sufixos, desinências.[5]
Comecemos pela desinência, vale dizer, a característica flexional ou
elemento variável de fim de palavra que distingue as formas de um paradigma nominal ou verbal. Em *zeúgnu-mi, zeúgnū-s, zeúgnū-si, zeúgnu-men*
etc., "eu atrelo" etc., as desinências *-mi, -s, -si* etc. se delimitam simplesmente porque se opõem entre si e à parte anterior da palavra (*zeugnū-*).
Viu-se (pp. 128 e 165), a propósito do genitivo tcheco *žen*, por oposição

---

[5] F. de Saussure não abordou, pelo menos do ponto de vista sincrônico, a questão das palavras compostas.
Esse aspecto do problema deve ficar, portanto, inteiramente à parte; não é preciso dizer que a distinção
diacrônica estabelecida entre compostos e aglutinados não poderia ser transportada para este ponto,
em que se trata de analisar um estado de língua. Quase não há necessidade de observar que essa exposição, relativa às subunidades, não pretende resolver a questão mais delicada, levantada nas pp. 150 e
158, de definição da palavra considerada unidade (org.).

CURSO DE LINGUÍSTICA GERAL

ao nominativo *žena*, que a ausência de desinência pode desempenhar o mesmo papel que uma desinência ordinária. Assim, em grego, *zeúgnū!*, "atrela!", oposto a *zeúgnu-te!*, "atrelai!", ou o vocativo *rhêtor!*, oposto a *rhêtor-os* etc., em francês *marš* (escrito *marche!*) oposto a *maršõ* (escrito *marchons!*), são formas flexionadas de desinência zero.

Por eliminação da desinência, obtém-se o *tema de flexão* ou *radical*, que é, de modo geral, o elemento comum destacado espontaneamente pela comparação de uma série de palavras aparentadas, flexionadas ou não, e que encerra a ideia comum a todas elas. Assim, em francês, na série *roulis, rouleau, rouler, roulage, roulement*, percebe-se sem dificuldade um radical *roul-*. Mas a análise dos falantes distingue com frequência, numa mesma família de palavras, radicais de várias espécies, ou, melhor, de vários graus. O elemento *zeúgnū*, destacado de *zeúgnū-mi*, *zeúgnū-s* etc., é um radical de primeiro grau; não é irredutível, pois, se o compararmos com outras séries (*zeúgnūmi, zeuktós, zeûksis, zeuktêr, zugón* etc., de um lado, *zeúgnūmi, deíknūmi, órnūmi* etc., de outro) a divisão *zeug-nu* se apresentará por si mesma. Assim, *zeug-* (com suas formas alternantes *zeug-, zeuk-, zug-*, ver pp. 215-216) é um radical do segundo grau; mas já é um radical irredutível, pois não se pode levar mais longe a decomposição por via de comparação de formas aparentadas.

Chama-se *raiz* a esse elemento irredutível e comum a todas as palavras de uma mesma família. Por outro lado, como toda decomposição subjetiva e sincrônica, só pode separar os elementos materiais considerando a porção de sentido que cabe a cada um deles; é a raiz, nesse particular, o elemento em que o sentido comum a todas as palavras aparentadas alcança o máximo de abstração e de generalidade. Naturalmente, essa indeterminação varia de raiz para raiz; mas ela depende também, em certa medida, do grau de redutibilidade do radical; quanto mais este sofra divisões, mais possibilidades terá seu sentido de tornar-se abstrato. Assim, *zeugmátion* designa uma "pequena junta", *zeûgma* um "atrelamento" sem determinação especial, e por fim *zeug-* encerra a ideia indeterminada de "atrelar".

Segue-se que uma raiz, como tal, não pode constituir uma palavra nem receber a adjunção direta de uma desinência. Com efeito, uma palavra representa sempre uma ideia relativamente determinada, pelo menos do ponto de vista gramatical, o que é contrário à generalidade e à abstração próprias da raiz. Que se deve então pensar do caso muito frequente em que raiz e tema de flexão parecem confundir-se, como se vê no grego *phlóks*, gen. *phlogós*, "chama", comparado com a raiz *phleg-: phlog-*, que se encontra em todas as palavras da mesma família (cf. *phlég-o* etc.)? Não estará em contradição com a distinção que acabamos de estabelecer? Não, porque é mister distinguir *phleg-: phlog-* em sentido geral e *phlog-* em sentido especial, sob pena de não se considerar mais que a forma material, com exclusão do sentido. O mesmo elemento fônico tem aqui dois valores diferentes; constitui, portanto, dois elementos linguísticos distintos (ver p. 150). Da mesma maneira por que antes *zeúgnū!*, "atrela!", nos aparecia como uma palavra flexionada de desinência zero, diremos que *phlog-*, "chama", é um tema de *sufixo zero*. Nenhuma confusão é possível: o radical permanece distinto da raiz, mesmo que lhe seja fonicamente idêntico.

A raiz é, pois, uma realidade para a consciência dos falantes. É verdade que eles não a destacam sempre com igual precisão; existem, nesse particular, diferenças, quer no seio de uma mesma língua, quer de língua para língua.

Em certos idiomas, caracteres precisos assinalam a raiz para os falantes. É o caso do alemão, em que tem um aspecto assaz uniforme; quase sempre monossilábica (cf. *streit-*, *bind-*, *haft-* etc.), ela obedece a certas regras de estrutura: os fonemas não aparecem nela numa ordem qualquer; certas combinações de consoantes, tais como oclusiva + líquida, estão proibidas em posição final: *werk-* é possível, *wekr-* não o é; encontram-se *helf-*, *werd-*; não se encontram *hefl- wedr-*.

Lembremos que as alternâncias regulares, sobretudo entre vogais, reforçam mais que enfraquecem o sentimento da raiz e das subunidades em geral; nesse ponto, também o alemão, com o jogo variado de seus *Ablauts* (ver p. 214), difere profundamente do francês. As raízes semíticas apresentam, em mais alto grau ainda, caracteres análogos. As alternâncias são, nelas, muito regulares, e determinam grande número de oposições complexas (cf. hebraico *qāṭal*, *qtalṭem*, *qṭōl*, *qiṭlū* etc., todas formas de um mesmo verbo que significa "matar"); ademais, elas apresentam um traço que lembra o monossilabismo alemão, mas de maneira mais surpreendente: encerram sempre três consoantes (ver mais adiante, p. 304 *s.*).

CURSO DE LINGUÍSTICA GERAL

Nisso, o francês é muito diferente. Tem poucas alternâncias e, a par de raízes monossilábicas (*roul-*, *march-*, *mang-*), possui muitas raízes de duas ou mesmo três sílabas (*commenc-*, *hésit-*, *épouvant-*). Outrossim, as formas dessas raízes oferecem, notadamente em >eus finais, combinações demasiado diversas para serem redutíveis a regras (cf. *tu-er*, *régn-er*, *guid-er*, *grond-er*, *souffl-er*, *tard-er*, *entr-er*, *hurl-er* etc.). Não é de admirar, portanto, que o sentimento da raiz esteja tão pouco desenvolvido em francês.

A determinação da raiz acarreta, por outro lado, a dos prefixos e sufixos. O *prefixo* precede a parte da palavra reconhecida como radical, por exemplo *hupo-* no grego *hupo-zeúgnūmi*. O sufixo é o elemento que se junta à raiz para fazer dela um radical (por exemplo: *zeug-mat-*) ou a um primeiro radical para fazê-lo de segundo grau (por exemplo: *zeugmat-io-*). Viu-se que esse elemento, como a desinência, pode ser representado por zero. A extração do sufixo não é, pois, mais que a outra face da análise do radical.

O sufixo ora tem um sentido concreto, um valor semântico, como em *zeuk-tēr-*, no qual *-tēr-* designa a agente, o autor da ação, ora uma função puramente gramatical, como em *zeúg-nū-(-mi)*, no qual *-nū-* assinala a ideia de presente. O prefixo pode também desempenhar ambos os papéis, mas é raro que nossas línguas lhe deem uma função gramatical; exemplos: o *ge-* do particípio passado alemão (*ge-setzt* etc.), os prefixos perfectivos do eslavo (russo *na-pisát'* etc.).

O prefixo difere ainda do sufixo por um caráter que, sem ser absoluto, é assaz geral: ele está mais bem delimitado porque se destaca mais facilmente do conjunto da palavra. Isso se deve à natureza própria desse elemento; na maioria dos casos, o que resta após a eliminação de um prefixo faz o efeito de uma palavra constituída (cf. *recommencer : commencer*, *indigne : digne*, *maladroit : adroit*, *contrepoids : poids* etc.). Isso é ainda mais notável em latim, em grego, em alemão. Acrescentemos que diversos prefixos funcionam como palavras independentes: cf. francês *contre*, *mal*, *arant*, *sur*, alemão *unter*, *vor* etc., grego *katá*, *pró* etc. Coisa muito diversa acontece com o sufixo: o radical obtido pela supressão desse elemento é uma palavra incompleta; exemplo: francês *organisation : organis-*, alemão *Trennung : trenn-*, grego *zeúgma : zeug-* etc., e, por outro lado, o sufixo mesmo não

248

tem existência autônoma. Disso tudo resulta que o radical está, na maioria das vezes, delimitado no seu começo: antes de qualquer comparação com outras formas, a pessoa que fala sabe onde colocar o limite entre o prefixo e o que se lhe segue. O mesmo não acontece com o fim da palavra: ali, nenhum limite se impõe afora a confrontação de formas que tenham o mesmo radical ou o mesmo sufixo, e essas aproximações levarão a delimitações variáveis segundo a natureza dos termos associados.

Do ponto de vista da análise subjetiva, os sufixos e os radicais só valem pelas oposições sintagmáticas e associativas: pode-se, conforme o caso, encontrar um elemento formativo e um elemento radical nas duas partes opostas de uma palavra, quaisquer que elas sejam, contanto que deem lugar a uma oposição. No latim *dictātōrem*, por exemplo, veremos um radical *dictātōr-(em)*, se o compararmos a *consul-em*, *ped-em*, mas um radical *dictā-(tōrem)* se o compararmos a *lic-tō-rem*, *scrip-tōrem* etc., um radical *dic-(tātōrem)*, se pensarmos em *pō-tātōrem*, *cantā-tōrem*. De maneira geral, e em circunstâncias favoráveis, a pessoa que fala pode ser levada a fazer todas as divisões imagináveis (por exemplo: *dictāt-ōrem*, conforme *am-ōrem*, *ard-ōrem* etc., *dict-ātōrem*, segundo *ōr-ātōrem*, *ar-ātōrem* etc.). Sabemos (ver p. 223) que os resultados dessas análises espontâneas se manifestam nas formações analógicas de cada época; são elas que permitem distinguir as subunidades (raízes, prefixos, sufixos, desinências) das quais a língua tem consciência, e os valores que lhe atribui.


## C. A ETIMOLOGIA


A etimologia não é uma disciplina distinta nem uma parte da Linguística evolutiva; é somente uma aplicação especial dos princípios relativos aos fatos sincrônicos e diacrônicos. Ela remonta o passado das palavras até encontrar algo que as explique.

Quando se fala de origem de uma palavra e se diz que ela "vem" de outra, podem-se entender, por isso, várias coisas diferentes: assim, o francês *sel* vem do latim *sal* por simples alteração do som; *labourer*, "trabalhar a terra", vem do antigo francês *labourer*, "trabalhar em geral", por

CURSO DE LINGUÍSTICA GERAL

alteração do sentido somente; *couver* vem do latim *cubāre*, "estar deitado", por alteração do sentido e do som; por fim, quando se diz que *pommier* vem de *pomme*, assinala-se uma relação de derivação gramatical. Nos três primeiros casos, opera-se com identidades diacrônicas, o quarto se funda numa relação sincrônica de vários termos diferentes; ora, tudo quanto se disse a propósito da analogia mostra que é a parte mais importante da investigação etimológica.

A etimologia de *bônus* não fica fixada porque remontamos a *dvenos*; mas se comprovarmos que *bis* remonta a *dvis* e que se pode dessarte estabelecer uma relação com *duo*, isso tem a chance de ser chamado uma operação etimológica; o mesmo acontece com a associação do francês *oiseau* com *avicellus*, pois ela permite encontrar o vínculo que une *oiseau* a *avis*.

A etimologia é, pois, antes de tudo, a explicação das palavras pela pesquisa de suas relações com outras palavras. Explicar quer dizer: reduzir a termos conhecidos, e em Linguística *explicar uma palavra é reduzi-la a outras palavras*, porquanto não existem relações necessárias entre o som e o sentido (princípio da arbitrariedade do signo, ver p. 108).

A etimologia não se contenta em explicar palavras isoladas; faz a história de famílias de palavras, assim como a faz dos elementos formativos, prefixos, sufixos etc.

Como a Linguística estática e evolutiva, ela descreve fatos, mas essa descrição não é metódica, de vez que se faz sem direção determinada. A propósito de uma palavra tomada como objeto de pesquisa, a etimologia toma emprestados seus elementos de formação tanto à fonética como à morfologia, à semântica etc. Para alcançar seus fins, serve-se de todos os meios que a Linguística lhe põe à disposição, mas não detém sua atenção na natureza das operações que está obrigada a levar a cabo.

QUARTA PARTE
**LINGUÍSTICA GEOGRÁFICA**

## CAPÍTULO I
# DA DIVERSIDADE DAS LÍNGUAS

Ao abordar a questão das relações do fenômeno linguístico com o espaço, deixamos a Linguística interna para entrar na Linguística externa, cuja extensão e variedade já foram assinaladas no capítulo V da Introdução.

O que primeiro surpreende no estudo das línguas é sua diversidade, as diferenças linguísticas que se apresentam quando se passa de um país a outro, ou mesmo de um distrito a outro. Conquanto as divergências no tempo escapem ao observador, as divergências no espaço saltam imediatamente aos olhos; os próprios selvagens as percebem, graças aos contatos com outras tribos que falem outra língua. É exatamente por via dessas comparações que um povo toma consciência de seu idioma.

Observemos de passagem que tal sentimento faz nascer nos primitivos a ideia de que a língua seja um hábito, um costume análogo ao do traje ou do armamento. O termo *idioma* designa com muita precisão a língua como algo que reflete os traços próprios de uma comunidade (o grego *idiōma* já tinha o sentido de "costume especial"). Há nisso uma ideia justa, mas que se torna um erro quando se chega a ver na língua um atributo, não mais da nação, mas da raça, ao mesmo título que a cor da pele ou a forma da cabeça.

Acrescentemos ainda que cada povo crê na superioridade do seu idioma. Um homem que fala outra língua é facilmente considerado como incapaz de falar; assim, a palavra grega *bárbaros* parece ter significado "tartamudo" e estar aparentada ao latim *balbus*; em russo, os alemães são chamados de *Nyêmtsy*, isto é, "os mudos".

Por conseguinte, a diversidade geográfica foi a primeira comprovação feita em Linguística; ela determinou a forma inicial da pesquisa científica em matéria de língua, inclusive entre os gregos; é verdade que estes não só se preocupavam com a variedade existente entre os diferentes dialetos helênicos; mas isso porque, de modo geral, seu interesse não ultrapassava nunca os limites da própria Grécia.

Após verificar que dois idiomas diferem, somos instintivamente levados a descobrir analogias entre eles. Trata-se de uma tendência natural dos falantes. Os camponeses gostam de comparar seu patuá com o da vila vizinha; as pessoas que falam várias línguas observam os traços que têm em comum. Mas, coisa curiosa, a Ciência demorou um tempo enorme para utilizar comprovações dessa ordem; dessarte, os gregos, que tinham observado numerosas semelhanças entre o vocabulário latino e o deles, não souberam tirar disso nenhuma conclusão linguística.

A observação científica de tais analogias permite afirmar, em certos casos, que dois ou mais idiomas estão unidos por um vínculo de parentesco, vale dizer, têm uma origem comum. Um grupo de línguas assim relacionadas se chama uma família; a Linguística moderna reconheceu sucessivamente as famílias indo-europeia, semítica, banto[1] etc. Essas famílias podem ser, por sua vez, comparadas entre si, e por vezes filiações mais vastas e mais antigas aparecem. Quiseram-se ver analogias entre o fino-úgrico[2] e o indo-europeu, entre este último e o semítico etc. Mas as comparações desse gênero se chocam logo contra barreiras infranqueá-

---

[1]   O banto é um conjunto de línguas faladas pelas populações da África equatorial do sul, notadamente os cafres (org.).

[2]   O fino-úgrico, que compreende entre outros o finês propriamente dito ou suomi, o mordvino, o lapão etc., é uma família de línguas faladas na Rússia setentrional e na Sibéria, e que remonta certamente a um idioma primitivo comum; tais línguas se relacionam com o grupo muito vasto das línguas ditas uralo-altaicas, cuja comunidade de origem não está provada, malgrado certos traços que se encontram em todas (org.).

LINGUÍSTICA GEOGRÁFICA

veis. Cumpre não confundir o que pode ser com o que é demonstrável. O parentesco universal das línguas não é provável, mas se fosse verdadeiro – como o crê um linguista italiano, Trombetti[3] –, não poderia ser provado, por causa do excessivo número de mudanças ocorridas.

Assim, ao lado da diversidade no parentesco, existe uma diversidade absoluta, sem parentesco reconhecível ou demonstrável. Qual deve ser o método da Linguística num e no outro caso? Comecemos pelo segundo, o mais frequente. Existe, como acabamos de dizer, uma infinidade de línguas e de famílias de línguas irredutíveis umas às outras. É o que acontece, por exemplo, com o chinês diante das línguas indo-europeias. Isso não quer dizer que devemos renunciar à comparação; ela é sempre possível e útil; e se aplicará tanto ao organismo gramatical e aos tipos gerais de expressão do pensamento quanto ao sistema de sons; comparar-se-ão também os fatos de ordem diacrônica, a evolução fonética das duas línguas etc. Nesse particular, as possibilidades, conquanto incalculáveis em número, estão limitadas por certos dados constantes, fônicos e psíquicos, no interior dos quais toda língua se deve constituir; e, reciprocamente, é a descoberta desses dados constantes que constitui o objetivo principal de toda comparação feita entre línguas irredutíveis umas às outras.

Quanto à outra categoria de diversidades, as que existem dentro das famílias de línguas, elas oferecem um campo ilimitado à comparação. Dois idiomas podem diferir em todos os graus; assemelharem-se espantosamente, como o zenda e o sânscrito; ou parecerem inteiramente dissemelhantes, como o sânscrito e o irlandês; todos os matizes intermediários são possíveis: assim, o grego e o latim estão mais perto um do outro que respectivamente do sânscrito etc. Os idiomas que divergem entre si somente em pequeno grau são chamados *dialetos*; contudo, não se deve dar a esse termo um sentido rigorosamente exato; veremos, na p. 267 *s.*, que existem entre os dialetos e as línguas uma diferença de quantidade, não de natureza.

---

[3] Ver sua obra *L'unita d'origine del linguaggio*, Bolonha, 1905 (org.).

## CAPÍTULO II
# COMPLICAÇÕES DA DIVERSIDADE GEOGRÁFICA

### § 1. COEXISTÊNCIA DE VÁRIAS LÍNGUAS NUM MESMO PONTO

A diversidade geográfica foi até agora apresentada em sua forma ideal: para tantos territórios, tantas línguas distintas. E tínhamos o direito de proceder assim, pois a separação geográfica é sempre o fator mais geral da diversidade linguística. Abordemos agora os fatos secundários que vêm perturbar essa correspondência e cujo resultado é a coexistência de várias línguas num mesmo território.

Não se trata, no caso, da mistura real, orgânica, da interpenetração de dois idiomas que resulta numa mudança do sistema (cf. o inglês após a conquista normanda). Não se trata, tampouco, de várias línguas claramente separadas do ponto de vista territorial, mas compreendidas nos limites de um mesmo Estado político, como é o caso da Suíça. Vamos enfocar somente o fato de que dois idiomas podem viver lado a lado num mesmo lugar e coexistir sem se confundirem. Isso se vê muito amiúde; cumpre, todavia, distinguir os dois casos.

Pode acontecer, primeiramente, que a língua de uma nova população se venha superpor à da população indígena. Assim, na África do Sul,

LINGUÍSTICA GEOGRÁFICA

ao lado de diversos dialetos negros, comprova-se a presença do holandês e do inglês, resultado de duas colonizações sucessivas; foi da mesma maneira que o espanhol se implantou no México. Não se deve acreditar, porém, que as usurpações linguísticas desse gênero sejam específicas da época moderna. Em todas as épocas, nações se mesclaram sem confundir seus idiomas. Para dar-se conta disso, basta lançar um olhar ao mapa da Europa atual; na Irlanda, fala-se o céltico e o inglês; muitos irlandeses possuem as duas línguas. Na Bretanha, emprega-se o bretão e o francês; na região basca, utilizam-se o francês ou o espanhol ao mesmo tempo que o basco. Na Finlândia, o sueco e o finês coexistem há muito tempo; o russo veio juntar-se a eles recentemente; na Curlândia e na Livônia falam-se o letão, o alemão e o russo; o alemão, importado por colonos chegados, na Idade Média, sob os auspícios da liga hanseática, pertence a uma classe especial da população; o russo foi a seguir importado por via de conquista. A Lituânia viu implantar-se, de par com o italiano, o polonês, consequência de sua antiga união com a Polônia, e o russo, resultado da incorporação ao império moscovita. Até o século XVIII, o eslavo e o alemão estavam em uso em toda a região oriental da Alemanha, a partir do Elba. Em certos países, a confusão de línguas é ainda maior; na Macedônia, encontram-se todas as línguas imagináveis: o turco, o búlgaro, o sérvio, o grego, o albanês, o romeno etc., misturados de diversas maneiras, conforme as regiões.

Nem sempre essas línguas estão mescladas de forma absoluta; sua coexistência, numa dada região, não exclui uma relativa repartição territorial. Acontece, por exemplo, que, de duas línguas, uma é falada nas cidades e a outra nos campos; tal repartição, contudo, nem sempre é clara.

Na Antiguidade, os mesmos fenômenos. Se possuíssemos o mapa linguístico do Império Romano, ele nos mostraria fatos em tudo semelhantes aos da época moderna. Assim, na Campanha, ao fim da República, falavam-se: o osco, como o testemunham as inscrições de Pompeia; o grego, língua dos colonos fundadores de Nápoles etc.; o latim; talvez até mesmo o etrusco, que imperara nessa região antes da chegada dos romanos. Em Cartago, o púnico ou fenício persistira com o latim (existia ainda na época da invasão árabe), sem contar que se falava certamente o númida em território cartaginês. Quase se pode admitir que na Antiguidade, à volta da bacia do Mediterrâneo, os países unilíngues constituíam a exceção.

Com maior frequência, tal superposição de línguas foi consequência da invasão de um povo superior em força; mas havia também a colonização, a penetração pacífica; por fim, o caso das tribos nômades, que transportavam consigo sua linguagem. Foi o que fizeram os ciganos, fixados sobretudo na Hungria, onde formam vilas compactas; o estudo de sua língua mostrou que devem ter vindo da Índia, numa época ignorada. Na Dobrudja, às bocas do Danúbio, encontram-se vilas tártaras esparramadas, pintalgando o mapa linguístico daquela região.

## § 2. LÍNGUA LITERÁRIA E IDIOMA LOCAL

Mas não é tudo: a unidade linguística pode ser destruída quando um idioma natural sofre a influência de uma língua literária. Isso se produz infalivelmente todas as vezes que um povo alcança certo grau de civilização. Por "língua literária" entendemos não somente a língua da literatura, como também, em sentido mais geral, toda espécie de língua culta, oficial ou não, a serviço da comunidade inteira. Abandonada a si mesma, a língua conhece apenas dialetos, nenhum dos quais se impõe aos demais, pelo que ela está destinada a um fracionamento indefinido. Mas como a civilização, ao se desenvolver, multiplica as comunicações, escolhe-se, por uma espécie de convenção tácita, um dos dialetos existentes para dele fazer o veículo de tudo quanto interesse à nação no seu conjunto. Os motivos de tal escolha são diversos: algumas vezes, dá-se preferência ao dialeto da região onde a civilização é mais avançada; outras, ao da província que tem a hegemonia política e onde está sediado o poder central; outras vezes, ainda, pode ser uma corte que impõe seu falar à nação. Uma vez promovido à condição de língua oficial e comum, raramente permanece o dialeto privilegiado como era antes. Nele se misturam elementos dialetais de outras regiões; ele se torna cada vez mais compósito, sem todavia perder de todo o caráter original; dessarte, no francês literário, reconhece-se bem o dialeto da Ilha de França, e o toscano no italiano comum. Seja como for, a língua literária não se impõe do dia para a noite, e uma grande parte da população passa a ser bilíngue, falando simultaneamente a língua de todos e o patuá local. É o que se vê em muitas regiões da França, como a Savoia, em que o francês é uma língua importada e não logrou sufocar ainda o patuá da terra. O fato está generalizado na Alemanha e na Itália, onde, em todas as partes, o dialeto persiste ao lado da língua oficial.

Os mesmos fatos ocorreram em todos os tempos, nos povos que chegaram a certo grau de civilização. Os gregos tiveram o seu *koiné*, nascido do ático e do jônio, ao lado do qual subsistiram os dialetos locais. Mesmo na antiga Babilônia, acredita-se poder estabelecer que houve uma língua oficial ao lado dos dialetos regionais.

Uma língua geral supõe forçosamente o uso da escrita? Os poemas homéricos parecem provar o contrário; conquanto tenham surgido numa época em que mal se fazia uso da escrita, sua língua é convencional e acusa todos os caracteres de uma língua literária.

Os fatos versados neste capítulo são tão frequentes que poderiam passar por um fator normal na história das línguas. Entretanto, faremos aqui abstração de tudo quanto perturbe a visão da diversidade geográfica natural para considerar o fenômeno primordial, fora de toda importação de língua estrangeira e de toda formação de uma língua literária. Essa simplificação esquemática parece falsear a realidade; todavia, o fato natural deve ser, primeiramente, estudado em si mesmo.

De acordo com o princípio que adotamos, diremos, por exemplo, que Bruxelas é germânica, porque essa cidade está situada na parte flamenga da Bélgica; nela se fala francês, mas a única coisa que nos importa é a linha de demarcação entre o domínio do flamengo e o do valão. Por outro lado, mesmo desse ponto de vista, Liège será românica porque se encontra em território valão; o francês ali não passa de uma língua estrangeira sobreposta a um dialeto do mesmo tronco. De igual maneira, Brest pertence linguisticamente ao bretão; o francês que ali se fala nada tem de comum com o idioma indígena da Bretanha; Berlim, onde quase não se ouve o alto alemão, será atribuída ao baixo alemão etc.

CAPÍTULO III
# CAUSAS DA DIVERSIDADE GEOGRÁFICA

## § 1. O TEMPO, CAUSA ESSENCIAL

A diversidade absoluta (ver p. 255) suscita um problema puramente especulativo. Ao contrário, a diversidade de parentesco nos situa no terreno da observação e pode ser reduzida à unidade. Assim, o francês e o provençal remontam ambos ao latim vulgar, cuja evolução foi diferente no norte e no sul da Gália. Sua origem comum resulta da materialidade dos fatos.

Para bem compreender como as coisas se passam, imaginemos condições teóricas tão simples quanto possível, que permitam discernir a causa essencial da diferenciação no espaço, e perguntemo-nos o que se passaria se uma língua falada num ponto claramente delimitado – uma pequena ilha, por exemplo – fosse transportada por colonos para outro ponto, igualmente delimitado, por exemplo para outra ilha. Ao cabo de certo tempo, veremos surgir entre a língua do primeiro lar (L) e a do segundo (L') diferenças variadas, no tocante ao vocabulário, à gramática, à pronúncia etc.

Não se deve imaginar que o idioma transplantado se modifique sozinho, enquanto o idioma originário permanece imóvel; o inverso não se produz tampouco de maneira absoluta; uma inovação pode nascer de um lado ou de outro, ou nos dois ao mesmo tempo. Dado um caráter linguístico *a*, suscetível de ser substituído por outro (*b, c, d* etc.), a diferenciação se pode produzir de três maneiras diferentes:

$$
\frac{a \text{ (Lar L)}}{a \text{ (Lar L')}}
\begin{cases}
\longrightarrow & \dfrac{b}{a} \\[2ex]
\longrightarrow & \dfrac{a}{c} \\[2ex]
\longrightarrow & \dfrac{b}{c}
\end{cases}
$$

O estudo não pode, portanto, ser unilateral; as inovações de ambas as línguas têm igual importância.

Que é que cria essas diferenças? Quando se acredita que seja unicamente o espaço, é-se vítima de uma ilusão. Por si só, o espaço não pode exercer nenhuma ação sobre a língua. No dia seguinte ao do seu desembarque em L', os colonos saídos de L falavam exatamente a mesma língua da véspera. Esquece-se o fator tempo, porque é menos concreto que o espaço; na realidade, porém, é dele que releva a diferenciação linguística. A diversidade geográfica deve traduzir-se em diversidade temporal.

Sejam dois caracteres diferenciais *b* e *c*; nunca se passou do primeiro ao segundo nem do segundo ao primeiro; para encontrar a passagem da unidade à diversidade é preciso remontar ao primitivo *a*, ao qual substituíram o *b* e o *c*; foi ele que deu lugar às formas posteriores; daí o esquema de diferenciação geográfica, válido para todos os casos análogos:

$$
\begin{array}{ccc}
L & & L' \\
a & \Longleftrightarrow & a \\
\Downarrow & & \Downarrow \\
b & & c
\end{array}
$$

CURSO DE LINGUÍSTICA GERAL

A separação dos dois idiomas é a forma tangível do fenômeno, mas ela não o explica. Sem dúvida, esse fato linguístico não se teria diferenciado sem a diversidade de lugares, por mínima que fosse; todavia, por si só, o distanciamento não cria as diferenças. Assim como não se pode julgar um volume por uma superfície, mas somente com a ajuda de uma terceira dimensão, a profundidade, também o esquema da diferenciação geográfica não fica completo senão quando projetado no tempo.

Objetar-se-á que as diversidades de meio, de clima, de configuração do solo, de costumes especiais (diferentes, por exemplo, num povo montanhês e numa população marítima) podem influir na língua, e que, nesse caso, as variações aqui estudadas seriam condicionadas geograficamente. Tais influências são contestáveis (ver p. 201 *s.*); mesmo que fossem comprovadas, ainda assim cumpriria fazer aqui uma distinção. A *direção do movimento* é atribuível ao meio; é determinada por imponderáveis agindo em cada caso, sem que seja possível demonstrá-los ou descrevê-los. Um *u* se torna *ü* num dado momento, num dado meio; por que se modificou nesse momento e nesse lugar, e por que se tornou *ü* e não *o*, por exemplo? Eis o que ninguém poderia dizer. Mas *a própria mudança*, abstração feita de sua direção especial e de suas manifestações particulares, em poucas palavras, a instabilidade da língua, depende somente do tempo. A diversidade geográfica é, pois, um aspecto secundário do fenômeno geral. A unidade de idiomas aparentados só pode ser achada no tempo. Trata-se de um princípio de que o comparatista se deve imbuir se não quiser ser vítima de lamentáveis ilusões.

## § 2. AÇÃO DO TEMPO NUM TERRITÓRIO CONTÍNUO

Seja agora um território unilíngue, vale dizer, onde se fale uniformemente a mesma língua e cuja população seja fixa, por exemplo a Gália por volta de 450 d. C., onde o latim se havia estabelecido firmemente em toda parte. Que vai acontecer?

1º – Como não existe imobilidade absoluta em matéria de linguagem (ver p. 116 *s.*), ao fim de um certo lapso de tempo a língua não será mais idêntica a si mesma.

262

2º – A evolução não será uniforme em toda a superfície do território, mas variará de acordo com os lugares; jamais se comprovou que uma língua se modificasse da mesma maneira na totalidade do seu domínio. Portanto, não é este o esquema:

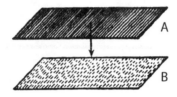

e sim este:

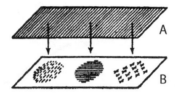

que representa a realidade.

De que maneira se inicia e se esboça a diversidade que levará à criação de formas dialetais de toda a natureza? A coisa é menos simples do que parece à primeira vista. O fenômeno apresenta dois caracteres principais:

1º – A evolução assume a forma de inovações sucessivas e precisas, que constituem outros tantos fatos parciais, suscetíveis de serem enumerados, descritos e classificados segundo sua natureza (fatos fonéticos, lexicológicos, morfológicos, sintáticos etc.).

2º – Cada uma dessas inovações se realiza numa superfície determinada, em sua área própria. Das duas uma: ou a área de uma inovação abarca todo o território e não cria nenhuma diferença dialetal (é o caso mais raro) ou então, como acontece ordinariamente, a transformação não atinge senão uma porção do domínio, tendo cada fato dialetal sua área especial. O que antes dizíamos de mudanças fonéticas deve-se entender de qualquer inovação. Se, por exemplo, uma parte do território é afetada pela mudança de *a* em *e*:

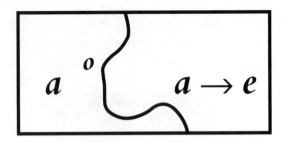

pode acontecer que uma mudança de *s* em *z* se produza nesse mesmo território, mas em outros limites:

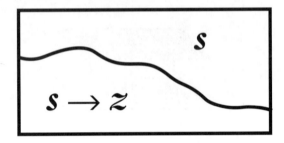

e é a existência dessas áreas distintas que explica a diversidade de maneiras de falar em todos os pontos do domínio de uma língua, quando esta é deixada entregue à sua evolução natural. Tais áreas não podem ser previstas: nada permite determinar de antemão sua extensão; temos de limitar-nos a registrá-las. Ao se sobreporem no mapa, onde seus limites se entrecruzam, elas formam combinações extremamente complicadas. Sua configuração é por vezes paradoxal; assim, *c* e *g* latinos antes de *a* se transformam em *tš*, *dž*, depois em *š*, *ž* (cf. *cantum* → *chant*, *virga* → *verge*), em todo o norte da França, exceto na Picardia e numa parte da Normandia, onde *c*, *g* permaneceram intactos (cf. picardo *cat* por *chat*, *rescapé* por *réchappé*, que passou recentemente para o francês, *vergue* de *virga* citado anteriormente etc.).

Que deve resultar do conjunto desses fenômenos? Se, num dado momento, uma mesma língua reina por toda a extensão de um território, ao cabo de cinco ou dez séculos os habitantes de dois pontos extremos não se entenderão mais, provavelmente; em compensação, os de um ponto qualquer continuarão a compreender o falar das regiões circunvizinhas. Um viajante que atravessasse esse país de ponta a ponta não advertiria, de localidade para localidade, mais que variedades dialetais mínimas; entretanto, acumulando-se essas diferenças à medida que prosseguisse, acabaria ele por encontrar uma língua ininteligível para os habitantes da região de onde tivesse partido. Ou então, se se partisse de um ponto do território para distanciar-se em todas as direções, ver-se-ia aumentar a soma das divergências em todas as direções, se bem que de maneira diferente.

As particularidades assinaladas no falar de uma vila seriam reencontradas nas localidades vizinhas, mas será impossível prever até que distância cada uma delas se estenderá. Assim, em Douvaine, burgo do departamento da Alta Savoia, o nome de Genebra se pronuncia *đenva*; tal pronúncia se estende longe, para o leste e para o sul; todavia, do outro lado do Lago Leman, pronuncia-se *dzenva*; portanto, não se trata de dois dialetos claramente distintos, uma vez que, no caso de outro fenômeno, os limites seriam diferentes; assim, em Douvaine diz-se *daue* por *deux*, mas essa pronúncia tem uma área muito mais restrita que a de *đenva*; ao pé do Salève, a poucos quilômetros de distância, se diz *due*.


## § 3. OS DIALETOS NÃO TÊM LIMITES NATURAIS

A ideia que se faz comumente dos dialetos é bem outra. São eles figurados como tipos linguísticos, perfeitamente determinados, circunscritos em todos os sentidos e cobrindo, no mapa, territórios justapostos e distintos (*a*, *b*, *c*, *d* etc.).

Entretanto, as transformações dialetais naturais conduzem a um resultado muito diferente. Desde que se começou a estudar cada fenômeno em si mesmo e a determinar sua área de extensão, foi mister substituir a antiga noção por outra, que se pode definir como segue: existem apenas caracteres naturais, não existem dialetos naturais; ou, o que vem a dar na mesma: existem tantos dialetos quanto localidades.

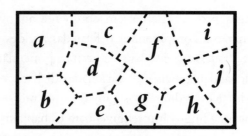

Dessarte, a noção de dialeto natural é em princípio incompatível com a de região mais ou menos extensa. Das duas uma: ou bem se define um dialeto pela totalidade de seus caracteres, e então cumpre fixar-se num ponto do mapa e ater-se ao falar de uma única localidade; se o pesquisador se afastar, não encontrará mais exatamente as mesmas particularidades. Ou então se define o dialeto por um só de seus caracteres; nesse caso, sem dúvida, obtém-se uma superfície, aquela que abarca a área de propagação do fato em questão, mas quase nem é preciso assinalar que se trata de um procedimento artificial, e que os limites assim traçados não correspondem a nenhuma realidade dialetal.

A pesquisa dos caracteres dialetais foi o ponto de partida dos trabalhos de cartografia linguística cujo modelo é o *Atlas linguistique de la France*, de Gilliéron; cumpre citar também o da Alemanha, de Wenker[4]. A forma do atlas é a mais indicada, pois somos obrigados a estudar o país região por região, e para cada uma delas um mapa não pode abranger senão um pequeno número de caracteres dialetais; a mesma região deve ser retomada um grande número de vezes para que se possa ter uma ideia das particularidades fonéticas, lexicológicas, morfológicas etc. que ali se superpõem. Investigações tais que supõem toda uma organização, inquirições sistemáticas feitas por meio de questionários, com a ajuda de correspondentes locais etc. Convém citar, nesse particular, a inquirição acerca dos patuás da Suíça romana. Uma das vantagens dos atlas linguísticos é a de fornecer materiais para os trabalhos de dialectologia: numerosas monografias aparecidas recentemente se baseiam no *Atlas* de Gilliéron.

---

[4] Cf. ainda WEIGAND: *Linguistischer Atlas des dakorumänischen Gebiels* (1909) e MILLARDET: *Petit atlas linguistique d'une région des Landes* (1910).

Deu-se o nome de "linhas isoglossas" ou "isoglossas" às fronteiras dos caracteres dialetais; esse termo foi formado pelo modelo de *isotermo*; todavia, é obscuro e impróprio, pois quer dizer "que tem a mesma língua"; se se admitir que *glossema* significa "caráter idiomático", poder-se-á falar, com maior propriedade, de linhas *isoglossemáticas*, se semelhante termo fosse utilizável; mas preferimos ainda dizer *ondas de inovação*, retomando uma imagem que remonta a J. Schmidt e que o capítulo seguinte justificará.

Quando se lança um olhar a um mapa linguístico, veem-se, por vezes, duas ou três dessas ondas coincidirem aproximadamente, confundirem-se mesmo em certo percurso:

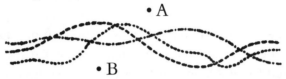

É evidente que dois pontos A e B, separados por uma zona desse gênero, apresentam certa soma de divergências e constituem dois falares nitidamente diferenciados. Pode acontecer também que essas concordâncias, em vez de serem parciais, interessem o perímetro todo de duas ou mais áreas:

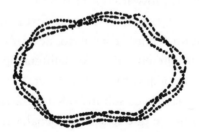

Quando essas concordâncias são suficientemente numerosas, pode-se, por aproximação, falar de dialeto. Elas se explicam por fatos sociais, políticos, religiosos etc., dos quais fazemos aqui total abstração; encobrem, sem jamais apagá-lo inteiramente, o fato primordial e natural da diferenciação por áreas independentes.

CURSO DE LINGUÍSTICA GERAL

## § 4. AS LÍNGUAS NÃO TÊM LIMITES NATURAIS

É difícil dizer em que consiste a diferença entre uma língua e um dialeto. Frequentes vezes, um dialeto tem o nome de língua porque produziu uma literatura; é o caso do português e do holandês. A questão de inteligibilidade desempenha também o seu papel; dir-se-á muito bem, de pessoas que não se compreendem, que falam línguas diferentes. Seja como for, línguas que se desenvolveram num território contínuo, no seio de populações sedentárias, permitem verificar os mesmos fatos que os dialetos, numa escala mais vasta; encontram-se ali as ondas de inovação, somente que abarcam um terreno comum a várias línguas.

Nas condições ideais que supusemos, só no caso dos dialetos é que se podem estabelecer fronteiras entre línguas aparentadas; a extensão do território é indiferente. Assim como não se poderia dizer onde termina o alto alemão e onde começa o *plattdeutsch*, também é impossível traçar uma linha de demarcação entre o alemão e o holandês, entre o francês e o italiano. Existem pontos extremos nos quais se pode dizer, com segurança: "Aqui impera o francês, aqui o italiano"; entretanto, quando entramos nas regiões intermediárias, vemos essa distinção se apagar; uma zona compacta mais restrita, imaginada para servir de transição entre as duas línguas, como o provençal entre o francês e o italiano, não tem realidade. Como, aliás, representar, sob uma forma ou outra, um limite linguístico preciso num território coberto, de um extremo a outro, de dialetos gradualmente diferenciados? As delimitações das línguas se encontram sufocadas, tanto quanto as dos dialetos, nas transições. Assim como os dialetos não passam de subdivisões arbitrárias da superfície total da língua, também o limite que se acredita separar duas línguas só pode ser convencional.

Todavia, as passagens bruscas de uma língua para outra são muito frequentes: de onde provêm elas? Do fato de que circunstâncias desfavoráveis impediram tais transições insensíveis de subsistir. O fator mais perturbador é a migração das populações. Os povos sempre conheceram movimentos de vaivém. Acumulando-se ao longo dos séculos, essas migrações confundiram tudo, e em muitos pontos se apagou a recordação

268

das transições linguísticas. A família indo-europeia é um exemplo característico disso. Essas línguas deviam estar, a princípio, em relações muito íntimas e formar uma cadeia ininterrupta de áreas linguísticas, das quais podemos reconstituir as principais, em suas grandes linhas. Pelos seus caracteres, o eslavo se sobrepõe ao iraniano e ao germânico, o que está de acordo com a repartição geográfica dessas línguas; de igual maneira, o germânico pode ser considerado um anel intermediário entre o eslavo e o céltico, o qual, por sua vez, tem relações muito íntimas com o itálico; esse é intermediário entre o céltico e o grego, se bem que, sem conhecer a posição geográfica de todos esses idiomas, um linguista pudesse, sem hesitação, assinalar a cada um deles o que lhe pertence. E, contudo, quando se considera uma fronteira entre dois grupos de idiomas, por exemplo a fronteira germano-eslava, comprova-se um salto brusco, sem nenhuma transição; os dois idiomas se chocam, em vez de se fundirem um no outro. É que os dialetos intermediários desapareceram. Nem os eslavos nem os germanos permaneceram imóveis; emigraram, conquistaram territórios às expensas uns dos outros; as populações eslavas e germânicas hoje vizinhas não são mais as que estavam outrora em contato. Vamos supor que os italianos da Calábria se venham fixar nos confins da França; esse deslocamento destruiria naturalmente a transição insensível que verificamos existir entre o italiano e o francês; trata-se de um conjunto de fatos análogos aos que nos apresenta o indo-europeu.

Outras causas, porém, contribuem igualmente para apagar as transições, por exemplo, a extensão das línguas comuns à custa dos patuás (ver p. 258 s.). Hoje, o francês literário (a antiga língua da Ilha de França) vem chocar-se, na fronteira, com o italiano oficial (dialeto toscano generalizado), e é uma sorte que se possam ainda encontrar patuás de transição nos Alpes ocidentais, enquanto em tantas outras fronteiras linguísticas se apagou toda lembrança de falares intermediários.

CAPÍTULO IV
# PROPAGAÇÃO DAS ONDAS LINGUÍSTICAS

## § 1. A FORÇA DO INTERCURSO[5] E O ESPÍRITO DE CAMPANÁRIO

A propagação dos fatos de língua está sujeita às mesmas leis que regem qualquer outro costume, a moda, por exemplo. Em toda massa humana, duas forças agem sem cessar simultaneamente e em sentidos contrários: de um lado, o espírito particularista, o "espírito de campanário"; de outro, a força de intercurso, que cria as comunicações entre os homens.

É por força do espírito de campanário que uma comunidade linguística restrita permanece fiel às tradições que se desenvolveram em seu seio. Tais hábitos são os primeiros que cada indivíduo contrai em sua infância; daí sua força e sua persistência. Se agissem sozinhos, criariam, em matéria de linguagem, particularidades que iriam até o infinito.

---

[5] [No original, aparece a palavra inglesa *intercourse*, cuja utilização no texto é justificada pela seguinte nota] Achamos que podíamos conservar esta pitoresca expressão do autor, conquanto ela tenha sido tomada de empréstimo ao inglês (*intercourse*, pronuncie-se *interkors*, "relações sociais, comércio, comunicação") e se justifique menos na exposição teórica que na explicação oral (org.).

Todavia, seus efeitos são corrigidos pela ação da força oposta. Se o espírito de campanário torna os homens sedentários, o intercurso os obriga a se comunicarem entre si. É o intercurso que traz a uma vila os andantes de outras localidades, que desloca uma parte da população por ocasião de uma festa ou de uma feira, que reúne sob bandeiras os homens de províncias diversas etc. Em poucas palavras, é um princípio unificador, que contraria a ação dissolvente do espírito de campanário.

É ao intercurso que se deve a extensão e a coesão de uma língua. Ele age de duas maneiras: quer negativamente, impedindo o retalhamento dialetal ao sufocar uma inovação no momento em que surge em algum ponto, quer positivamente, favorecendo a unidade ao aceitar e propagar tal inovação. Esta segunda forma de intercurso justifica a palavra *onda* para designar os limites geográficos de um fato dialetal (ver p. 266); a linha isoglossemática é como a orla extrema de uma inundação que se expande e que pode também refluir.

Por vezes, verificamos com espanto que dois dialetos de uma mesma língua, em regiões bastante afastadas uma da outra, têm um caráter linguístico em comum; é que a mudança, surgida primeiramente num sítio do território, não encontrou obstáculo à sua propagação e se estendeu gradualmente para muito longe do seu ponto de origem. Nada se opõe à ação do intercurso na massa linguística, na qual não existem senão transições insensíveis.

Essa generalização de um fato particular, quaisquer que sejam seus limites, exige tempo, e esse tempo podemos medi-lo algumas vezes. Assim, a transformação de *þ* em *d*, que o intercurso difundiu por toda a Alemanha continental, se propagou inicialmente para o sul, entre os anos 800 e 850, exceto em frâncico, em que o *þ* persiste sob a forma sonora de *đ* e só mais tarde cede espaço a *d*. A transformação de *t* em *z* (pron. *ts*) se produziu em limites mais restritos e começou em época anterior à dos primeiros documentos escritos; deve ter partido dos Alpes por volta do ano 600 e se estendeu simultaneamente para o sul c para o norte, na Lombardia. Lê-se ainda o *t* numa carta turíngia do século VIII. Em época mais recente, o *ī* e o *ū* germânicos se tornaram ditongos (cf. *mein* por *mīn*, *braun* por *brūn*); partindo da Boêmia por volta de 1400, o fenômeno levou 300 anos para chegar ao Reno e cobrir sua área atual.

Esses fatos linguísticos se propagaram por contágio; e é provável que o mesmo aconteça com todas as ondas; partem de um ponto e se irradiam. Isso nos leva a uma segunda comprovação importante.

Vimos que o fator tempo basta para explicar a diversidade geográfica. Mas esse princípio não se verifica inteiramente se se considera o lugar onde nasce a inovação.

Retomemos o exemplo da mutação consonântica alemã. Se um fonema *t* se torna *ts* num ponto do território germânico, o novo som tende a irradiar-se ao redor de seu ponto de origem, e é por via dessa propagação espacial que ele entra em luta com o *t* primitivo ou com outros que puderam surgir em outros pontos. No lugar onde nasce, uma inovação desse gênero é um fato fonético puro; mas, fora dele, só se estabelece geograficamente e por contágio. Assim, o esquema

$$t$$
$$\Rightarrow$$
$$ts$$

só é válido, em toda a sua simplicidade, no foco da inovação; aplicado à propagação, daria desta uma imagem inexata.

O foneticista distinguirá, pois, cuidadosamente os focos de inovação, em que um fonema evolui unicamente sobre o eixo do tempo, e as áreas de contágio que, relevando simultaneamente do tempo e do espaço, não terão que intervir na teoria dos fatos fonéticos puros. No momento em que um *ts*, vindo de fora, substitui o *t*, não se trata da modificação de um protótipo tradicional, mas da imitação de um falar vizinho, que não leva em conta esse protótipo; quando uma forma *herza*, "coração", vinda dos Alpes, substitui na Turíngia um *herta* mais arcaico, não se deve falar de mudança fonética, mas de empréstimo de fonema.

## § 2. AS DUAS FORÇAS REDUZIDAS A UM PRINCÍPIO ÚNICO

Num ponto dado do território – entendemos por tal uma superfície mínima equiparável a um ponto (ver p. 266 s.), uma vila, por exemplo –, é muito fácil distinguir o que depende de cada uma das forças em presença, o espírito de campanário e o intercurso; um fato só pode depender de uma, com exclusão da outra; todo caráter comum com outro falar depende do intercurso; todo caráter que não pertença ao falar do ponto em questão é devido à força de campanário.

Todavia, desde que se trate de uma superfície, de um cantão por exemplo, surge uma nova dificuldade: não se pode mais dizer a qual dos fatores se refere um fenômeno dado: ambos, embora opostos, estão implicados em cada característica idiomática. O que é diferenciador para um cantão A é comum a todas as suas partes; ali é a força particularista que atua, de vez que impede tal cantão de imitar algo do cantão vizinho B, e que, inversamente, impede B de imitar A. Mas a força unificadora, isto é, o intercurso, também entra em jogo, pois se manifesta entre as diferentes partes de A ($A^1, A^2, A^3$ etc.). Assim, no caso de uma superfície, as duas forças agem simultaneamente, se bem que em proporções diversas. Quanto mais uma inovação favorecer o intercurso, tanto mais se ampliará sua área; quanto ao espírito de campanário, sua ação consiste em manter um fato linguístico nos limites que adquiriu, defendendo-o contra concorrências de fora. É impossível prever o que resultará da ação dessas duas forças. Vimos, na p. 271, que no domínio do germânico, que vai dos Alpes ao Mar do Norte, a passagem de *þ* a *d* foi geral, ao passo que a transformação de *t* em *ts* (*z*) só atingiu o sul; o espírito de campanário criou uma oposição entre o sul e o norte; no interior desses limites, porém, graças ao intercurso, há uma solidariedade linguística. Assim, em princípio, não existem diferenças fundamentais entre esse segundo fenômeno e o primeiro. As mesmas forças estão presentes; varia apenas sua intensidade de ação.

Isso significa que praticamente, no estudo das evoluções linguísticas produzidas numa superfície, pode-se fazer abstração da força particularista, ou, o que vem a dar na mesma, considerá-la o aspecto negativo da força

CURSO DE LINGUÍSTICA GERAL

unificadora. Se esta for bastante poderosa, estabelecerá a unidade em toda a superfície; se não, o fenômeno se deterá no caminho, cobrindo somente uma parte do território; essa área restrita não representará menos um todo coerente em relação às suas próprias partes. Eis por que se pode reduzir tudo à única força unificadora, sem fazer intervir o espírito de campanário: este não é mais que a força de intercurso própria de cada região.

## § 3. A DIFERENCIAÇÃO LINGUÍSTICA EM TERRITÓRIOS SEPARADOS

Só quando nos damos conta de que, numa massa unilíngue, a coesão varia de acordo com os fenômenos, de que as inovações não se generalizam todas, de que a continuidade geográfica não impede diferenciações perpétuas, é que podemos abordar o caso de uma língua que se desenvolve paralelamente em dois territórios separados.

Esse fenômeno é muito frequente: assim, desde o instante em que o germânico penetrou nas Ilhas Britânicas, vindo do continente, sua evolução se desdobrou: de um lado, os dialetos alemães; de outro, o anglo-saxão, do qual saiu o inglês. Pode-se ainda citar o francês transplantado para o Canadá. Nem sempre a descontinuidade é efeito da colonização ou da conquista: ela também se pode produzir por isolamento: o romeno perdeu o contato com a massa latina, devido à interposição de populações eslavas. A causa importa pouco, aliás; a questão é, antes de tudo, saber se a separação desempenha um papel na história das línguas e se produz outros efeitos que não os que apareçam na continuidade.

Anteriormente, para melhor distinguir a ação preponderante do fator tempo, imaginamos um idioma que se desenvolvesse paralelamente em dois pontos sem extensão apreciável, por exemplo, em duas pequenas ilhas, onde se pode fazer abstração da propagação gradual. Mas quando nos colocamos em dois territórios de certa superfície, esse fenômeno reaparece e leva a diferenciações dialetais, de sorte que o problema não fica de modo algum simplificado pelo fato de que os domínios sejam descontínuos. Cumpre evitar atribuir à separação aquilo que se possa explicar sem ela.

LINGUÍSTICA GEOGRÁFICA

Foi esse o erro cometido pelos primeiros indo-europeístas (ver p. 32). Colocados diante de uma grande família de línguas que se tornaram muito diferentes umas das outras, eles não pensaram que isso se pudesse ter produzido de outra maneira que não fosse pelo fracionamento geográfico. A imaginação se representa mais facilmente por línguas distintas em lugares separados, e, para um observador superficial, é a explicação necessária e suficiente da diferenciação. E não é tudo: associa-se a noção de língua à de nacionalidade, esta explicando aquela; dessarte, costumavam-se representar os eslavos, os germanos, os celtas etc. como enxames saídos de uma mesma colmeia; esses povos, separados por migração do tronco primitivo, teriam levado consigo o indo-europeu comum a outros tantos territórios diferentes.

Apenas muito tardiamente foi que se percebeu o erro; só em 1877 uma obra de Johannes Schmidt, *Die Verwandschaftsverlhätnisse der Indogermanem*, abriu os olhos dos linguistas ao inaugurar a teoria da continuidade ou das ondas (*Wellentheorie*). Compreendeu-se que o fracionamento sobre um mesmo território basta para explicar as relações recíprocas entre as línguas indo-europeias, sem que seja necessário admitir que os diversos povos tivessem deixado suas posições respectivas (ver p. 32); as diferenciações dialetais se puderam produzir antes que as nações se tivessem espalhado em direções divergentes. Por conseguinte, a teoria das ondas não nos dá somente uma visão mais justa da pré-história do indo-europeu; ela nos instrui acerca das leis primordiais de todos os fenômenos de diferenciação e das condições que regem o parentesco das línguas.

Entretanto, esta teoria das ondas se opõe à das migrações sem a excluir necessariamente. A história das línguas indo-europeias nos oferece muitos exemplos de povos que se separaram da grande família por trasladação, e essa situação deve ter tido efeitos especiais; só que esses efeitos se somam aos da diferenciação na continuidade; é muito difícil dizer em que consistem, e isso nos leva ao problema da evolução de um idioma em territórios separados.

Consideremos o antigo inglês. Ele se separou do tronco germânico em consequência de uma migração. É provável que não tivesse sua forma atual se, no século V, os saxões houvessem permanecido no continente.

CURSO DE LINGUÍSTICA GERAL

Mas quais foram os efeitos específicos da separação? Para julgá-los, cumpriria primeiramente perguntar se esta ou aquela mudança não teria podido surgir igualmente na continuidade geográfica. Suponhamos que os ingleses tivessem ocupado a Jutlândia em vez das Ilhas Britânicas; pode-se acaso afirmar que fato algum dos atribuídos à separação absoluta não se teria produzido na hipótese do território contíguo? Quando se diz que a descontinuidade permitiu ao inglês *conservar* o antigo þ enquanto esse som se tornava *d* em todo o continente (exemplos: inglês *thing* e alemão *Ding*), é como se se pretendesse que em germânico continental essa mudança tivesse se generalizado graças à continuidade geográfica, quando na verdade tal generalização teria muito bem podido malograr a despeito da continuidade. O erro vem, como sempre, do fato de se opor o dialeto isolado aos dialetos contínuos. Ora, na realidade, nada prova que uma colônia inglesa supostamente estabelecida na Jutlândia teria necessariamente sofrido o contágio do *d*. Vimos, por exemplo, que no domínio linguístico francês o *k* (+ a) subsistiu num ângulo formado pela Picardia e pela Normandia, ao passo que em todas as outras partes ele se transformou na chiante š (*ch*). Por conseguinte, a explicação por isolamento se mostra insuficiente e superficial. Não é nunca necessário recorrer a ela para explicar uma diferenciação; o que o isolamento pode fazer a continuidade geográfica o faz igualmente bem; se existe uma diferença entre essas duas ordens de fenômenos, não podemos discerni-la.

Entretanto, considerando dois idiomas aparentados, não mais sob o aspecto negativo de sua diferenciação, mas sob o aspecto positivo de sua solidariedade, verifica-se que, no isolamento, toda relação é virtualmente rompida a partir do momento da separação, ao passo que na continuidade geográfica subsiste uma certa solidariedade, mesmo entre partes manifestamente diferentes, contanto que estejam ligadas por dialetos intermediários.

Dessarte, para apreciar os graus de parentesco entre as línguas, cumpre fazer uma distinção rigorosa entre a continuidade e o isolamento. Neste último caso, os dois idiomas conservam de seu passado comum certo número de traços que lhes atestam o parentesco; no entanto, como cada um deles evoluiu de maneira independente, os novos caracteres surgidos de um lado não se poderão encontrar no outro (ressalvado o caso

LINGUÍSTICA GEOGRÁFICA

em que certos caracteres surgidos após a separação se revelem por acaso idênticos nos dois idiomas). O que fica excluído, em todo caso, é a comunicação desses caracteres por contágio. De maneira geral, uma língua que evoluiu na descontinuidade geográfica apresenta, em face das línguas parentes, um conjunto de traços que lhe pertencem exclusivamente, e quando esta língua se fraciona, por sua vez, os diversos dialetos que dela surgem atestam, pelos traços comuns, o parentesco mais estreito que as une entre si, com exclusão dos dialetos de outro território. Elas formam realmente um ramo distinto, separado do tronco.

Bem diferentes são as relações entre línguas sobre território contínuo; os traços comuns que elas apresentam não são forçosamente mais antigos que os que as diversificam; com efeito, a todo momento, uma inovação partida de um ponto qualquer se pode generalizar e até abarcar a totalidade do território. Ademais, como as áreas de inovação variam de extensão segundo os casos, os dois idiomas vizinhos podem ter uma particularidade comum, sem formar um grupo à parte no conjunto, e cada um deles pode estar vinculado aos idiomas contíguos por outros caracteres, como o demonstram as línguas indo-europeias.

QUINTA PARTE
# QUESTÕES DE LINGUÍSTICA RETROSPECTIVA

# CONCLUSÃO

CAPÍTULO I
# AS DUAS PERSPECTIVAS DA LINGUÍSTICA DIACRÔNICA

Enquanto a Linguística sincrônica só admite uma única perspectiva – a dos falantes – e, por conseguinte, um único método, a Linguística diacrônica supõe, conjuntamente, uma perspectiva prospectiva, que acompanha o curso do tempo, e uma retrospectiva, que o remonta (ver pp. 132-133).

A primeira corresponde ao curso verdadeiro dos acontecimentos; é a que se emprega necessariamente para escrever um capítulo qualquer de Linguística histórica, para desenvolver qualquer ponto da história de uma língua. O método consiste unicamente em criticar os documentos de que se dispõe. Mas num grande número de casos, essa maneira de praticar a Linguística diacrônica é insuficiente ou inaplicável.

Com efeito, para poder fixar a história de uma língua em todos os seus detalhes, acompanhando o curso do tempo, seria mister possuir uma infinidade de fotografias da língua, tomadas momento após momento. Ora, tal condição nunca se verifica: os romancistas, por exemplo, que têm o privilégio de conhecer o latim, ponto de partida de sua pesquisa, e de possuir uma massa imponente de documentos pertencentes a uma longa série de séculos, verificam, a cada instante, lacunas enormes em sua documentação. Cumpre então renunciar ao método prospectivo, ao documento direto, e proceder em sentido inverso, remontando o curso

CURSO DE LINGUÍSTICA GERAL

do tempo pela retrospecção. Nesse segundo modo de ver, colocamo-nos numa época dada para pesquisar não o que resulta de uma forma, mas qual é a forma mais antiga que lhe pode dar origem.

Enquanto a prospecção se reduz a uma simples narração e se funda inteiramente na crítica dos documentos, a retrospecção exige um método reconstrutivo, que se apoia na comparação. Não se pode estabelecer a forma primitiva de um signo único e isolado, ao passo que dois signos diferentes, mas da mesma origem, como o latim *pater*, sânscrito *pitar-*, ou radical do latim *ger-ō* e o de *ges-tus*, deixam já entrever, por via de sua comparação, a unidade diacrônica que os vincula ambos a um protótipo suscetível de ser reconstituído pela indução. Quanto mais numerosos forem os termos de comparação, mais precisas serão tais induções, e elas rematarão – se os dados forem suficientes – em verdadeiras reconstruções.

O mesmo vale para as línguas no seu conjunto. Nada se pode tirar do basco porque, estando isolado, não se presta a nenhuma comparação. Mas de um feixe de línguas aparentadas, como o grego, o latim, o antigo eslavo etc., pôde-se, por comparação, tirar os elementos primitivos comuns que elas contêm e reconstituir o essencial da língua indo-europeia, tal como existia antes de diferenciar-se no espaço. E aquilo que se fez em grande escala para a família inteira foi repetido em proporções mais restritas – e sempre por via do mesmo procedimento – para cada uma de suas partes, em qualquer que tal fosse necessário e possível. Se, por exemplo, numerosos idiomas germânicos são atestados diretamente por documentos, o germânico comum do qual esses diversos idiomas saíram só é conhecido indiretamente, pelo método retrospectivo. É ainda da mesma maneira que os linguistas pesquisaram, com variável êxito, a unidade primitiva de outras famílias (ver p. 254).

O método retrospectivo nos faz, portanto, penetrar o passado de uma língua para além dos mais antigos documentos. Dessarte, a história prospectiva do latim começa somente no século III ou IV antes da era cristã; todavia, a reconstituição do indo-europeu permitiu que se tivesse uma ideia do que deve ter ocorrido no período que se estende entre a unidade primitiva e os primeiros documentos conhecidos, e foi só então que se pôde traçar o quadro prospectivo do latim.

## QUESTÕES DE LINGUÍSTICA RETROSPECTIVA

Sob esse aspecto, a Linguística evolutiva é comparável à Geologia, que é também uma ciência histórica; por vezes, acontece-lhe descrever estados estáveis (por exemplo, o estado atual da bacia de Leman) fazendo abstração do que haja podido preceder no tempo, mas ela se ocupa sobretudo de acontecimentos, de transformações cujo encadeamento forma diacronias. Ora, em teoria, pode-se conceber uma Geologia prospectiva, mas na realidade, e com maior frequência, uma vista de olhos só pode ser retrospectiva; antes de relatar o que aconteceu num ponto da Terra está obrigada a reconstituir a cadeia dos acontecimentos e averiguar o que levou essa parte do globo ao seu estado atual.

Não é somente o método das duas perspectivas que difere de maneira notável; inclusive do ponto de vista didático, não é vantajoso empregá-las ambas numa mesma exposição. Assim, o estudo das alterações fonéticas oferece dois quadros diferentes segundo se proceda de uma ou de outra maneira. Operando prospectivamente, nós nos perguntaremos o que foi feito, em francês, do *e* do latim clássico; e veremos então um som único se diversificar ao evoluir no tempo e dar origem a diversos fonemas: cf. *pĕdem* → *pye* (*pied*), *vĕntum* → *vã* (*vent*), *lĕctum* → *li* (*lit*), *nĕcāre* → *nwaye* (*noyer*) etc.; se, ao contrário, se estuda retrospectivamente o que representa em latim um *e* aberto francês, verificar-se-á que um som único é o resultado de diversos fonemas distintos em sua origem: cf. *tẹr* (*terre*) *tĕrram*, *vẹrž* (*verge*) = *vĭrgam*, *fẹ* (*fait*) = *factum* etc. A evolução dos elementos formativos poderia ser apresentada igualmente de duas maneiras, e os dois quadros seriam também diferentes; tudo quanto dissemos na p. 227 *s.* acerca das formações analógicas o prova *a priori*. Se estudarmos, por exemplo, (retrospectivamente), as origens do sufixo de particípio francês em *-é*, remontaremos ao latim *-ātum*; este, por suas origens, se relaciona primeiramente com os verbos denominativos latinos em *-āre*, os quais, por sua vez, remontam em grande parte aos substantivos femininos em *-a* (cf. *plantāre: planta*, grego *īmáō: īmá̃* etc.); por outro lado, *-ātum* não existiria se o sufixo indo-europeu *-to-* não tivesse sido, por si mesmo, vivo e produtivo (cf. grego *klu-tó-s*, latim *in-clu-tu-s*, sânscrito *çruta-s* etc.); *-ātum* encerra ainda o elemento formativo *-m* do acusativo singular (ver p. 209). Se, inversamente, perguntarmos (prospectivamente)

CURSO DE LINGUÍSTICA GERAL

em quais formações francesas se encontra o sufixo primitivo *-to-*, poderíamos mencionar não somente os diversos sufixos, produtivos ou não, do particípio passado (*aimé* = latim *amātum*), *fini* = latim *fīnītum*, *clos* = latim *clausum* por *\*claudtum* etc.), mas também muitos outros, como *-u* = latim *-ūtum* (cf. *cornu* = *cornūtum*), *-tif* (sufixo erudito) = latim *-īvum* (cf. *fugitif* = *fugitīvum*, *sensitif*, *negatif* etc.) e uma porção de palavras que não se analisam mais, tais como *point* = latim *punctum*, *dé* = latim *datum*, *chétif* = latim *captīvum* etc.

284

CAPÍTULO II
# A LÍNGUA MAIS ANTIGA E O PROTÓTIPO

Em seus primórdios, a Linguística indo-europeia não compreendeu o verdadeiro fim da comparação nem a importância do método reconstitutivo (ver p. 33 s.). Isso explica um de seus erros mais palpáveis: o papel exagerado e quase exclusivo que atribui ao sânscrito na comparação; como se trata do mais antigo documento do indo-europeu, ele foi promovido à dignidade de protótipo. Uma coisa é supor o indo-europeu engendrando o sânscrito, o grego, o eslavo, o céltico, o itálico, e outra é colocar uma dessas línguas no lugar do indo-europeu. É claro que a hipótese nunca foi formulada tão categoricamente quanto acabamos de fazê-lo, mas na prática ela era tacitamente admitida. Bopp escrevia que "não acreditava que o sânscrito pudesse ser a fonte comum", como se fosse possível formular, mesmo dubitativamente, semelhante suposição.

Isso nos leva a perguntar-nos o que se quer dizer quando se afirma que uma língua seria mais antiga ou mais velha que outra. Três interpretações são possíveis, em teoria:

1º – Pode-se, inicialmente, pensar na origem primeira, no ponto de partida de uma língua; o mais simples raciocínio, porém, mostra que não há nenhuma a qual se possa consignar uma idade, porque toda língua é a continuação da que se falava antes dela. Não acontece à linguagem o mesmo que à humanidade: a continuidade absoluta de seu desenvolvimento impede distinguir nela gerações, e Gaston Paris se insurgia, com razão, contra a concepção de línguas filhas e de línguas mães, porque tal concepção supõe interrupções. Não é, pois, nesse sentido que se pode dizer que uma língua é mais velha que outra.

2º – Pode-se também dar a entender que um estado de língua foi surpreendido numa época mais antiga que outra: assim, o persa das inscrições aquemênidas é mais antigo que o persa de Firdusi. Desde que se trate, como neste caso específico, de dois idiomas positivamente surgidos um do outro, e igualmente bem conhecidos, não é preciso dizer que só o mais antigo deve ser levado em conta. Mas se essas duas condições não forem satisfeitas, tal antiguidade não terá nenhuma importância; assim, o lituano, atestado só a partir de 1540, não é menos precioso, nesse particular, que o páleo-eslavo, documentado no século X, ou, mesmo, que o sânscrito do Rigveda.

3º – A palavra "antigo" pode designar, enfim, um estado de língua mais arcaico, vale dizer, cujas formas se mantiveram mais próximas do modelo primitivo, afora toda questão de data. Nesse sentido, poder-se-ia dizer que o lituano do século XVI é mais antigo que o latim do século III antes de nossa era.

Se se atribui ao sânscrito maior antiguidade que a outras línguas, isso não pode ser senão no segundo ou terceiro sentido; ora, acontece que ele o é em ambos os sentidos. De um lado, concorda-se em que os hinos védicos ultrapassam em antiguidade os textos gregos mais antigos; de outro, o que é particularmente importante, a soma de seus caracteres arcaicos é considerável em comparação com o que outras línguas conservaram (ver p. 33).

Como consequência dessa ideia assaz confusa de antiguidade, que faz do sânscrito algo de anterior a toda a família, aconteceu mais tarde que os linguistas, mesmo curados da ideia de uma língua mãe, continuaram a dar importância excessiva ao testemunho que ele fornece como língua colateral.

Em seu livro *As origens indo-europeias* (ver p. 296), Adolphe Pictet, embora reconhecendo explicitamente a existência de um povo primitivo que falava sua própria língua, não se mostra menos convencido de que

QUESTÕES DE LINGUÍSTICA RETROSPECTIVA

cumpre consultar, antes de tudo, o sânscrito, e de que seu testemunho ultrapassa, em valor, o de várias outras línguas indo-europeias reunidas. Foi essa ilusão que obscureceu, durante longos anos, questões de primeira importância, como a do vocalismo primitivo.

Tal erro se tem repetido, em ponto pequeno e em pormenor. Ao estudar os ramos particulares do indo-europeu, os linguistas se sentiam impelidos a ver no idioma conhecido mais antigamente o representante adequado e suficiente do grupo inteiro, sem procurar conhecer melhor o estado primitivo comum. Por exemplo, em vez de falar do germânico, não se tinha escrúpulo em citar muito simplesmente o gótico, porque é anterior em vários séculos aos outros dialetos germânicos; ele se tornava, por usurpação, o protótipo, a fonte dos outros dialetos. No tocante ao eslavo, os linguistas se apoiavam exclusivamente no eslavônico ou paleoeslavo, conhecido no século X, porque os outros são conhecidos a partir de data mais recente.

De fato, é extremamente raro que duas formas da língua fixadas pela escrita em datas sucessivas representem exatamente o mesmo idioma em dois momentos de sua história. Na maioria das vezes, está-se em presença de dois dialetos que não são a continuação linguística um do outro. As exceções confirmam a regra: a mais ilustre é a das línguas românicas em face do latim; remontando do francês ao latim, encontramo-nos bem na vertical; o território dessas línguas resulta ser, por acaso, o mesmo que aquele em que se falava o latim, e cada uma delas não é senão o latim evoluído. Vimos também que o persa das inscrições de Dario é o mesmo dialeto que o persa da Idade Média. Mas o inverso é bem mais frequente: os testemunhos das diversas épocas pertencem a dialetos diferentes da mesma família. Assim, o germânico se oferece sucessivamente no gótico de Úlfilas, cuja continuação não conhecemos, depois nos textos do antigo alto alemão, mais tarde nos do anglo-saxão, do nórdico etc.; ora, nenhum desses dialetos ou grupos de dialetos é a continuação daquele que foi atestado anteriormente. Esse estado de coisas pode ser demonstrado pelo seguinte esquema, em que as letras representam os dialetos e as linhas pontilhadas as épocas sucessivas:

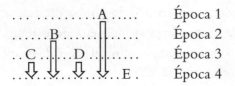

À Linguística só cabe felicitar-se por tal estado de coisas; de outro modo, o primeiro dialeto conhecido (A) conteria de antemão tudo quanto se poderia deduzir da análise dos estados subsequentes, ao passo que procurando o ponto de convergência de todos esses dialetos (A, B, C, D etc.) encontrar-se-á uma forma mais antiga que A, por exemplo um protótipo X, e a confusão entre A e X será impossível.

CAPÍTULO III
# AS RECONSTRUÇÕES

## § 1. SUA NATUREZA E SUA FINALIDADE

Se o único meio de reconstruir é comparar, reciprocamente a comparação não tem outro fim que não seja o de ser uma reconstrução. Sob pena de se mostrarem estéreis, as correspondências verificadas entre diversas formas devem ser colocadas na perspectiva do tempo e rematar no restabelecimento de uma forma única; insistimos em várias oportunidades nesse ponto (p. 33 s., 262). Assim, para explicar o latim *medius* diante do grego *mésos*, foi mister, sem remontar ao indo-europeu, propor um termo mais antigo, \**methyos*, suscetível de ligar-se historicamente com *medius* e *mésos*. Se em vez de comparar duas palavras de línguas diferentes, confrontamos duas formas tomadas de uma única língua, a mesma verificação se impõe: assim, em latim, *gerō* e *gestum* nos fazem remontar a um radical \**ges-*, outrora comum às duas formas.

Observemos, de passagem, que a comparação referente a mudanças fonéticas deve socorrer-se constantemente de considerações morfológicas. No exame do latim *patior* e *passus*, faço intervir *factus*, *dictus* etc., porque *passus* é uma formação da mesma natureza; é apoiando-me na relação morfológica *faciō* e *factus*, *dicō* e *dictus* etc., que posso estabelecer

CURSO DE LINGUÍSTICA GERAL

a mesma relação numa época anterior entre *patior* e *\*pat-tus*. Reciprocamente, se a comparação é morfológica, cumpre-me esclarecê-la com o
auxílio da Fonética: o latim *meliōrem* pode ser comparado ao grego *hēdiō*
porque, foneticamente, um remonta a *\*meliosem*, *\*meliosm*, e o outro a
*\*hādioa*, *\*hādiosa*, *\*hādiosm*.

A comparação linguística não é, portanto, uma operação mecânica;
ela implica a confrontação de todos os dados capazes de propiciar uma
explicação. Mas deverá sempre rematar numa conjuntura contida numa
fórmula qualquer e que vise a restabelecer alguma coisa de anterior; a
comparação resultará sempre numa reconstrução de formas.

Mas visa a consideração do passado à reconstrução das formas completas e concretas do estado anterior? Ou se limita, ao contrário, a afirmações abstratas, parciais, referentes a partes das palavras, como à verificação
de que o *f* latino em *fūmus* corresponde a um itálico comum *þ*, ou de que
o primeiro elemento do grego *állo*, latim *aliud*, já era em indo-europeu
um *a*? Ela pode muito bem limitar sua tarefa a essa segunda ordem de
pesquisas; pode-se mesmo dizer que seu método analítico não tem outra
finalidade que não sejam tais verificações parciais. Somente que, da soma
desses fatos isolados, podem-se tirar conclusões mais gerais: por exemplo,
uma série de fatos análogos aos do latim *fūmus* permite estabelecer com
certeza que *þ* figurava no sistema fonológico do itálico comum; de igual
maneira, se se pode afirmar que o indo-europeu mostra na flexão chamada pronominal uma terminação do neutro singular *-d*, diferente da dos
adjetivos *-m*, isso constitui um fato morfológico geral, deduzido de um
conjunto de verificações isoladas (cf. latim *istud*, *aliud* em contraposição
a *bonum*, grego *tó* = *\*tod*, *alio* = *\*allod* em contraposição a *kalón*, inglês
*that* etc.). Pode-se ir mais longe: uma vez reconstituídos esses diversos
fatos, procede-se à síntese de todos os que concernam a uma forma total,
para reconstruir palavras completas (por exemplo indo-europeu *\*alyod*),
paradigmas de flexão etc. Para tanto, reúnem-se num feixe afirmações
perfeitamente isoláveis; se, por exemplo, se comparam as diversas partes
de uma forma reconstruída como *\*alyod*, verifica-se uma grande diferença entre o *-d*, que suscita uma questão de gramática, e o *-a*, que não
tem nenhuma significação desse gênero. Uma forma reconstruída não é
um todo solidário, mas uma soma sempre decomponível de raciocínios

fonéticos, e cada uma de suas partes é revogável e fica submetida a exame. Por conseguinte, as formas restituídas foram sempre o reflexo fiel das conclusões gerais que lhes são aplicáveis. Para "cavalo" em indo-europeu, foram sucessivamente supostos os termos *$akvas$, *$ak_1vas$, *$ek_2vos$, e por fim *$ek_1wos$; só o $s$ e o número de fonemas não sofreram contestação.

O objetivo das reconstruções não é, portanto, restituir uma forma por si mesma, o que seria aliás bastante ridículo, mas cristalizar, condensar um conjunto de conclusões que se creem acertadas, segundo os resultados que foi possível obter a cada momento; em poucas palavras, registrar o progresso de nossa ciência. Não há por que justificar os linguistas pela ideia assaz extravagante que se lhes atribui de restaurar de cabo a rabo o indo-europeu, como se pretendessem utilizá-lo. Nem sequer nutrem tal ideia quando abordam as línguas historicamente conhecidas (não se estuda o latim linguisticamente para falá-lo bem), e muito menos ao reconstruir as palavras isoladas de línguas pré-históricas.

Além disso, mesmo que a reconstrução ficasse sujeita a revisão, não se poderia prescindir dela para obter uma noção de conjunto da língua estudada, do tipo linguístico a que pertence. Trata-se de um instrumento indispensável para representar, com relativa facilidade, grande número de fatos gerais, sincrônicos e diacrônicos. As grandes linhas do indo-europeu se aclaram imediatamente pelo conjunto das reconstruções: por exemplo, que os sufixos eram formados de certos elementos ($l$, $s$, $r$ etc.) com exclusão de outros, que a variedade complicada do vocalismo dos verbos alemães (cf. *werden, wirst, ward, wurde, worden*) oculta, na regra, uma mesma alternância primitiva: *e-o-zero*. Por conseguinte, a história dos períodos ulteriores se acha assaz facilitada: sem reconstrução prévia, seria muito difícil explicar as mudanças ocorridas no decurso do tempo, após o período ante-histórico.

## § 2. GRAU DE CERTEZA DAS RECONSTRUÇÕES

Existem formas reconstruídas que são completamente seguras, outras que permanecem discutíveis ou francamente problemáticas. Ora, como acabamos de ver, o grau de certeza das formas totais depende da certe-

CURSO DE LINGUÍSTICA GERAL

za relativa que se pode atribuir às restituições parciais que intervêm na síntese. Nesse particular, duas palavras não estão quase nunca em pé de igualdade; entre formas indo-europeias tão luminosas quanto *esti, "ele é", e didōti, "ele dá", existe uma diferença, porque na segunda a vogal de reduplicação admite uma dúvida (cf. sânscrito dadāti e grego dídōsi).

Em geral, é-se levado a crer que as reconstituições sejam menos seguras do que de fato o são. Três fatos servem para aumentar nossa confiança:

O primeiro, que é capital, foi assinalado na p. 77 s.: dada uma palavra, podem-se distinguir claramente os sons que a compõem, seu número e sua delimitação; vimos (pp. 91-92) o que cumpre pensar das objeções que fariam certos linguistas debruçados sobre o microscópio fonológico. Num grupo como -sn- existem, sem dúvida, sons furtivos ou de transição; é antilinguístico, porém, levá-los em conta; o ouvido comum não os distingue, e sobretudo os falantes estão de acordo quanto ao número de elementos. Podemos portanto dizer que na forma indo-europeia *$ek_1wos$ havia apenas cinco elementos distintos, diferenciais, aos quais as pessoas deviam prestar atenção.

O segundo fato diz respeito ao sistema desses elementos fonológicos em cada língua. Todo idioma opera com uma gama de fonemas cujo total está perfeitamente delimitado (ver pp. 68-69). Ora, em indo-europeu, todos os elementos do sistema aparecem pelo menos numa dúzia de formas atestadas pela reconstrução, por vezes em milhares. Estamos, pois, seguros de conhecê-los a todos.

Finalmente, para conhecer as unidades fônicas de uma língua, não é indispensável caracterizar-lhes a qualidade positiva; cumpre considerá-las entidades diferenciais cuja peculiaridade consiste em não se confundirem umas com as outras (ver p. 165). Isso é de tal maneira essencial que se poderiam designar os elementos fônicos de um idioma a reconstituir por quaisquer algarismos ou signos. Em *$ĕk_1wŏs$, é inútil determinar a qualidade absoluta do e, perguntar se era aberto ou fechado, articulado mais ou menos adiante etc.; enquanto não tenham sido reconhecidas diversas espécies de e, isso não terá importância, desde que não os confundamos com outro dos elementos distinguidos da língua (a, o, e etc.). Isso equivale a dizer que o primeiro fonema de *$ĕk_1wŏs$ não diferia do segundo de

292

*mĕdhyōs*, do terceiro de *ăgĕ* etc., e que se poderia, sem especificar-lhe a natureza fônica, catalogá-lo e representá-lo pelo seu número respectivo no quadro dos fonemas indo-europeus. Por conseguinte, a reconstrução de *ĕk₁wŏs* quer dizer que o correspondente indo-europeu do latim *equos*, sânscrito *açva-s* etc., era formado por cinco fonemas determinados, tomados à gama fonológica do idioma primitivo.

Dentro dos limites que acabamos de traçar, nossas reconstruções conservam, portanto, todo o seu valor.

CAPÍTULO IV
# O TESTEMUNHO DA LÍNGUA EM ANTROPOLOGIA E EM PRÉ-HISTÓRIA

## § 1. LÍNGUA E RAÇA

O linguista pode, portanto, graças ao método retrospectivo, remontar o curso dos séculos e reconstituir línguas faladas por certos povos muito antes de sua entrada na História. Mas essas reconstruções, não poderiam elas esclarecer-nos também a respeito desses mesmos povos, de sua raça, filiação, relações sociais, costumes, instituições etc.? Em suma, a língua subministra luzes à Antropologia, à Etnografia, à Pré-História? Isso é o que geralmente se crê; pensamos que há, no caso, grande parte de ilusão. Examinemos brevemente alguns aspectos desse problema geral.

Primeiramente, a raça: seria um erro supor que pela comunidade de línguas se possa inferir a consanguinidade; que uma família de línguas encubra uma família antropológica. A realidade não é tão simples. Existe, por exemplo, uma raça germânica cujos caracteres antropológicos são muito claros: cabelo loiro, crânio alongado, estatura elevada etc.; o tipo escandinavo é a sua forma mais perfeita. Todavia, nem todas as populações de línguas germânicas respondem a tais características; assim, os alemães, ao pé dos Alpes, têm um tipo antropológico muito diferente do dos escandinavos. Poder-se-ia admitir, ao menos, que um idioma pertença propriamente a uma raça e que, se é falado por povos alógenos, foi porque lhes foi imposto por conquista? Sem dúvida, vêm-se com frequência nações que adotam ou suportam a língua de seus vencedores, como os gauleses após a vitória dos romanos; mas isso não explica tudo: no caso dos germanos, por exemplo, mesmo admitindo que tenham subjugado tantas populações diversas, não é possível que as tenham absorvido todas; para tanto, seria mister supor uma longa dominação pré-histórica, e outras circunstâncias que nada autoriza a estabelecer.

Dessarte, a consanguinidade e a comunidade linguística parecem não ter nenhuma relação necessária entre si, e é impossível deduzir uma da outra; por conseguinte, nos casos muito numerosos em que os testemunhos da Antropologia e da língua não concordam, não é necessário opô-las ou escolher entre ambas; cada uma delas conserva seu valor próprio.

## § 2. ETNISMO

Que nos ensina, pois, esse testemunho da língua? A unidade de raça não pode ser, por si só, mais que um fator secundário, e de modo algum necessário, da comunidade linguística; mas existe uma outra unidade, infinitamente mais importante, a única essencial, aquela que é constituída pelo vínculo social: chamá-la-emos *etnismo*. Entendemos por *etnismo* uma unidade que repousa em relações múltiplas de religião, de civilização, de defesa comum etc., as quais se podem estabelecer mesmo entre povos de raças diferentes e na ausência de qualquer vínculo político.

É entre o etnismo e a língua que se firma aquela relação de reciprocidade já registrada na p. 53: o vínculo social tende a criar a comunidade de língua e imprime talvez ao idioma comum determinados caracteres; inversamente, é a comunidade de língua que constitui, em certa medida, a unidade étnica. Em geral, esta sempre basta para explicar a comunidade linguística. Por exemplo, nos primórdios da Idade Média, houve um etnismo romano que unia, sem vínculos políticos, povos de origens muito diversas. Reciprocamente, no que respeita à questão de unidade étnica, é a língua que cumpre antes de tudo interrogar; seu testemunho prevalece sobre todos os demais. Eis um exemplo: na Itália antiga, encontram-se etruscos ao lado de latinos; se se busca o que eles têm de comum, na esperança de reduzi-los a uma mesma origem, pode-se recorrer a tudo quanto esses dois povos deixaram: monumentos, ritos religiosos, instituições políticas etc.; entretanto, não se chegará jamais à certeza que a língua dá imediatamente: quatro linhas de etrusco bastam para mostrar--nos que o povo que o falava era absolutamente distinto do grupo étnico que falava latim.

Por conseguinte, nesse respeito e nos limites indicados, a língua é um documento histórico; por exemplo, o fato de as línguas indo-europeias constituírem uma família nos leva a concluir um etnismo primitivo, do qual todas as nações que hoje falam tais línguas são, por filiação social, as herdeiras mais ou menos diretas.

## § 3. PALEONTOLOGIA LINGUÍSTICA

Entretanto, se a comunidade de língua permite afirmar a comunidade social, será que a língua nos faculta conhecer a natureza desse etnismo comum?

Durante longo tempo, acreditou-se que as línguas fossem uma fonte inesgotável de documentos acerca dos povos que as falavam e de sua pré-história. Adolphe Pictet, um dos pioneiros do celtismo, é conhecido sobretudo pelo seu livro *As origens indo-europeias* (1859-63). Essa obra serviu de modelo a muitas outras, e continua a ser a mais atraente de todas. Pictet quer encontrar, nos testemunhos fornecidos pelas línguas indo-europeias, os traços fundamentais da civilização dos "árias", e acredita poder fixar-lhe os aspectos mais diversos: coisas materiais (ferramentas, armas, animais domésticos), vida social (tratava-se de um povo nômade ou agrícola?), família, governo; intenta conhecer o berço dos árias, que situa em Bactriana; estuda a fauna e a flora da região que habitavam. É esse o ensaio mais considerável que já se fez nessa direção; a ciência que assim inaugurou recebeu o nome de Paleontologia linguística.

Outras tentativas foram feitas, depois, no mesmo sentido; uma das mais recentes é a de Hermann Hirt (*Die Indogermanen*, 1905-1907)[1]. Ela se funda na teoria de J. Schmidt (ver p. 275) para determinar a região habitada pelos indo-europeus; não desdenha, porém, recorrer à Paleontologia linguística: fatos de vocabulário mostram-lhe que os indo-europeus eram agricultores, e ele se recusa a situá-los na Rússia meridional, mais adequada à vida nômade; a frequência dos nomes de árvores, e, sobretudo, de certas essências (pinho, bétula, faia, carvalho) o leva a pensar que a região dos árias era arborizada e se situava entre o Harz e o Vístula, mais especialmente na região de Brandeburgo e Berlim. Recordemos também que, mesmo antes de Pictet, Adalbert Kuhn e outros haviam utilizado a Linguística para reconstruir a mitologia e a religião dos indo-europeus.

Ora, não parece que se possa pedir a uma língua ensinamentos desse gênero; e que ela não possa fornecê-los se deve, a nosso ver, às seguintes causas:

Em primeiro lugar, à incerteza da etimologia; compreendeu-se pouco a pouco como são raras as palavras cuja origem está bem estabelecida, e o linguista se tornou mais circunspecto. Eis um exemplo das temeridades de outrora: dados *servus* e *servāre*, relacionou-se um ao outro, talvez sem o direito de fazê-lo; deu-se em seguida ao primeiro a significação de "guardião", para concluir que o escravo era originalmente o guardião da casa. Ora, não se pode sequer afirmar que *servāre* tenha tido a princípio o sentido de "guardar". E não é tudo: os significados das palavras evoluem: a significação de uma palavra muda amiúde, ao mesmo tempo em que um povo muda de residência. Acreditou-se ver igualmente na ausência de uma palavra a prova de que a civilização primitiva ignorava a coisa designada por essa palavra; trata-se de um erro. Dessarte, a palavra para designar "arar" falta nos idiomas asiáticos; isso, porém, não significa que tal ocupação fosse desconhecida no princípio: o arar pode muito bem ter caído em desuso ou ter sido levado a cabo através de outros procedimentos, designados por outras palavras.

---

[1] Cf. também Arbois de Jubainville: *Os primeiros habitantes da Europa* (1877); O. Schrader: *Sprachvergleichung und Urgeschichte*; Id.: *Reallexikon der indogermanischen Altertumskunde* (obras um pouco anteriores à de Hirt); S. Feist: *Europa im Lichte der Vorgerschichte* (1910).

CURSO DE LINGUÍSTICA GERAL

A possibilidade de empréstimos é um terceiro fator que perturba a certeza. Uma palavra pode ingressar num idioma ao mesmo tempo em que é introduzida a coisa no povo que o fala; assim, o cânhamo só veio a ser conhecido na bacia do Mediterrâneo muito tardiamente, mais ainda que nos países do Norte; em cada ocasião, o nome do cânhamo passava com a planta. Em muitos casos, a falta de dados extralinguísticos não permite saber se a presença de uma mesma palavra em diversas línguas se deve a empréstimo ou se prova uma tradição primitiva comum.

Isso não quer dizer que não se possam distinguir alguns traços gerais e mesmo certos dados preciosos: assim, os termos comuns indicativos de parentesco são abundantes e se transmitem com grande clareza; eles permitem afirmar que, entre os indo-europeus, a família era uma instituição tão complexa quanto regular, pois sua língua conhecia, nesse particular, matizes que não podemos exprimir. Em Homero, *eináteres* quer dizer "concunhadas", no sentido de "mulheres de vários irmãos"; e *galóōi* "cunhadas", no sentido de "mulher e irmã do marido entre si"; ora, o latim *janitrīces* corresponde a *eináteres* pela forma e pela significação. Do mesmo modo, o "cunhado, marido da irmã", não tem o mesmo nome que os "concunhados, maridos de várias irmãs, entre si". Aqui se pode, portanto, verificar um pormenor minucioso, mas em geral temos de contentar-nos com uma informação geral. O mesmo acontece com animais: no caso de espécies importantes, como a bovina, não apenas se pode contar com a coincidência do grego *boús*, do alemão *Kuh*, do sânscrito *gau-s* etc. e reconstituir um indo-europeu $*g_2\bar{o}u\text{-}s$, como também a flexão tem os mesmos caracteres em todas as línguas, o que não seria possível se se tratasse de uma palavra tomada de empréstimo, posteriormente, a outra língua.

Que nos seja permitido acrescentar aqui, um pouco mais pormenorizadamente, outro fato morfológico que apresenta esse duplo caráter de estar limitado a uma zona determinada e de referir-se a um ponto de organização social.

A despeito de tudo quanto se disse sobre o vínculo de *dominus* com *domus*, os linguistas não se sentem plenamente satisfeitos, pois é coisa das mais extraordinárias ver um sufixo -*no*- formar derivados secundários;

# QUESTÕES DE LINGUÍSTICA RETROSPECTIVA

nunca se ouviu falar de uma formação como seria em grego *oiko-no-s* ou *oike-nos-s* de *oîkos*, ou em sânscrito *açva-na-* de *açva-*. Mas é precisamente tal rareza que dá ao sufixo de *dominus* seu valor e seu relevo. Várias palavras germânicas são, a nosso ver, assaz reveladoras:

1º *þeuđa-na-z*, "*o chefe da* *þeuđō*, *o rei*", gótico *þiudans*, antigo saxão *thiodan* (*þeuđō*, gótico * *þiuda*, = osco *touto*, "povo").

2º *dru_xti-na-z* (parcialmente mudado para *dru_xtĩ-na-z*), "o chefe da *dru_xti-z*, do exército", de onde vem o nome cristão que significa "o Senhor, vale dizer, Deus", antigo nórdico *Dróttinn*, anglo-saxão *Dryhten*, ambos com a final *-ĭna-z*.

3º *kindi-na-z*, "o chefe da *kind-z* = latim *gens*". Como o chefe de uma *gens* era, em relação ao de uma *þeuđō*, um vice-rei, esse termo germânico de *kindins* (absolutamente perdido nas demais línguas) é empregado por Ulfilas para designar o governador romano de uma província, porque o legado do imperador era, em sua ideologia germânica, a mesma coisa que um chefe de clã em relação a um *þiudans*; por interessante que seja a assimilação do ponto de vista histórico, não há dúvida de que a palavra *kindins*, estranha às coisas romanas, testemunha uma divisão das populações germânicas em *kindi-z*.

Por conseguinte, um sufixo secundário *-no-* se acrescenta a qualquer forma em germânico para significar "chefe desta ou daquela comunidade". Só resta então comprovar que o latim *tribūnus* significa, do mesmo modo, literalmente, "o chefe da *tribus*", tal como *þiudans* o chefe da *þiuda*, e também, por fim, *domi-nus*, "chefe da *domus*", última divisão da *touta* = *þiuda*. *Dominus*, com seu singular sufixo, nos parece uma prova dificilmente refutável não apenas de uma comunidade linguística, mas também de uma comunidade de instituições entre o etnismo italiota e o etnismo germânico.

Cumpre todavia lembrar, uma vez mais, que as comparações de língua a língua raras vezes proporcionam índices tão característicos.

299

# § 4. TIPO LINGUÍSTICO E MENTALIDADE DO GRUPO SOCIAL

Embora a língua não forneça muitas informações precisas e autênticas acerca dos costumes e instituições do povo que a usa, servirá ao menos para caracterizar o tipo mental do grupo social que a fala? É opinião geralmente aceita a de que uma língua reflete o caráter psicológico de uma nação; uma objeção bastante grave se opõe, entretanto, a tal modo de ver: um procedimento linguístico não está necessariamente determinado por causas psíquicas.

As línguas semíticas exprimem a relação de substantivo determinativo a substantivo determinado (cf. port. "a palavra de Deus") pela simples justaposição, que implica, na verdade, uma forma especial, chamada "estado construído", do determinado colocado diante do determinante. Seja em hebraico *dābār*, "palavra", e *'elōhīm*[2], "Deus": *dbar, 'elōhīm* significa: "a palavra de Deus". Diremos nós que esse tipo sintático revela algo da mentalidade semítica? A afirmação seria deveras temerária, de vez que o antigo francês empregava regularmente uma reconstrução análoga: cf. *le cor Roland, les quatre fils Aymon* etc. Ora, esse procedimento nasceu em romance por um puro acaso, tanto morfológico quanto fonético: a redução extrema dos casos, que impôs à língua essa construção nova. Por que não poderia um acaso análogo ter lançado o protossemita no mesmo caminho? Assim, um fato sintático que parece ser um de seus traços indeléveis não oferece nenhum indício certo da mentalidade semita.

Outro exemplo: o indo-europeu primitivo não conhecia compostos com o primeiro elemento verbal. Se o alemão os tem (cf. *Bethaus*, *Springbrunnen* etc.), dever-se-á crer que num dado momento os germanos modificaram um modo de pensamento herdado de seus antepassados? Vimos que essa inovação se deve a um acaso não somente material, como também negativo; a supressão de um *a* em *betahūs* (ver p. 194). Tudo se passa fora do espírito, na esfera das mutações de sons, que cedo impõem um

---

[2]   O signo ' designa o aleph, a oclusão glotal que corresponde ao espírito suave do grego.

jugo absoluto ao pensamento e o forçam a entrar no caminho especial que lhe é aberto pelo estado material dos signos. Um grande número de observações do mesmo gênero nos confirma essa opinião; o caráter psicológico do grupo linguístico pesa pouco diante de um fato como a supressão de uma vogal ou uma modificação de acento, e muitas outras coisas semelhantes, capazes de revolucionar a cada instante a relação entre o signo e a ideia em qualquer forma de língua.

Nunca deixa de ser interessante determinar o tipo gramatical das línguas (quer sejam historicamente conhecidas ou reconstruídas) e classificá-las de acordo com os procedimentos que utilizam para a expressão do pensamento; porém, dessas determinações e dessas classificações nada se poderá deduzir com certeza fora do domínio propriamente linguístico.

## CAPÍTULO V
# FAMÍLIAS DE LÍNGUAS E TIPOS LINGUÍSTICOS[3]

Acabamos de ver que a língua não está sujeita diretamente ao espírito dos que a falam: insistamos, ao concluir, numa das consequências desse princípio: nenhuma família de línguas pertence, por direito e para sempre, a um tipo linguístico.

Perguntar a que tipo um grupo de línguas se vincula é esquecer que as línguas evoluem, subentender que haveria, nessa evolução, um elemento de estabilidade. Em nome de que se pretenderia impor limite a uma ação que não conhece nenhum?

É bem verdade que muitos, ao falar das características de uma família, pensam antes nas do idioma primitivo, e esse problema não é insolúvel, visto tratar-se de uma língua e de uma época. Mas tão logo se supõem traços permanentes nos quais nem o tempo nem o espaço podem modificar coisa alguma, contrariam-se frontalmente os princípios fundamentais da Linguística evolutiva. Nenhuma característica é permanente por direito próprio; só pode persistir por acaso.

---

[3] Conquanto este capítulo não trate de Linguística retrospectiva, colocamo-lo aqui porque pode servir de conclusão à obra toda (org.).

QUESTÕES DE LINGUÍSTICA RETROSPECTIVA

Considere-se, por exemplo, a família indo-europeia; conhecem-se as características distintivas da língua de que se originou; o sistema de sons é de grande sobriedade; nem grupos complicados de consoantes nem consoantes duplas; um vocalismo monótono, mas que dá lugar a um jogo de alternâncias extremamente regulares e profundamente gramaticais (ver pp. 212 *s.*, e 291 *s.*); um acento de altura, que se pode colocar, em princípio, em qualquer uma das sílabas da palavra, e que contribui, por conseguinte, para o jogo de oposições gramaticais; um ritmo quantitativo, que se funda unicamente na oposição de sílabas longas e breves; uma grande facilidade para formar compostos e derivados; a flexão nominal e verbal é muito rica; a palavra flexionada, que traz em si mesma suas determinações, é autônoma na frase, do que advém grande liberdade de construção e rareza de palavras gramaticais de valor determinativo ou racional (pré-verbos, preposições etc.).

Vê-se facilmente, portanto, que nenhuma dessas características se manteve integralmente nas diversas línguas indo-europeias; que várias (por exemplo, o papel do ritmo quantitativo e o acento de altura) não se encontram em nenhuma; algumas delas alteraram inclusive o aspecto primitivo do indo-europeu, a ponto de fazer pensar num tipo linguístico inteiramente diferente, por exemplo o inglês, o armênio, o irlandês etc.

Seria mais legítimo falar de certas transformações mais ou menos comuns às diversas línguas de uma família. Assim, o enfraquecimento progressivo do mecanismo flexional, assinalado anteriormente, é geral nas línguas indo-europeias, conquanto elas apresentem, mesmo nesse particular, diferenças notáveis: o eslavo foi quem melhor resistiu, ao passo que o inglês reduziu a flexão a quase nada. Em consequência, assistiu-se ao estabelecimento, assaz geral também, de uma ordem mais ou menos fixa para a construção das frases, e os processos analíticos de expressão tenderam a substituir os procedimentos sintéticos: valores de casos expressos por preposições (ver p. 240), formas verbais compostas por meio de auxiliares etc.

Vimos que um traço do protótipo não se pode encontrar nesta ou naquela das línguas derivadas: o contrário é igualmente verdadeiro. Não é raro, inclusive, verificar-se que os traços comuns a todos os representantes de uma família são estranhos ao idioma primitivo; tal é o caso da

CURSO DE LINGUÍSTICA GERAL

harmonia vocálica (vale dizer, de uma certa assimilação do timbre de todas as vogais dos sufixos de uma palavra à última vogal do elemento radical). Esse fenômeno ocorre no uralo-altaico, vasto grupo de línguas faladas na Europa e na Ásia, desde a Finlândia até a Manchúria, mas essa característica notável se deve, com toda probabilidade, a desenvolvimentos ulteriores; seria, pois, um traço comum, sem ser um traço original, a tal ponto que não pode ser invocado para provar a origem comum (deveras contestada) dessas línguas, nem tampouco seu caráter aglutinante. Reconheceu-se, outrossim, que o chinês nem sempre foi monossilábico.

Quando se comparam as línguas semíticas com o protossemita reconstituído, impressiona, à primeira vista, a persistência de certas características; mais que todas as outras famílias, esta dá a ilusão de um tipo imutável, permanente, inerente à família. Reconhecemo-lo nos seguintes traços, vários dos quais se opõem, de maneira surpreendente, aos do indo-europeu: ausência quase total de compostos, uso restrito da derivação, flexão pouco desenvolvida (mais, entretanto, no protossemita que nas línguas filhas), do que resulta uma ordem de palavras sujeita a regras estritas. O traço mais notável concerne à constituição de raízes (ver p. 247); elas encerram regularmente três consoantes (por exemplo *q-ṭ-l*, "matar"), que persiste em todas as formas no interior de um mesmo idioma (cf. hebraico *qāṭal*, *qāṭlā*, *qṭōl*, *qiṭlī* etc.) e de idioma para idioma (cf. árabe *quatala*, *qutila* etc.). Por outros termos, as consoantes exprimem o "sentido concreto" das palavras, seu valor lexicológico, ao passo que as vogais, com o auxílio, é bem verdade, de certos prefixos e sufixos, marcam exclusivamente os valores gramaticais pelo jogo de suas alternâncias (por exemplo hebraico *qāṭal*, "ele matou", *qṭōl*, "matar", com sufixo *qṭāl-ū*, "eles mataram", com prefixo *ji-qṭōl*, "ele matará", com um e outro *ji-qṭl-ū*, "eles matarão" etc.).

Diante desses fatos e malgrado as afirmações às quais deram origem, cumpre manter nosso princípio: não existem características imutáveis; a permanência é um efeito do acaso; se uma característica se mantém no tempo, pode muito bem desaparecer com o tempo. Para nos limitarmos ao semítico, verifica-se que a "lei" das três consoantes não é tão característica dessa família, uma vez que outras apresentam fenômenos assaz análogos. Em indo-europeu, também, o consonantismo das raízes obedece a

QUESTÕES DE LINGUÍSTICA RETROSPECTIVA

leis precisas; por exemplo, elas não têm nunca dois sons da série *i*, *u*, *r*, *l*, *m*, *n* após seu *e*; uma raiz como *\*serl* é impossível etc. O mesmo acontece, em mais alto grau, com o jogo de vogais em semítico; nesse particular, o indo-europeu apresenta um conjunto também preciso, se bem que menos rico; oposições como as do hebraico *dabar*, "palavra", *dbār-īm*, "palavras", *dibrē-heim*, "as palavras deles", recordam as do alemão *Gast*: *Gäste*, *fliessen* : *floss* etc. Em ambos os casos, a gênese do procedimento gramatical é a mesma. Trata-se de modificações puramente fonéticas, devidas a uma evolução cega; as alternâncias que daí resultam, porém, o espírito se assenhoreou delas, atribuindo-lhes valores gramaticais e propagando, pela analogia, modelos fornecidos pelo acaso da evolução fonética. Quanto à imutabilidade das três consoantes em semítico, é apenas aproximativa e nada tem de absoluto. Poderíamos estar certos disso *a priori*; mas os fatos confirmam tal modo de ver: em hebraico, por exemplo, se a raiz de *'anās-īm* "homens", apresentam as três consoantes esperadas, seu singular *'īs* oferece apenas duas; trata-se da redução fonética de uma forma mais antiga, que continha três consoantes. Ademais, mesmo admitindo essa quase imutabilidade, deve-se ver nela uma característica inerente às raízes? Não; acontece simplesmente que as línguas semíticas sofreram menos alterações fonéticas que muitas outras, e que as consoantes se conservaram melhor nesses grupos que em outros. Trata-se, pois, de um fenômeno evolutivo, fonético, e não gramatical ou permanente. Proclamar a imutabilidade das raízes equivale a dizer que não sofreram mudanças fonéticas; e não se pode jurar que tais mudanças não se tenham jamais produzido. De modo geral, tudo quanto o tempo fez o tempo pode desfazer ou transformar.

Embora reconhecendo que Schleicher violentava a realidade ao ver na língua uma coisa orgânica, que trazia em si própria a sua lei de evolução, continuamos, sem vacilar, a querer fazer dela uma coisa orgânica em outro sentido, ao supor que o "gênio" de uma raça ou de um grupo ético tende a conduzir a língua incessantemente por caminhos determinados.

Das incursões que acabamos de fazer nos domínios limítrofes de nossa ciência, se depreende um ensinamento inteiramente negativo, mas tanto mais interessante quanto concorda com a ideia fundamental deste curso: a *Linguística tem por único e verdadeiro objeto a língua considerada em si mesma e por si mesma.*

305

# ÍNDICE ANALÍTICO

Abertura, base da classificação dos
sons, 81 *s.*
— e sons que se abrem e fecham, 90 *s.*
*Ablaut,* v. Metafonia
Abrem, sons que se —, 89
Acento de sílaba, 97
Acento latino e francês, 127 *s.*
Afasia, 42 *s.*
Aglutinação, definição, 235
três fases da, 236
oposta à analogia, 236 *s.*
precedeu-a sempre, 237
Alfabeto, v. Escrita
tomado de empréstimo, 60 *s.*
grego, sua superioridade, 60 *s.*, 76
Alteração do signo, 114-115
linguístico, sempre
parcial, 126, 128 *s.*
Alternância, 212 *s.*
definição, 213
de natureza não fonética, 213 *s.*
lei da — sincrônica e gramatical,
214
a — estreita o vínculo gramatical,
215 *s.*
Análise objetiva, 243 *s.*
— subjetiva 243 *s.*
subjetiva e delimitação de
subunidades, 244 *s.*
antiga, três sentidos da palavra —
aplicada à língua, 285 *s.*
Analogia, 217-231
sua importância, 229
contrapeso às mudanças
fonéticas, 217

erro dos primeiros linguistas a seu
respeito, 219
a — é uma criação, não uma
mudança, 220
seu mecanismo, 219 *s.*
ela é de ordem gramatical, 222 *s.*
tem origem na fala, 221 *s.*, 226
forma analógica, quarto termo de
uma proporção, 218, 221 *s.*, 223 *s.*
— e elemento formativo, 218 *s.*
fator de evolução, 227, 229 *s.*
índice de mudanças de
interpretação, 264 *s.*
fator de conservação, 230 *s.*
— oposta à etimologia popular, 232 *s.*
— oposta à aglutinação, 236
Antropologia e Linguística, 38, 294
Aparelho vocal, 77 *s.*
Arbitrariedade do signo, definição,
108 *s.*
—, fator de imutabilidade da língua,
112 *s.*
—, fator de alteração, 116
— absoluta e — relativa, 180 *s.*
relações com as mudanças
fonéticas, 206 *s.*, 217
relações com a analogia, 223
Arbitrário = imotivado, 109
Áreas dos fatos dialetais, 262 *s.*
Articulação e impressão acústica, 40
imagem da —, 106, nota
dois sentidos da palavra, 42, 158 *s.*
— bucal, sua diversidade, 79 *s.*
seu valor para a classificação dos
sons, 81 *s.*
— sustentada ou tensão, 90 e nota

## ÍNDICE ANALÍTICO

Aspectos do verbo, 164
Associação, faculdade de, 44
Atlas linguístico, 266

Bopp, 32, 33, 59, 244, 285
Broca, 42

Cadeia fônica (ou falada), sua análise,
76 s., 87 s., 90 s.
Cartografia linguística, 265 s.
Cavidade bucal, – nasal, 78 s.
Ciências econômicas, 121
Circuito da fala e suas subdivisões, 42 s.
Clima e transformações linguísticas,
202, 262
Comparação de línguas não
aparentadas, 255
– de línguas aparentadas, 255
– no parentesco implica
reconstituição, 34 s., 262, 289
Comparatista, erros da escola –, 33 s.,
59, 219, 244, 274, 285
Compostos, produtos da analogia, 236
s., 237 nota
– germânicos, 194 s., 300
– indo-europeus, 237 nota, 300
Conceitos, 43, 106-107
= significado, 107, 147-148, 160 s.
Consanguinidade e comunidade
linguística, 295
Conservação das formas linguísticas,
fatores de –, 231
Consoantes, 82, 96 s.
– médias ou tenuēs, 69 s.
Construção e estrutura, diversos
sentidos destas palavras, 237
Coordenação, faculdade de –, 44 s.
Cordas vocais, 78 s.
Crianças, seu papel na evolução
fonética, 203
Curtius, Georges, 33

Delimitação das unidades linguísticas,
148 s.
– de fonemas, 75 s.
Dentais, 82 s.
Derivados, produtos da analogia, 237

Desinência, 245 s.; – zero, ibid.
Deslocamento da relação entre o
significante e o significado, 115 s.
Diacronia, 122; v. também Linguística
diacrônica
Dialetais, caracteres. –, 265 s.
Dialetais, formas – tomadas de
empréstimo, 211
Dialetos naturais, inexistentes, 265 s.
distinção entre – e línguas, 267 s.
– e língua literária, 54, 258 s.
Diez, 35
Diferenças, seu papel na constituição
do valor, 161 s., 164 s.
só existem – na língua, 167
Diferenciação linguística, em território
contínuo, 262 s.
– em territórios separados, 274 s.
Ditongos, elo implosivo, 99
– "ascendente", ibid.
Diversidade das línguas, 253 s.
– no parentesco, 253, 260
– absoluta, 255
Dominus, etimologia de –, 298 s.
Dualidades linguísticas, 39 s.

Economia Política, 121 s.
Elo explosivo-implosivo, 92 s.
– implosivo-explosivo, 93
– explosivo, 93 s.
– implosivo, 94 s.
– rompido, 92 s., 94 s., 97 s.
Empréstimos, 55, 71, 211, 298
Entidades concretas da língua, 147 s.
– abstratas, 187 s.
Escrita e língua, 46-47
– comparada ao sistema linguístico,
166 s.
necessidade de seu estudo, 57
distinta da língua, 58
não é uma condição da estabilidade
linguística, 58
sua importância aumentada pela
língua literária, 59
evolui menos depressa que língua, 61 s.
tomada de empréstimo, 62
incoerências da –, 62 s.

## CURSO DE LINGUÍSTICA GERAL

– etimológica, 62
interpretação da –, 68 *s.*
explosão e implosão assinaladas pela
– 90 *s.*, 91 *s.*, 98 *s.*, 99 *s.*
– fonológica, 67 *s.*
não pode substituir a ortografia
usual, 68
Escrita, sistemas de –, 60-61
– ideografia (chinesa), fonética, 60 *s.*
silábica (cipriota), 76, 87
consonântica (semítica), 76
Espécies fonológicas, 75 *s.*
seu caráter abstrato, 91 *s.*
Espírito de campanário ou força
particularista, 270 *s.*
não é mais que o aspecto negativo
do intercurso, 273
Estabilidade política e mudanças
fonéticas, 204 *s.*
Estado de língua, 146 e passim
Etimologia, 249 *s.*
incerteza da –, 297
– e ortografia, 62, 65
Etimologia popular, 232 *s.*
– sem deformação, 233 *s.*
– com deformação, *ibid.*;
incompleta, 233 *s.*
comparação com
a analogia, 232, 233 *s.*
Etnismo, 295 *s.*
– ítalo-germânico, 299
Etnografia e Linguística, 38, 53, 294
Etruscos e latinos, 295 *s.*
Exclamações, 109 *s.*
Expiração, 79 *s.*
Expirantes, 83 *s.*
Explosão, 89 *s.*
sua duração, 98 *s.*
Extensão geográfica das línguas, 54; v.
Linguística geográfica
Evolução linguística, 40; começa na
fala, 51, 141
– dos fatos gramaticais, 195
– fonética, v. Mudanças fonéticas

Faculdade de linguagem, 41, 42
– de evocar os signos, 42 *s.*
– de associação, 43, 44

Fala, ato individual, 45; distinta da
língua, v. Língua
modo de existência da –, 51 *s.*
ela é sede de todas as mudanças da
língua, 51, 141 *s.*, 196 nota, 226
Fala, circuito da –, 43 *s.*
Famílias de línguas, 37, 254 *s.*
não têm caracteres permanentes, 302
família indo-europeia, 269 *s.*, 275 *s.*
– banto, 254
– fino-úgrica, 254
Fatos de gramática e unidades
linguísticas, 168 *s.*
Filologia, seu método, 31 *s.*, 38
– comparativa, 32
Fisiologia dos sons, v. Fonologia
Fisiologia e Linguística, 38
Fonação, estranha à língua, 50
Fonemas, em número determinado, 47,
69, 77 *s.*, 166, 292
sua delimitação fundada sobre o
dado acústico, 75
sua descrição no ato articulatório, 77
modo de identificação dos –, 79 *s.*
seu caráter diferencial, 92, 166, 292
e sons, 106
suas relações sintagmáticas e
associativas, 179-180
Fonética, 67 *s.*
distinta da Fonologia, 67 *s.*
objeto da Linguística diacrônica, 191 *s.*
– e Gramática, 51 *s.*, 206
o que é – não é significativo, 51, 194
Fonográficos, textos –, 57
Fonologia, 66-67, 73-102
erroneamente chamada Fonética, 67 *s.*
diz respeito à fala, 67
– combinatória, 89
Fonológicas, espécies –, v. Espécies
Fórmulas articulatórias dos sons, 81 *s.*
Fortuito, caráter – de um estado de
língua, 126 *s.*
Frase, tipo de sintagma, 172 *s.*
– considerada como unidade, 151
equivalentes de –, 177
Fricativas, 83 *s.*
Fronteira de sílaba, 95 *s.*
Furtivos, sons –, v. Sons

## ÍNDICE ANALÍTICO

Gilliéron, 266
Glote, 78
Gótico, 287
Grafias indiretas, 63
   – ortografias flutuantes, 63 *s.*; v.
   também Escrita
Gramática, definição, 183
   – geral, 145
   – comparada, 32
   – tradicional ou clássica, seu caráter
   normativo, 31
   – seu caráter estático, 124
   "histórica", 186, 196 e nota
Graus do vocalismo, 34
Grimm, Jacob, 33, 59
Guturais, 82
   – palatais, – velares, 82, 83 e nota

*h* aspirado, 86
   – aspirado do francês, 64
Harmonia vocal das línguas uralo-
-altaicas, 304 *s.*
Hiato, 97
Hirt, 297
História da Linguística, 31 *s.*, 123 *s.*
   – política nas suas relações com a
   língua, 53 *s.*
   com as mudanças fonéticas, 204

Identidade sincrônica, 153 *s.*
   – diacrônica, 241 *s.*
Imagem acústica, 43, 47, 106 nota
   sua natureza psíquica, 106
   = significante, 106 *s.*
   – gráfica, 46-47, 59
Imotivado, v. Arbitrário
Implosão, 89 *s.*
   sua duração, 98 *s.*
Imutabilidade do signo, 111 *s.*
Incoerências da escrita, 62 *s.*
Indo-europeu, seus caracteres, 303 *s.*
Instituição social, a língua é uma –, 41, 47
Intercurso ou força unificante, 270 *s.*
   duas formas de sua ação, 271
Isoglossas, linhas –, 267

Jogo de palavras e pronúncia, 71 *s.*
Jogo de xadrez, v. Xadrez
Jones, 32

*Koiné* ou língua grega literária, 259
Kuhn, Adalbert, 33, 297
Labiais, 82
Labiodentais, 83 *s.*
Laringe, 78 *s.*
Laterais, consoantes 84 *s.*
*Lautverschiebung*, v. Mutações
   consonânticas do germânico
*l* dental, palatal, gutural, nasal, 84
Lei de Verner, 199
Leis linguísticas, 133 *s.*
   – sincrônicas, são gerais, mas não
   imperativas, 135 *s.*
   – diacrônicas, são imperativas, mas
   não gerais, 134 *s.*
   – fonéticas, 136 *s.*
   formulação incorreta das –
   fonéticas, 199 *s.*
   – de alternância, 213
Leitura e escrita, 67 *s.*
Lexicologia, não pode ser excluída da
   Gramática, 184
Limitação do arbitrário, base do estudo
   da língua, 181 *s.*
Limite de sílaba, 95 *s.*
Linguagem, língua e fala, 117-118
   caráter heteróclito da –, 41
   –, faculdade natural, 41
   – articulada, 42
Língua literária e ortografia, 59
   e dialeto local, 54, 258 *s.*
   independente da escrita, 259 *s.*
   sua estabilidade relativa, 193, 204 *s.*
Língua, norma dos fatos da linguagem, 41
   não pode ser reduzida a uma
   nomenclatura, 48, 106
   de natureza social, homogênea e
   concreta, 46 *s.*
   distinta da fala, 45 *s.*, 50 *s.*, 117, 222
   solidária da fala, 51
   modo de existência da –, 51 *s.*
   ela é uma forma, não uma
   substância, 160, 170
   línguas e dialetos, 268 *s.*
Línguas, fronteiras entre as, 268 *s.*,
   – superpostas num mesmo
   território, 256 *s.*
   – "lexicológicas" e – "gramaticais",
   182, 223

CURSO DE LINGUÍSTICA GERAL

– especiais, 54
– artificiais, 116-117
Línguas germânicas, 287
  estudo das – germânicas, 35
  – românicas, 287
  estudo das – românicas, 35
  – semíticas, seus caracteres, 304
  um de seus caracteres sintáticos, 300
Linguística, depende da Semiologia, 47 s.
  – da língua e – da fala, v. Língua
  – externa e – interna, 53 s.
  – sincrônica ou estática, 122, 142, 145 s.
  – "histórica", 122 s., ou evolutiva ou
  diacrônica, 122, 142, 193 s.
  – geográfica, 253 s.
Líquidas, 81, 84 s.
Lituano, 58, 286
Longas por natureza e – por posição, 98

Massa falante, 117-118
Mecanismo da língua, 176 s., 179, 221 s.
Menor esforço, causa das mudanças
  fonéticas, 202
Metafonia, 213 s.; 249-250
Metafonia das línguas germânicas, 58 s.,
  125, 212
Método comparativo, 33 s.
  – da Linguística externa e da
  Linguística interna, 55 s.
  – da Linguística sincrônica e da
  Linguística diacrônica, 131 s.
  – prospectivo e retrospectivo, 281
Métrica, v. Versificação
Migração, 268 s.
  teoria das –, 274 s.
Moda (a), 116, 205
Morfologia, inseparável da sintaxe, 183
Motivação, motivado, 181 s.
Movimentos articulatórios de
  acomodação, 93
Mudanças da língua têm origem na
  fala, 50-51, 141
  são sempre parciais, 126 s., 128 s.
Mudanças fonéticas, 197, 215-216
  estranhas ao sistema da língua, 50 s.
  atingem os sons, não as palavras, 136
  sua regularidade, 197

– absolutas e condicionais,
  espontâneas e combinatórias, 198 s.;
  v. também Fonética
Müller, Max, 33
Mutabilidade do signo, 114 s.
Mutações consonânticas do germânico,
  59, 198, 271

Nasais, 82
  – surdas, 82
Nasalizado, som –, 80
Neogramáticos, 35 s., 244
Nomes de parentesco em indo-
  -europeu, 298

Oclusivas, 82 s.
Ondas de inovação, 267 s., 271
Onomatopeia, 109
Oposição e diferença, 169
Ortografia, 59 s.; v. também Escrita e
  Grafias
Osthoff, 35

Palatais, 81, 82 s.
Palato, 78
Palavras, distintas das unidades, 149 s., 160 s.
Páleo-eslavo, 55, 282
Paleontologia linguística, 296 s.
Pancrônico, ponto de vista – em
  Linguística, 137 s.
Paradigmas de flexão, tipos de relações
  associativas, 175
Parelhas, seu caráter não fonético, 211 s.
Partes do discurso, 155, 188
Particípio presente francês, 138 s.
Paul, 35
Pensamento, seu caráter amorfo, 158
Permutação, sinônimo de alternância, 215
Perspectiva sincrônica e – diacrônica,
  122-123, 128 s., 132 s.
  – prospectiva e – retrospectiva, 281 s.
Pictet, Adolphe, 286, 296
Plural e dual, 163
Ponto vocálico, 95 s.
Pott, 33
Prefixo, 248
Pré-História e Linguística, 38 s., 296 s.

310

## ÍNDICE ANALÍTICO

Preposições, desconhecidas do indo-
-europeu, 240
Preverbos, desconhecidos do indo-
-europeu, 240
Procedimento, oposto a processo, 235
Pronúncia e escrita, 63 s.
   fixada pela etimologia, 64 s.
   deformada pela escrita, 65
   liberdade relativa da –, 166
Prospectiva, perspectiva –, v. Perspectiva
Psicologia social e linguística, 38, 47

*r roulé* e – *grasseyé,* 84
Raça, nas suas relações
   com a língua, 294 s.
   – e mudanças fonéticas, 201 s.
Radical ou tema, 246
Raiz, definição, 246
   caracteres da – em alemão, 247
   – em francês, 248
   – em semítico, 247, 304
Realidade sincrônica, 155
   – diacrônica, 241
Reconstrução linguística, 289 s.
Relações sintagmáticas e associativas, 171 s.
   sua interdependência, 177 s.
   seu papel na fixação dos fonemas, 179 s.
   elas são a base das divisões da
   Gramática, 185 s.
   duas espécies de – sintagmáticas, 173
   duas características das relações
   associativas, 174 s.
Ressonância nasal, 79 s.
Retrospectiva, perspectiva, v.
   Perspectiva
Rotacismo em latim, 198, 200

Sânscrito, descoberta do –, seu valor para
   a Linguística indo-europeia, 32 s.
   papel exagerado atribuído ao –, 285 s.
   sua antiguidade, 286
Schleicher, 33
Schmidt, Johannes, 267, 275
Semântica, 47 nota
Semiologia, definição, 47-48
   funda-se essencialmente nos sistemas
   de signos arbitrários, 108 s.

Semivogais, 85
Separação geográfica e diferenciação
   linguística, 274 s.
Sievers, 35, 97, 100, 101
Significado, 107 s.; v. Significante
Significação, oposta ao valor, 161
Significante, definição, 107
   seu caráter linear, 110, 171
   – só existe pelo significado e
   reciprocamente, 147
Signo linguístico, sua composição, 106 s.
   sua imutabilidade, 111
   sua mutabilidade, 114 s.
   – considerado na sua totalidade, 167 s.
   – imotivado e – relativamente
   motivado, 180
   – zero, 128, 246, 248
Sílaba, 87, 95 s.
*Silbenbildend* e *silbisch,* 97, 100
Símbolo, oposto ao signo, 108
Sinais de cortesia, 108
Sincrônica, 122 s.; v. Linguística
   sincrônica
Sintagma, definição, 171; v. Relações
Sintaxe, relação com a morfologia, 184 s.
   com a Sintagmática, 185
Sistema da língua, 40, 55 s., 113 s.,
   121-122, 160, 181 s.; v. também
   Mecanismo da língua
Sistemas de escrita, v. Escrita
Sistema fonológico, 68 s., 292
Soante, 96 s.
Soantes indo-europeias, 89, 102 s.
Sociologia e Linguística, 38
Solidariedades sintagmáticas e
   associativas, 176, 181
Som, caráter complexo do –, 40
   – e impressão acústica, 75 s.
   – e ruído, 85
   – laríngeo, 79 s.
   – estranho à língua, 165-166
Sonoridade dos fonemas, 80 s.
   seu papel na silabação, 96 s.
Sons, classificação dos –, 81 s.
   – sonoros, – surdos, 80 s.
   – que se abrem e que se fecham, 89 s.
   – furtivos, 92, 93, 292

# Curso de Linguística Geral

– caráter amorfo dos –, 158
Substrato linguístico anterior e
   mudanças fonéticas, 205 s.
Subunidades da palavra, 150, 178, 245 s.
Sufixo, 248
   – zero, 247

Tema ou radical, 246
Tempo, ação do – sobre a língua, 114 s.,
   118 s., 260
Tempos homogêneos da cadeia falada, 76
Tempos do verbo, 163 s.
Tensões, 90 e nota
Terminologia linguística inexata, 36
   nota
   – fonológica imperfeita, 81 s.
Tipo linguístico e mentalidade do
   grupo social, 300 s.
   – e família de línguas, 302
Tolerância de pronúncia, 166
Transformações semânticas, 136
   – morfológicas e sintáticas, 135
Trombetti, 255

Unidade da palavra e transformações
   fonéticas, 135 s.
Unidades linguísticas, 148 s.
   definição e delimitação, 148 s.
   – complexas, 150, 172 s.
   problema das –, sua importância, 156
   caráter diferencial das –; 169 s.
   – e fator de gramática, 169-170
   nova repartição das –, 227 s.; 239
   – diacrônicas, 241

*Umlaut*, v. Metafonia das línguas
   germânicas
*Unsilbisch*, 100
Úvula, 78

Valor em geral, 121 s.; fatores
   constitutivos do –, 161 s.
Valor linguístico, 156, 158 s.
   seu aspecto conceitual, 160 s.
   distinto da significação, 161
   seu aspecto material, 165 s.
Velares, 82, 83 s.
Verner, lei de –, 199
Versificação, 70
Véu palatal, 78
Vibrações laríngeas, 79
Vibrantes, 84 s.
Vogais, opostas às consoantes, 85
   opostas às soantes, 96 s.
   – abertas e – fechadas, 85 s.
   – cochichadas, 85
   – surdas, 86

*Wellentheorie*, 275
Whitney, 35, 41-42, 116
Wolf, Friedrich August, 31

Xadrez, jogo de –, comparado com o
   sistema da língua, 56 s., 130 s., 156

Zenda, 55
Zero, v. Desinência –, Signo –, Sufixo –